质量技术监督行业职业技能考核培训试用教材

产品可靠性能检验

国家质量监督检验检疫总局职业技能鉴定指导中心　组编

张万岭　主编

中国计量出版社

图书在版编目（CIP）数据

产品可靠性能检验/国家质量监督检验检疫总局职业技能鉴定指导中心组编．—北京：中国计量出版社，(2014.5 重印)

（质量技术监督行业职业技能考核培训试用教材）

ISBN 7-5026-2134-2

Ⅰ．产…　Ⅱ．国…　Ⅲ．产品—可靠性验证　Ⅳ．F273.2

中国版本图书馆 CIP 数据核字（2005）第 042501 号

内　容　提　要

本书系质量技术监督行业职业技能考核培训系列教材之一，系统阐述了产品可靠性能检验的基本理论及实施方法。覆盖了与产品可靠性能检验相关的理论体系，同时，列举了大量操作性极强的检验实例，使理论与实践紧密结合。对产品可靠性能检验技术在质量技术监督行业的运用起到了积极的指导作用。

本书适用于产品可靠性检验员的学习与培训，同时也适用于产品可靠性检验技师与高级技师的学习、考核与培训。

中国计量出版社出版

北京和平里西街甲 2 号

邮政编码　100013

电话：(010)64275360

http://www.zgjl.com.cn

中国标准出版社秦皇岛印刷厂印刷

新华书店北京发行所发行

*

787 mm×1092 mm　16 开本　　印张 16　字数 376 千字

2005 年 6 月第一版　　2014 年 5 月第三次印刷

*

印数 4 001—5 000　　定价：38.00 元

编写与审稿人员

主　编　张万岭

主　审　杨伟光

编　写　张万岭　李　平　王锡清　张建智
　　　　叶运泉　马怀祖　孙　青

审　稿　杨伟光　杜小平　张世广　刘宝兰
　　　　谢　英

前言

《产品可靠性能检验》是根据《中华人民共和国技术监督行业工人技术等级标准》和《中华人民共和国职业分类大典》中检验、计量人员的职业分类和相关技术规范的要求，依据产品可靠性能检验职业定义编写的，是从事质量检验的人员职业资格培训的教材之一。

本书是对产品、元器件的机械性能、电性能等参数的可靠性、平均寿命、平均无故障时间等项基本功能和各种环境使用条件下适应性能的检验技术以及保证产品质量的重要检验项目的系统阐述。

可靠性能检验是对产品的可靠性进行调查、分析和评价所使用的一种手段，它的检验项目很多，可根据检验目的、方式或用途的不同，选择不同的检验项目。

产品质量检验所涉及的检验技术和知识范围相当广泛。其中，产品可靠性能检验在各类产品中具有相当的共性，考虑到在实际检验中某些检验项目等效方法的多样性，为了体现国家标准的统一性和权威性，本书所涉及到的产品可靠性能检验的有关内容均以现行标准为准。

随着科学技术的发展，产品可靠性能检验技术正逐步吸收更先进的技术和更新的技术规范，对于本教材未涉及的新技术和新规范，在具体培训中，可针对学员情况，进行补充教学。

本次出版的《产品可靠性能检验》在内容上反映了现阶段本职业从业人员应达到的专业技术水平，体现了以职业活动为导向、以技能为核心的特点。为适应职业培训工作的需要，我们在组织编写教材时，按照职业标准的要求，注意了不同等级的培训目标，兼顾了初级、中级、高级产品可靠性检验员以及技师和高级技师的不同需要，力求将各等级人员所应具备的基础知识、专业知识、相关知识和实际操作技能融为一体。

教材内容理论联系实际，深入浅出，通俗易懂。在教材中，还适当介绍了一些本专业发展的新技术、新知识。由于时间仓促，缺乏经验，难免有纰漏和错误，故本教材先作为试用教材，在使用中不断修改和订正，逐步对其进行补充和完善。

在本教材的组织、编写、出版过程中，得到了国家质量监督检验检疫总局人事司、信息产业部电子第五和十四研究所、中国电子产品可靠性与环境试验研究所质检中心、河北大学、中国计量出版社等单位有关领导的大力支持。在此，谨向参与本书编写、审稿和出版工作的单位和个人表示衷心的感谢！

国家质量监督检验检疫总局职业技能鉴定指导中心

2005年5月

编写说明

可靠性技术是一门新技术，它发源于美国，在现代科学技术中占有十分重要的地位，现在，世界各国愈来愈认识到可靠性是保证产品质量的关键。而高质量和高可靠性历来是各类产品的生命力之所在，是每个企业追求的崇高目标，是产品得以吸引客户、畅销市场的根本因素。因此，只有在第一线直接从事科研、生产、试验及管理的人掌握并运用可靠性技术，才能将可靠性技术融汇于产品之中。

我们在编写这套教材时，按照职业技能的要求，注意了不同等级人员的培训目标，兼顾了初级、中级、高级产品可靠性检验员以及技师和高级技师的不同需求，力求将各等级人员所应具备的基础知识、专业知识、相关知识和实际操作技能融为一体。教材内容理论联系实际，深入浅出，通俗易懂，注意质量与标准的有机结合，尽量避免高深、抽象、复杂的公式推导过程，侧重公式在产品可靠性能检验中的应用，实践性章节都有工作实例，针对性、可操作性强；强化基础和概念，突出重点，强调难点，并对高级技师、技师以及高、中、初级工掌握知识的程度提出了不同要求，同时书中各章结尾还附有复习思考题，便于考生自学和复习。在教材中，还适当介绍了本专业发展的新技术、新知识。

《产品可靠性能检验》由河北大学张万岭副教授主编。教材共分十章，其中第一、二、三章由张万岭副教授编写；绪论由张万岭副教授和广州安全电气检测所傅秋云工程师编写；第四章由信息产业部电子第五研究所李平高级工程师编写；第五章由信息产业部电子第五研究所王锡清高级工程师编写；第六、十章由河北大学张建智副教授编写；第七、八章由信息产业部电子第十四研究所叶运泉高级工程师编写；第九章由信息产业部电子第十四研究所马怀祖、孙青二位高级工程师编写。全书由张万岭副教授负责统稿。

本教材由中国电子产品可靠性与环境试验研究所副总工程师杨伟光先生主审。

在本书的编写过程中，国家质量监督检验检疫总局职业技能鉴定指导中心杜小平主任、张世广高级工程师给予了具体指导；得到了中国计量出版社谢英和李保忠编辑、信息产业部电子五所和十四所的领导、中国电子产品可靠性与环境试验研究所质检中心刘江主任和培训中心文立春处长的大力支持和帮助，在此表示衷心感谢。

由于产品可靠性检验技术涉及知识面广，而这方面国家制定的检验（试验）标准还不太完善，且实用的参考资料又较少，加之时间仓促，书中定有许多不妥之处，敬请读者不吝指正。

编　者

2005 年 5 月

目　录

绪　论

第一节　职业道德

一、职业道德概述

如果说，整个社会好比一张“网”的话，那么职业就是“网”上的“结”。正是这千百个“网结”，交织成了社会生活和交往的大系统，推动着社会的发展和人类的进步。

所谓职业，就是人们在社会生活中对社会所承担的一定的职责和所从事的专门业务。它是具体实现人类物质生活资料和精神生活资料的生产和再生产的基本社会组织形式。职业是社会分工的结果和表现，职业的形成和发展是人类社会发展的缩影。

所谓职业生活，就是指人们在职业岗位上所经历的社会生活。职业生活不仅体现着人类社会生活的风貌并对人类社会的发展有能动的作用，而且在个人的人生长河中也具有不可低估的巨大作用。

自从社会有了职业，人们就开始了职业生活。在职业生活中，人们不但认识了人与自然的关系，而且也认识了人与人之间的关系，不但认识了本职业与社会的关系，也认识了本职业与其他职业的关系，不但认识了自己的职业地位及所承担的职业责任，也认识了本职业对自己的特殊要求，从而在职业生活中逐渐形成符合职业要求的兴趣、爱好、习惯和心理传统，产生了同人们的职业生活紧密联系的、具有自身职业特征的道德准则和规范，即职业道德。

职业道德带有具体职业生活的特征，它往往表现为某一职业特有的道德传统和道德习惯，表现为从事某一职业的人们所特有的道德心理和道德品质，并在这一职业中世代相传。职业的设置并不一定随着社会制度的变革而全部改变。我们常说的“军人作风”、“工人性格”、“知识分子风度”等，就是这一特征的形象体现。

职业道德的调整范围具有特定性。一方面，职业道德是对从业人员的要求，但这并不排除从业前的自我准备与接受训练。另一方面，一些职业道德的具体规范是不能通用的。例如，售货员要做到“每问必答”，这对公安人员就不完全适用。“公平交易”是商业活动中的道德行为，在政治生活中，是不能完全照搬的。

由此可见，所有被社会公众承认的专门职业均有其职业道德准则，它是专业人员在执业时应具有的职业态度和维护职业信誉的行为准则，也是对职业成员行为的约束，通过职业道德能使公众对该种职业有所了解和保持信赖。因此，职业道德不只是遵纪守法，而且也是一种自觉的对正直和真诚行为所做出的永不改变的承诺；同时，职业道德也是行风建设的重要组成部分，它对于促进建立高素质的检验检测队伍起着重要作用，并直接影响到政府和职能部门在社会公众心目中的声誉，关系到检验检测事业的兴衰成败。

二、职业道德的基本要求

产品可靠性检验人员职业道德基本准则是对产品可靠性检验人员职业道德的概括性要求，也是制定具体规范的基本依据。产品可靠性检验是以检测试验技术为手段对产品的可靠性参数进行计量检测，它带有很强的技术性，一切都要凭科学的数据说话，每一个数据都涉及到企业的实际利益，涉及到用户和消费者的切身利益，也和国家整体利益息息相关，这就决定了产品可靠性检验行业必须实行职业资格制度。依照国际上的通行做法并借鉴我国已经实施职业资格制度的行业（如律师、珠宝玉石质量检验、贵金属首饰钻石宝玉石质量检验等）实施职业道德规范的经验，产品可靠性检验人员必须遵守以下行为准则：

（1）遵守国家法律法规和有关规定及企业的各项规章制度；

（2）爱岗敬业，工作认真负责，严格按国家和其他相关技术标准进行试验判定；

（3）尊重科学，实事求是，坚持原则，保证检验结果准确、公正、严谨；

（4）遵守操作规程，提高试验质量和工作效率；

（5）严于律已，宽以待人，有强烈的事业心和责任感；

（6）努力学习，刻苦钻研，不断提高理论水平和操作技能；

（7）有创新意识，对国内外的新技术、新方法有较快的接受能力；

（8）保守客户受试产品的商业和技术秘密；

（9）充分运用自已的知识和技能，切实增进社会公益和公用产品的安全性和可靠性。

三、职业道德的相关要求

依据职业道德基本要求，产品可靠性检验人员还应能正确处理好以下几个方面的关系：

1. 处理好公共关系

（1）提高产品可靠性检验人员管辖范围内所有产品的安全性和可靠性；

（2）努力宣传检验工作对社会公众利益和社会主义现代化建设的意义和作用；

（3）实事求是地介绍产品可靠性检验人员的义务和权利；

（4）在发表公开言论时，要事先明确说明自已的身份及受委托的对象或被授予的权限。

2. 处理好与企业（组织）、顾客的关系

（1）在专业领域内，忠实地代表每一家企业或每一个顾客的利益；

（2）事关与产品可靠性检验人员有商业联系、商业利益，以及有可能影响其判断或服务公正性的情况，要向企业（组织）或顾客如实说明情况；

（3）须向企业（组织）或顾客说明，如果无视产品可靠性检验人员的专业判断将会产生的不利后果；

（4）没有得到有关各方面的同意，对同一服务不得接受一方以上的报酬；如果被聘或受雇，未得到聘用企业、组织或雇主的同意，不得进行另外的咨询服务。

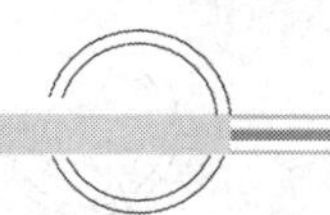

3. 处理好同事关系

(1) 要注意对他人在工作中的贡献给予肯定;
(2) 努力帮助所管理或指导的人员在专业上不断成长和提高;
(3) 不进行不公平竞争,与所有的同行或有业务往来的人士发展友好关系,增进信任程度。

第二节　产品交接与礼仪

一、礼仪概述

中国作为东方文明古国和东方文化的发源地,素有“礼仪之邦”的美誉。数千年对文明的不懈追求,形成了丰富多彩的东方文化和礼仪。进入现代社会,人们对礼仪进行了文化审视和理性思考,不仅汲取了传统文化中的精华,摒弃了传统文化中的糟粕,而且还吸收了西方文明的优秀成果,使东西方文化和东西方礼仪有机地交融,逐步地完善和发展。今天,随着社会生产力的不断发展和物质生活条件的逐步改善,社会文明程度日益提高,人们对礼仪倍加推崇。讲文明、懂礼貌、尊重他人、服务社会已成为人们的共识。现代人都开始注重文明修养,讲究礼仪,几乎每个人都成为礼仪的载体、文明的化身。礼仪已超越了交际的范畴,扩展到塑造组织形象、城市形象、国家形象、国际形象的范畴。礼仪已成为人们步入现代文明社会的通行证。

现代礼仪包括礼节、礼貌、仪式、仪表、风俗习惯等,它是人们在社会交往过程中制定的或是历史地形成并得到共同认可的各种行为规范。礼仪与人类文明、道德(社会公德、职业道德、伦理道德)密切相联。

二、产品交接工作与礼仪

产品交接工作是一项非常重要的工作。它涉及到人的性格特征、知识程度、价值观念、心理因素等诸多方面,也体现一个人的文化修养和内在气质。同时,也是能否正常对产品进行可靠性试验的一个先决条件和影响企业(单位)形象的一个重要方面。

1. 仪表仪容及礼貌礼节

(1) 工作时必须穿本企业(或本单位)规定的服饰,不得穿凉、拖鞋上岗;
(2) 服装必须干净整洁,熨烫平整,纽扣齐全,证章端正地佩戴在左胸处;
(3) 面容整洁,发型美观大方,化妆自然得体;
(4) 迎送客人时称谓恰当,主动热情;
(5) 解答顾客问题时,语气要温和并有耐心,不许用粗鲁或漠不关心的态度对待顾客;
(6) 与顾客谈话时表情要自然诚恳,举止要庄重大方,态度要和蔼可亲;
(7) 要保持工作地点的卫生清洁与环境安静,不可大声喧哗、聚众玩笑,保证产品交接工作顺利进行。

2. 产品交接的注意事项

（1）负责产品交接的工作人员必须了解产品可靠性试验方法的分类、试验目的和特点；

（2）接收送检单位送来的受试产品时，要详尽、认真地填写被试产品登记表。登记表中要注明产品的名称、型号、数量、送试单位、送样时间、试验种类和要求等；

（3）被试产品登记表要用统一规定印制的表格，不得用白纸或其他记录纸替代；

（4）填写被试产品登记表一律用钢笔，填好后接收人员和送检单位的人员都要用中文全称签名，登记表不得任意涂改；

（5）送试单位取样时，产品交接人员能真实、准确地向客户说明产品在试验时出现的一些异常情况，并能解答客户在产品交接时提出的一些问题；

（6）产品交接人员要向客户负责，保守客户产品的技术秘密和商业秘密。

第一章　产品可靠性能检验基础知识

第一节　可靠性定义和可靠性术语

一、可靠性定义和可靠性技术的发展

（一）可靠性的定义

产品在规定的条件下和规定的时间区间（或操作聪数）内完成规定功能的能力。

1. 产品

指零件、元器件、部件、设备或系统等。

零件——是由一件、两件或更多件组合在一起构成的东西。其特点是：除非出于特殊使用要求需要拆开外，一般是不拆散使用的。如齿轮、轴承、螺栓、电子管等；

元器件——零件的定义是广义的，元器件一般用于电工、电子产品，如电阻、电容、晶体管、芯片等；

部件——这是由两个或两个以上的零件（或元器件）组成的，其特点是可以整体更换，也可以分别更换其中的一个或几个零件。如电视机中的高频头、电话机的拨号盘等；

设备——由零件、元器件和部件等构成，能够实现一个完整的功能，如电动机、机床、汽车、电冰箱、洗衣机等；

系统——由若干部件、机械、设备、人员及技术的集合组成系统。如恒温控制系统就由电动机、制冷和制热设备、温度控制装置等组成。

2. 规定的条件

（1）产品使用时的负载和维护条件，如供电电压、输出功率、载荷、使用方法、使用频次、操作人员的技术水平、维修方法等；

（2）环境条件，如气候环境（温度、湿度、压力等）、生物和化学环境（生物作用物质霉菌、化学作用物质盐雾等）、机械环境（振动、冲击等）、电磁环境（电场、磁场、电磁场等）；

（3）贮存条件，如运输和保管等条件。

显然，产品处在不同的条件下，其可靠性也就不同，即上述这些条件对产品的寿命都有影响。因此，离开了具体条件谈论可靠性是没有任何意义的。

3. 规定的时间

以时间为尺度度量产品的可靠性特性，它是可靠性区别于产品其他特性的重要特性。时间度量可以用一般时间（如小时、天）、工作次数（如开关）、重复次数（如齿轮的应力循环次数）、距离（如汽车的行车公里数）等来表示。产品的可靠性与规定的时间是密切相关的。很显然，产品在一天内完成规定的功能当然比一年内完成同样的规定的功能要容易得多，所以规定的时间越长，产品的可靠性越低。亦即产品的可靠性随着其使用时间的增长而降低，因而有人形象地称可靠性为“产品的时间质量”。

4. 规定的功能

指产品标准或产品技术条件中所规定的各项技术性能（技术指标），如仪器仪表的准确度及其他静态、动态性能指标等。

人们不仅希望产品具有某种使用价值且能满足性能上的需要，而且希望产品能“经久耐用”。

（二）可靠性技术的发展

产品的可靠性是产品质量的一个重要方面。机电产品的质量应包括其技术性能指标和可靠性指标两个方面。这两者之间既有联系又有区别，假如产品的可靠性不高，即使其技术性能指标很先进，也不能认为产品质量好。例如，一部新型豪华轿车，车上装有卫星定位系统和卫星电视接收系统，且有微机控制的自动驾驶装置，可以说其各项指标都很先进，但如果其刹车系统不可靠，当行驶中遇到突发事件时不能可靠地制动，就可能酿成重大事故，这部轿车当然不能认为是质量好的产品。反之，假如产品的技术性能指标很落后，即使其可靠性很高，也不能认为它是质量好的产品。如一台彩色电视机只能接收 8 套电视节目，且场频较低，有频闪现象，即使其可靠性很高，看十年八年也不出毛病，但由于收台少且对眼睛伤害较大，亦即技术性能指标不高，故这台电视机当然也不能算是质量好的产品。因此，对于一个高质量的产品来说，高可靠性与先进的技术性能指标是缺一不可的。

在近代科学技术突飞猛进的发展过程中，可靠性技术随着生产和科学技术的发展而产生，同时在不断地应用可靠性技术解决实际问题的过程中，也促进了生产和科学技术的发展，而可靠性技术就是指与产品可靠性有关的工程方法，因此也可称其为可靠性工程，它是为了使产品达到可靠性要求而进行的一系列设计、研制、生产、维修、试验、使用与管理的技术，是近几十年来兴起的一门新兴学科。

可靠性技术已有几十年的历史，第二次世界大战中，电子设备大量用于军用装置，经常发现各类电子设备不能有效地投入使用。在 20 世纪 50 年代初期的朝鲜战争中，这个问题暴露得更为明显，美国的雷达设备在 84%的时间内不能正常工作而处于待修状态。由于电子设备可靠性不高而使维修费用很高，这就促使美国开始重视可靠性问题，并着手进行调查、研究及试验，从而揭开了电子设备领域内可靠性研究的序幕。早期的研究重点放在电子管方面，在确定长寿命电子管的性能时，不仅重视其电性能，而且也重视其耐振及耐冲击等性能。50～60 年代是可靠性技术飞速发展的 10 年。美国国防部成立了各种可靠性研究组织。例如，1950 年成立了 AdHoC 可靠性小组，1952 年成立了 AGREE（电子设备可靠性顾问组），

1957年成立了ACGMR（AdHoC导弹可靠性委员会）等。在这些组织领导下大规模地开展了可靠性管理、分析及试验等方面的工作。同时美国各有关技术协会及一些公司、制造厂也大量开展了可靠性研究工作。60年代后期，发布了不少有关可靠性管理、组织、设计及试验鉴定等方面的标准，电子元器件及电子设备方面的可靠性技术渐趋成熟。70年代美国在可靠性研究方面逐渐深入到机械、电力、化工等领域。综上所述，在世界上从事可靠性研究方面，美国是开展得最早、范围最广、也最有成效的国家。此外，日、英、法、德以及原苏联等国家也积极开展了可靠性研究工作，至今也已取得很大的成效。原苏联不仅制订了不少可靠性基础标准，而且对不少产品已制订了可靠性标准或在产品标准中规定了可靠性要求及可靠性试验方法，同时还出版了不少可靠性方面的书籍。

二、可靠性基本术语

1. 产品

指能够被单独考虑的任何元器件、零部件、组件、设备或系统。它可以由硬件、软件或硬软件综合组成。在某些情况下，产品还可包括人，如广义的人机系统。

2. 效能

指产品满足规定的定量服务要求的能力。它是产品固有的能力，即产品在给定的内在条件下，满足规定的定量服务要求的能力与产品技术性能可用性（后面要提到）及操作性能和人的操作能力的综合反映。

3. 故障

指产品不能执行规定功能的状态。通俗地讲，不能正常使用（工作）的产品就称是有了“故障”的产品。故障通常是产品本身失效后的状态但也可能在失效前就存在。按国家标准GB/T 3187—94的分类方法，故障可分为致命故障、非致命故障、重要故障、次要故障、故用故障、误操作故障、设计故障及制造故障等20种。

4. 应力

导致产品开始劣化直至失效的诱因——环境条件、工作条件等称为应力。通俗地说，应力就是对产品的功能有影响的各种因素。产品一旦生产出来，经库存、运输到付诸使用，每时每刻都在经受各种应力的作用，使其物理、化学、机械和电气性能不断发生变化。作用于机电产品的应力大致可分为下列几类：

（1）气候环境应力，包括高温、寒冷、潮湿、干燥、气压、日光、尘埃、盐雾、风雨等；

（2）机械环境应力，包括跌落、振动、冲击、离心加速度等；

（3）生物及化学环境应力，包括昆虫、霉菌的侵蚀、工业大气（如二氧化硫）及化学溶剂的侵蚀等；

（4）电气应力，包括电压、电流、静电感应、电磁场、射线等。

实际上，作用于产品的应力不是单一的，而是多种应力的综合。应力作用所引起的产品性能的变化，在应力作用停止后，有的是可逆的，有的是不可逆的。当性能变化超过产品技术要求所规定的范围，产品就失效了。

5. 失效

产品终止完成规定功能的能力，或通俗地说，产品不能实现所规定的功能时，通常称为"失效"，对可修复（修好）的产品则称为"故障"。

产品的失效，不仅指致命性的破坏或完全丧失功能，亦指功能、特性降低到不能满足规定的要求。因此，判断产品的失效就必须首先确定其失效判别标准（也称失效判据）。标准不明确，会造成生产检验上、供需方验收上及维修服务等方面的混乱和分歧。

根据不同的划分标准，机电产品的失效分类有多种多样。如按失效的程度可分为完全失效和部分失效；按失效前功能或参数变化的性质可分突然失效和退化失效；按失效发生的起因可分为设计失效、制造失效、误用失效、误操作失效等。国家标准 GB/T 3187—94 把产品的失效分为 19 种类型。

6. 失效机理和失效模式

导致失效的物理、化学、机械或其他的过程，称为失效机理。它是从原子或分子学观点来阐明与失效有关的物理、化学过程的，是产品失效的内因。而产品失效的形式、形态、现象称之为失效模式。如果拿疾病来作比喻，失效模式相当于基本病症，而失效机理则相当于病理。研究失效机理的科学称为失效物理学，简称失效物理，或称可靠性物理。

7. 失效率与置信度

失效率是工作到某一时刻尚未失效的产品，在该时刻后单位时间内发生失效的概率（详细定义后面提及）。失效率用单位时间的产品失效数表示，其单位如 1/h、1/km、1/次等。

置信度是指产品的真实失效率等于被定等级的最大失效率而被判定为不合格的概率。国家标准 GB 1772—79 中规定，对于电子元器件失效率试验中的定级试验和升级试验的置信度取 60%或 90%，维持试验的置信度取 10%。

8. 使用寿命

产品在规定的条件下，从规定时刻开始（一般为出厂时），到失效密度（一般可认为失效发生的频率）变到不可接受或产品的故障被认为不可修理时止的时间区间，称为产品的使用寿命。通俗地说就是当产品不能正常使用了，而且也修不好时的前一段时间（即正常使用时间）叫产品的使用寿命。

9. 耐久性、可用性和可信性

产品在规定的使用与维修条件下，直到极限状态前完成规定功能的能力称为产品的耐久性。产品的极限状态可以由使用寿命的终止、经济和技术上已不适宜等来表征。

在要求的外部资源得到保证的前提下，产品在规定的条件下和规定的时刻或时间区间内处于可执行规定功能状态的能力，称为产品的可用性。它是产品可靠性、维修性和维修保障性的综合反映。这里的外部资源不同于维修资源，它对产品的可用性是没有影响的。若用通俗的话来说，可用性就是产品“要用时就可用，就能用”。产品的可用性及其影响因素一般都有定量的要求。

产品的可信性是一个集合性术语，它是用来表示可用性及其影响因素，即可靠性、维修性、维修保障性。可信性仅用于非定量条款中的一般性描述，可信性的定性、定量具体要求通过可用性、可靠性、维修性、维修保障性的定性、定量要求表达。可信性是许多产品的最重要的特性之一。

10. 维修

指为保持或恢复产品处于能执行规定功能的状态所进行的所有技术、管理和监督等活动。维修可能包括对产品的修改。维修能使产品处于正常工作状态。根据维修的性质可分为预防性维修、修复性维修、计划性维修、现场维修、受控维修、遥控维修等10类。

11. 维修性和维修保障性

在规定的条件下并按规定的程序和手段实施维修时，产品在规定的使用条件下，保持或恢复能执行规定功能状态的能力称为产品的维修性。可靠性的研究对象是产品的工作寿命时间，维修性的研究对象则是产品发生失效或故障后进行维修的停机时间。在停机时间中又包含两种不同性质的停机时间。一类是维修制度、取用维修备件等维修管理时间，另一类是直接用于排除故障恢复产品原有性能的维修作业时间。

维修机构在规定的条件下，按照规定的维修方针提供维修产品所需资源的能力称为产品的维修保障性。对可靠性试验的其他有关专用名词术语，将在相关章节中介绍。

第二节　可靠性特征量

用来表示产品总体可靠性高低的各种可靠性数量指标（参数），称为可靠性特征量。利用这些指标（参数）可以评价产品的可靠性水平。由于产品的可靠性特征量的真值（真实值）是理论上的数值，而实际上它是未知的。但我们可按可靠性标准的具体定义把产品可靠性特征量估计值计算出来，计算出来的这种估计值称为可靠性特征量的观测值。虽然从统计意义上讲计算出来的观测值不一定是最优的，但它确实能在一定程度上反映产品可靠性的水平。

一、可靠度

可靠度是指产品在规定的条件下和规定的时间（或操作次数）内完成规定功能的概率，它是描述产品可靠性程度很重要的定量参数，一般记为R。显然，规定的时间越短，产品越容易完成规定的功能；反之，规定的时间越长，产品越难完成规定的功能。因此可靠度R是时间t的函数，用$R(t)$表示，称为可靠度函数。对寿命为T的产品，在规定的工作时间t内，如果$T>t$，就说产品在t时间内完成了规定的功能。但由于产品的寿命（t）是一个随

机变量，那么 $T>t$ 也是一个随机变量，因此，$T>t$ 的概率，就是该产品在工作时间 t 时的可靠度，即

$$R(t)=P(T>t) \tag{1—1}$$

$P(T>t)$表示$(T>t)$这个随机变量的概率。由于某一事件的概率可用多次试验中该事件发生的频率来估计，所以为了估计某一产品在一定时刻的可靠度，可以通过试验来确定。例如，取 n 个产品进行试验，若规定的时间 t 内共有 $m(t)$个产品失效，则该产品（不可修复的产品）的可靠度近似等于

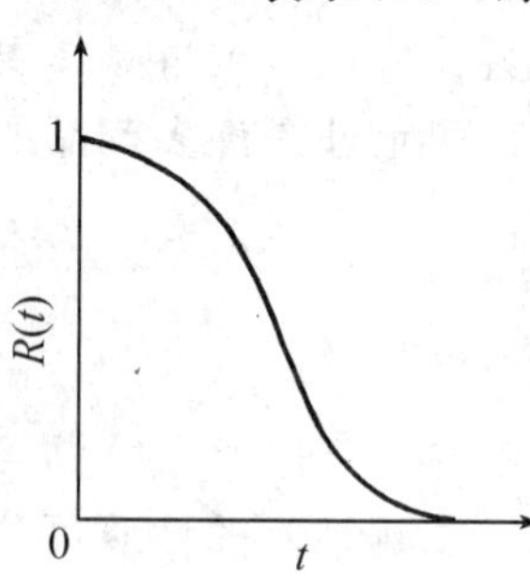

图 1—1　$R(t)$曲线

$$R(t)\approx\frac{n-m(t)}{n} \tag{1—2}$$

由式（1—2）可见，当 $t=0$ 时，$m(t)=0$，所以 $R(t)=1$。当 t 逐渐增大时，$m(t)$也逐渐增大，所以 $R(t)$也随之逐渐减小。当 t 趋于无穷大时，$m(t)$趋近于 n，则 $R(t)$趋近于 0，所以可靠度 $R(t)$的取值范围为 0～1，即 $0<R(t)\leqslant 1$，如图 1—1 所示。如某产品工作 1000 h 的可靠度为 98%，就表示多次抽取 100 个同样样品在规定的条件下工作 1000 h，平均有 98 个样品能完成规定的功能。

对于可修复的产品，其可靠度是指一个或多个产品的无故障工作时间，即指产品在规定的条件下在（0，t）区间内不发生故障的概率，记作 $R_k(t)$。

二、累积失效概率和失效概率密度

与可靠度的定义相反，累积失效概率是指产品在规定的条件下及规定的时间（或操作次数）内未完成规定功能（丧失规定功能即发生失效）的概率。显然，如规定的时间越长，则产品越容易丧失规定的功能。所以累积失效概率也是时间 t 的函数，有时把它称作“不可靠度函数”，用 $F(t)$表示。累积失效概率与可靠度的关系是

$$F(t)=1-R(t) \tag{1—3}$$

同样，如有 n 个产品进行寿命试验，试验到 t 瞬间的失效数为 $m(t)$，则当 n 足够大时，产品在 t 瞬间的累积失效概率 $F(t)$为

$$F(t)\approx\frac{m(t)}{n} \tag{1—4}$$

由于 $m(t)$随时间 t 的增大而增大，所以累积失效概率随时间 t 的增大而增大，因此累积失效概率 $F(t)$的取值范围是 $0<F(t)\leqslant 1$。

例 1—1　有100 只继电器操作到 10^6 次时有 10 只失效，操作到 3×10^6 次时共有 30 只失效。试求操作到 10^6 次及 3×10^6 次时的可靠度及累积失效概率。

解： 由题意可知 $n=100$，$t=10^6$ 次和 $t=3\times10^6$ 次，$m(t)=10$ 和 $m(t)=30$

（1）操作到 10^6 次时的可靠度及累积失效概率分别为

$$R(10^6\text{ 次})=\frac{100-10}{100}=0.9$$

$$F(10^6\text{ 次})=\frac{10}{100}=0.1$$

（2）操作到 3×10^6 次时的可靠度及累积失效概率分别为

$$R(3\times10^6\text{ 次})=\frac{100-30}{100}=0.7$$

$$F(3\times10^6\text{ 次})=\frac{30}{100}=0.3$$

失效概率密度是累积失效概率 $F(t)$ 对时间 t 的变化率，记作 $f(t)$，它表示产品在 t 时刻的单位时间内的失效概率。

失效概率密度的估计值 $\hat{f}(t)$ 的计算式为

$$\hat{f}(t)=\frac{1}{n}\cdot\frac{m(t+\Delta t)-m(t)}{\Delta t} \tag{1—5}$$

式中　n ——产品试验时的数量；

$m(t)$ ——产品工作到 t 瞬间（或操作次数）时的失效数；

$m(t+\Delta t)$ ——产品工作到（$t+\Delta t$）瞬间（或操作次数）时的失效数。

三、瞬时失效率和平均失效率

前面提及的累积失效概率描述的是一批产品工作到 t 瞬间，其中失效的产品数在该批产品总数中所占的百分比。但在可靠性技术中，人们有时更关心的是瞬时失效率（也称失效率）。产品在任一瞬间 t 时的失效率是指产品工作到 t 时刻后的单位时间内发生失效的概率。显然，瞬时失效率（失效率）与工作时间 t 有关，亦即瞬时失效率（失效率是时间 t 的函数，所以一般称为失效率函数，用 $\lambda(t)$ 表示）。设 n 个产品从 $t=0$ 开始工作，到 t 瞬间的失效数为 $m(t)$，而工作到（$t+\Delta t$）瞬间的失效数为 $m(t+\Delta t)$，则瞬时失效率（失效率）$\lambda(t)$ 的计算式为

$$\lambda(t)=\frac{m(t+\Delta t)-m(t)}{[n-m(t)]\Delta t} \tag{1—6}$$

由式（1—6）可知瞬时失效率（失效率）$\lambda(t)$ 等于在 t 瞬间后的单位时间内的失效产品数和 t 瞬间还在正常工作的产品数之比值。瞬时失效率（失效率）的单位常采用 $\frac{1}{h}$ 或 $\frac{10^{-5}}{h}$（$\%/10^3$h），对可靠性高的产品则用菲特（Fit）作为失效率的单位。1 Fit$=10^{-9}$/h。对于频繁操作的电器产品来说，其失效率的单位常采用 1/次或 1/10 次或 $\%/10^4$ 次。

例 1—2　有100只接触器，操作到 10^5 次时有 10 只失效，操作到 2×10^5 次时共有 20 只失效，操作到 3×10^5 次时共有 30 只失效。求操作到 10^5 次及 2×10^5 次时的失效率。

解：（1）操作到 10^5 次时的失效率为

$$\lambda_{10^5}=\frac{m(t+\Delta t)-m(t)}{[n-m(t)]\Delta t}=\frac{20-10}{(100-10)(2\times10^5-10^5)}\%/10^4\text{ 次}=1.11\%/10^4\text{ 次}$$

（2）操作到 2×10^5 次时的失效率为

$$\lambda_{(2\times10^5)}=\frac{m(t+\Delta t)-m(t)}{[n-m(t)]\Delta t}=\frac{30-20}{(100-20)(3\times10^5-2\times10^5)}\%/10^4\text{ 次}=1.25\%/10^4\text{ 次}$$

平均失效率是指在某一规定的时间（t_1，t_2）内瞬时失效率（失效率）的平均值。

四、平均寿命

由于原材料性能的差别、制造工艺的不稳定、装配及检验者技术的差别等各种偶然因素的影响，使一批产品中每只产品的寿命长短不一。对某一个具体产品来说，制造厂很难回答它的寿命到底有多长。制造厂只能回答它所生产的一批产品寿命的平均值。而这也正是使用者最需要了解的东西。所以平均寿命是最重要的也是最常用的可靠性特征量之一。虽然通俗地说，产品的平均寿命就是指一批产品寿命的平均值。但严格说来，对于可修复（可维修）的产品，其寿命平均值常用“平均无故障工作时间”（MTBF）表示，即产品或系统发生故障后，经检查修复后再投入工作，这时，在两次故障间的平均工作时间就称为该产品的平均无故障工作时间。对于不可修复的产品的平均寿命是指产品发生失效前的平均工作时间（或平均操作次数），通常记作 MTTF。

平均寿命的观测值用 $\hat{\theta}$ 表示，其表达式为

$$\hat{\theta}=\frac{\text{所有产品的总工作时间}}{\text{总失效数}} \tag{1—7}$$

五、可靠寿命、特征寿命和中位寿命

在某些特殊情况下，产品的寿命值还可以用其他形式来表示，如可靠寿命、中位寿命、特征寿命。

当可靠度等于给定值 $R(0\leqslant R\leqslant1)$时的产品寿命称为可靠寿命，记作 t_R，即 $R(t_R)=R$。可靠寿命的表达式为

$$t_R=R^{-1}(R)$$

式中，$R^{-1}(R)$是 R 的反函数。

产品可靠度等于 0.5($R=0.5$)时的可靠寿命称为中位寿命，以符号 $t_{0.5}$ 表示。中位寿命的物理意义是一批产品失效一半所需的工作时间。

产品可靠度等于 e^{-1}（即 $R=\frac{1}{e}\approx0.368$）时的可靠寿命称为特征寿命，以符号 $t_{e^{-1}}$ 表示。对于寿命（失效）规律服从指数分布的产品而言，特征寿命就是平均寿命。

第三节　产品可靠性试验目的及分类

我们知道，只要有产品，就会有可靠性问题，因为它贯穿于从产品设计到产品寿命终了的整个过程。在这个过程中，产品将经历设计阶段、生产阶段和使用维护阶段，因此在每个阶段都会出现各式各样的可靠性问题。从广义上说，凡是为了测定、验证、了解、评价、分

析和提高产品可靠性水平而进行的试验，都称为可靠性试验，它是产品可靠性工作的一个重要环节。

一、产品可靠性试验的目的

我们对产品进行可靠性试验，通常是为了达到如下目的：

1. 在研制阶段使产品达到预定的可靠性指标

为了使产品能达到预定的可靠性指标，在研制阶段需要对样品进行可靠性试验，以便找出产品在原材料、结构、工艺、环境适应性等方面所存在的问题，而加以改进，经过反复试验与改进，就能不断地提高产品的各项可靠性指标，达到预定的要求。

2. 在产品研制定型时进行可靠性鉴定

新产品研制定型时，要根据产品标准（或产品技术条件）进行鉴定试验，以便全面考核产品是否达到规定的可靠性指标。

3. 在生产过程中控制产品的质量

为了稳定地生产产品，有时需要对每个产品都按产品技术条件规定的项目进行可靠性试验。此外还需要逐批或按一定期限进行可靠性抽样试验。通过对产品的可靠性试验可以了解产品质量的稳定程度。若因原材料质量较差或工艺流程失控等原因造成产品质量下降，在产品的可靠性试验中就能反映出来，从而可及时采取纠正措施使产品质量恢复正常。

4. 对产品进行筛选以提高整批产品的可靠性水平

合理的筛选可以将各种原因（如原材料有缺陷、工艺措施不当、操作人员疏忽、生产设备发生故障和质量检验不合格等）造成的早期失效的产品剔除掉，从而提高整批产品的可靠性水平。

5. 研究产品的失效机理

通过产品的可靠性试验（包括模拟试验及现场使用试验）可以了解产品在不同环境以及不同应力条件下的失效模式与失效规律。通过对失效产品所进行的分析可找出引起产品失效的内在原因（即失效机理）及产品的薄弱环节，从而可以采取相应的措施来提高产品的可靠性水平。

二、产品可靠性试验方法的分类

根据试验的地点、试验的项目、可靠性工作的阶段，施加的应力强度、对可靠性的影响、试品破坏情况、试验规模及抽样方案的类型等，可将可靠性试验分成很多种类。如：

1. 按试验地点分类

(1) 实验室实验
(2) 现场试验

2. 按试验项目分类

(1) 环境实验
(2) 筛选试验
(3) 寿命试验

3. 按可靠性工作阶段分类

(1) 研制试验
(2) 鉴定试验
(3) 验收试验

4. 按施加应力的强度分类

(1) 正常工作试验
(2) 过负荷试验
(3) 加速寿命试验

5. 按对可靠性的影响分类

(1) 可靠性测定试验
(2) 可靠性验证实验
(3) 可靠性增长试验

6. 按试品破坏情况分类

(1) 破坏性试验
(2) 非破坏性试验

7. 按试验规模分类

(1) 全数试验
(2) 抽样试验

8. 按抽样方案类型分类

(1) 定时或定数截尾试验
(2) 序贯截尾试验

但通常惯用的分类法是把可靠性试验简化归纳为五大类，即环境试验、寿命试验、筛选试验、现场使用试验和鉴定试验。

环境试验　是考核产品在各种环境（振动、冲击、离心、温度热冲击、潮湿、盐雾、低气压等）条件下的适应能力，是评价产品可靠性的重要试验方法之一。

寿命试验　是研究产品寿命特征的方法，这种方法可在实验室模拟各种使用条件进行。

现场使用试验　是在使用现场中进行的试验，它最能真实地反映产品的可靠性问题，所获得的数据对于产品的可靠性预测、设计和保证有很高价值。对制订可靠性试验计划，验证可靠性试验方法和评价试验精确性，现场使用试验的作用则更大。

鉴定试验　是对产品的可靠性水平进行评价时而做的试验。它运用根据抽样理论制定出来的抽样方案，在保证生产者不致使质量符合标准的产品被拒收的条件下进行鉴定试验。

对于不同的产品，为了达到不同的目的，可选择不同的可靠性试验方法。但在实际应用时，往往由于施加的应力种类和强度不同，或者试验目的要求不一样，而采用各种不同的组合方法进行可靠性试验。

第四节　产品可靠性试验计划及试验要求

一、可靠性试验计划

为了节省试验时间和费用，保证试验结果正确可靠，在试验开始之前，在充分研究分析的基础上，制订详细的可靠性试验计划。试验计划应当提出试验的目的、要求、条件、程序及试验过程中必须注意的细节或说明。其详细程度应能保证试验人员顺利操作，并处理试验过程中可能遇到的问题。可靠性试验计划（有的国家也称可靠性试验大纲）一般应包括如下内容：

（1）产品的可靠性要求

（2）可靠性试验目的及条件

（3）可靠性试验的进度计划及费用预算

（4）可靠性试验的方案

（5）受试产品的要求（包括受试样品数量及说明、受试设备检测安排及要求等）

（6）可靠性试验中对产品性能的监测要求

（7）可靠性试验用的设备、仪表

（8）试验结果的数据处理方法

（9）试验报告的内容

（10）时间和试验人员

二、可靠性试验要求

对产品可靠性试验的要求一般包括在产品合同或产品标准中，在拟定试验方案时应考虑这些要求。它们包括：

1. 受试产品及试验种类

可靠性试验适用于研制的模型或样机、试生产批、批量生产的任何产品，但母体（也称总体，是指我们所要研究的对象的全体，这里的全体是指产品的某一技术参数）须在本质是同一的，即产品是以相同的方法、在同样条件下生产的。受试产品须从所代表的母体中随机抽取，如果需要的话，还要规定抽样程序。

实施试验的类型可以是实验室试验或现场试验。

2. 可靠性特征及统计试验方案

选择拟采用的分布类型、适用的可靠性特征或分布参数以及统计试验方案。

对于可靠性验证试验，产品实际使用条件下的可靠性要求（指标）总是被转换为验证试验的要求。当可靠性特征是指一个系统的可靠性特征并且是由分别验证的各单元的可靠性特征推导出来，则应规定所采用的包括可靠性方框图的推导程序。

3. 试验条件和试验周期

（1）工作及环境试验条件

应尽可能包括实际现场使用中主要的工作和环境条件，包括产品的功能模式、输入信号，以及电负载、机械负载、功率输出等负载条件、设备的实际操作（要求）及能源（电、水、压缩空气）等。

现场使用的环境条件通常是由不同严酷度的许多环境因素组合和顺序构成的。对实验室来说可以单独地、组合地或顺序地施加环境因素。

GB 5080.2—86 给出了选定工作条件和环境条件的详细导则。

（2）试验期间的预防性维护

典型的预防性维护种类是功能检查、更换、调整、校准、润滑、清洗、复位、恢复等等。

预防性维护在原则上应与实际现场使用所进行的维护相一致，应考虑一项预防性维护程序。该程序至少应规定采用的预防性维护措施、间隔或次数或决定需要预防维护的其他准则。

（3）上述（1）和（2）两项的组合及顺序即为试验周期。

须考虑多种试验条件的情况下应给出试验周期图，用以表明试验周期中工作、环境和预防性维护条件的存在、持续时间、时间间隔及它们之间的相互关系。

试验周期的持续时间要短到不会对试验结果产生实质性影响，但同时要长到足以使规定的试验条件能达到稳定。

推荐的试验条件（周期）在 GB 7288—87 中有详细的规定，在可能情况下均应采用。

选择可靠性试验条件时，应考虑下列主要因素：

①要求或进行可靠性试验的基本理由；

②预期的设备使用条件的变化；

③使用条件中的不同应力因素引起失效的可能性；

④不同试验条件下相应的试验费用；

⑤可供使用的试验设施；

⑥可利用的试验时间；

⑦随试验条件变化的预计的可靠性特征值。

4. 受试产品的性能监测与失效

（1）试验过程中性能的监测及失效判别

规定试验过程中需监测的受试产品的功能参数（主要是输出参数），以及相应的测量方法、测量精度、估计总测量误差的程序。在不能连续地进行监测的情况下，则必须确定监测间隔及在试验周期中应进行监测的测量点。

规定每个要监测的参数的可接受的极限范围，以便失效判别。产品试验标准中一般给出典型的失效类别，以供参考。

（2）需要立即作出拒收判决的失效类别。

（3）应计入产品非关联失效的失效类别。

（4）可以规定每一个产品相应的最小和（或）最大的相关试验时间。

5. 试验前的准备和故障检修

（1）可靠性试验前，受试产品的测试、调整、校准及老练。

受试产品的任何老练或其他预处理应力（例如装卸或运输）应与可交付使用的所代表的母体产品所承受的应力相等。

（2）采用的故障检修程序，即在试验期间允许修复或更换的等级（单元、部件或组件、零件或元件等）。

第五节　产品可靠性试验方案及一般试验程序

一、产品可靠性试验方案

详细的可靠性试验方案的内容包括：

（1）可靠性试验的要求；

（2）对环境试验装置、监测设备、维修设施及试验程序控制等试验设施提出相应的要求或项目表；

（3）试验程序以及当受试产品失效时应采取的措施；

（4）试验报告的要求。可靠性验证试验还应说明根据试验判决的最后结论应采取的措施。

详细的可靠性试验方案或设备的产品标准中应包括的细节的目录请参考 GB 5080.1—86 第 13 条。

二、产品可靠性试验的一般试验程序

一般试验程序见图 1—2。

试验中应给每一个受试产品建立一份试验记录并按先后顺序在规定的时间和每次失效之

后进行数据记录，最好是连续记录试验条件和受试产品的性能。每个受试产品的记录应包括下列内容：

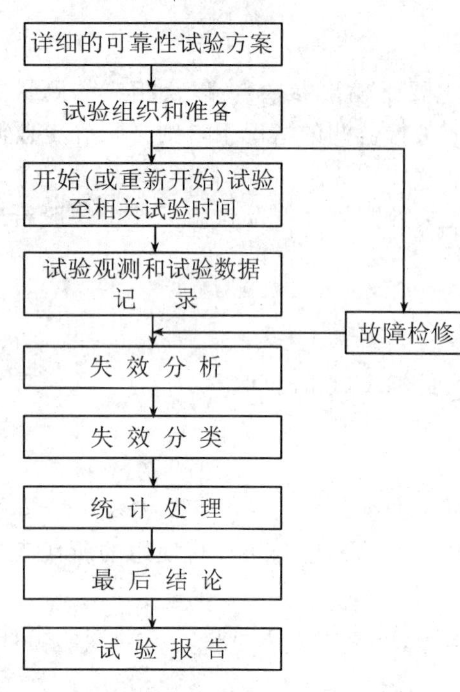

图 1—2 可靠性试验的一般程序

（1）观测到受试产品的任何失效或其他有关事件或采取某项措施的日期和时间以及经过的相关试验时间；

（2）失效分析的详细情况以及已知的有关失效分类的所在重要资料，包括参照的失效报告；

（3）任何事件或措施，包括详细的可靠性试验方案中规定的预防性维护项目的说明；

（4）更换或重新安装单元、零件（元件）等的识别标记；

（5）工作条件和环境试验条件；

（6）验证故障检修有效性的时间；

（7）试验人员和受试设备（产品）操作人员的姓名。

试验记录和失效分析报告是可靠性试验的全部原始资料，是开展可靠性工作的基础，应妥善加以保管，最好运用信息管理系统加以管理，并纳入国家可靠性资料库，实现信息共享。

这里要特别注意：在进行可靠性测定试验、可靠性验证试验、可靠性增长试验之前，应该先进行产品的筛选、老练，排除产品的早期故障，使产品的故障率趋于稳定，这样在可靠性试验中可反映出产品的固有可靠性，而不是暴露产品的早期故障。可靠性增长、验证试验都是很费人力、物力的，让它们来暴露产品的早期故障是太不值得了。因此环境应力筛选试验必须在增长试验、验证试验及某可靠性测定试验之前完成。

第六节 国内外产品可靠性能试验现状

一、国内产品可靠性能试验的发展及现状

我国的可靠性工作起始于 20 世纪 50 年代末期，起步并不迟。1959 年建成了亚热带环境研究所，但只有三四年的时间就夭折了。由于众所周知的原因，在 60 年代可靠性工程在我国还是一片空白。70 年代，我国的可靠性工作是从引进国外标准资料开始的。1976 年颁布了第一个可靠性的标准 SJ 1004—76《可靠性名词术语》，1979 年参照美国军用标准 MIL—STD—690B《失效率抽样方案和程序》颁布了第一个可靠性国家标准 GB/T 1772—1979《电子元器件失效率试验方法》，该标准于 1979 年发布，1980 年 3 月 1 日实施。该标准采用了 MIL—STD—690B 中适合我

国当时国情的部分，吸取其主要技术内容，但作了较多的取舍，增加了一些通用的常规内容，在文字上作了重新编辑。该标准 20 多年来在我国电子元器件的可靠性工程中起了很大作用，但随着生产的发展，该标准在贯彻实施过程中也暴露了一些问题，所以需要修订，原计划 1995 年开始修订，现在还没见到修订版，因此现执行的还是 GB/T 1772—1979 的版本，它虽然有很多不完善的地方，但它的基本内容对我国电子元器件的可靠性工作仍有积极的指导意义。80 年代，我国的各种可靠性机构、学术团体像雨后春笋般迅速发展起来，可靠性工程的应用在电子、航天、电力、机械、仪表等部门取得了不同程度的进展，而且在可靠性数学和可靠性理论上也达到了一定水平。从 1981 年开始，国家陆续颁布了 GB/T 2689.1—1981《恒定应力寿命试验和加速寿命试验方法总则》、GB/T 5080.1—1986《设备可靠性试验　总要求》、GB/T 5080.2—1986《设备可靠性试验　试验周期设计导则》、GB/T 5080.5—1985《设备可靠性试验　成功率的验证试验方案》、GB/T 5080.6—1996《设备可靠性试验　恒定失效率假设的有效性试验》、GB/T 5080.7—1986《设备可靠性试验　恒定失效率假设下的失效率与平均无故障时间的验证试验方案》等可靠性试验的标准，使我国的产品可靠性试验逐步进入正轨。但是，可靠性技术在我国的工业和企业中的应用还不广泛，产品的可靠性工作还得不到足够重视，不少产品未开展可靠性研究与考核，在新产品开发时还未开展可靠性设计与可靠性制造，而且一般还未设置专门的可靠性管理机构，特别是可靠性试验的国家标准还不完善，可靠性试验的技术手段也较落后，与先进国家相比还存在着较大差距。

二、国外产品可靠性能试验的概况

由于国外尤其是一些先进国家可靠性工作比我国起步早得多，因此目前国外的一些主要产品都已规定了可靠性指标，有些产品虽还未明确规定可靠性指标，但在工厂内部大多已在开展产品的可靠性工作，并把产品可靠性高低作为企业间竞争的重要手段。

在可靠性要求规范、可靠性设计分析、元（部）件可靠性预计、可靠性试验、可靠性增长、可靠性筛选、设备可靠性试验、软件可靠性、维修性技术和现场评估等方面，国外大都有了指南类标准和工具类标准。在可靠性试验与可靠性试验装置的研制上，国外的生产和研究部门在对元器件进行筛选试验、寿命试验和环境试验的过程中，不断革新试验设备和测试系统，使试验设备实现了大容量、多品种、多功能、高精度、数字化和程控化的目的。如美国、日本、德国、法国等在电器的可靠性寿命试验中已普遍采用电子计算机进行控制与检测，即由一台微机作中央处理器，将测试数据进行录取并分析处理。这类自动数据分析系统不仅具备快速测试、数据录取和分析处理功能，而且还具有自动调节、误差校正和参数变换能力、能代替人工进行重复性的测试工作，完成比较复杂的分析计算，测试结果又能以各种方式自动显示和记录或打印出来。美国、日本等国对可靠性物理的研究都非常重视。而可靠性物理学是专门研究产品失效机理的科学，它对产品怎样失效和为什么失效的具体物理、化学过程进行研究。因此，可靠性物理学的研究是提高产品可靠性的基础性研究，对提高产品的可靠性具有重要意义。

思 考 题

1. 常用的可靠性术语有哪些?
2. 常用的可靠性特征量有哪些?
3. 简述常见的可靠性试验方法和适用对象。
4. 可靠性试验计划一般包括哪几项?
5. 可靠性试验有哪些基本要求。
6. 画图并简述可靠性试验的一般程序。
7. 简述国内外产品可靠性试验的现状和发展趋势。

第二章　产品的寿命规律及常用分布

第一节　指数分布及特点

许多元器件，在工作时间内会由于“偶然”原因而失效，而不服从某一种失效机理，因为这时对应于某一机理的所谓早期失效产品，已通过设计、工艺控制或试验而消除。因此，当元器件足够多、时间足够长时，失效率$\lambda(t)$便趋近于某一稳定值，其值的大小只与工作条件和外部环境有关，而与产品工作时间无关，产品的这种寿命分布规律，称为指数分布。指数分布是可靠性工程中最基本、最常用的分布。不但多数电子产品，包括大部分仪器仪表在内，在剔除早期失效以后到发生元器件或材料的老化变质之前的随机失效阶段，其寿命服从指数分布，而且在复杂系统和整机方面以及机械技术的可靠性领域也得到使用。

一、指数分布函数

1. 指数分布的失效概率密度函数

$$f(t)=\begin{cases}\lambda e^{-\lambda t} & (0<\lambda<\infty,0\leqslant t<\infty)\\ 0 & (-\infty<t<0)\end{cases} \tag{2—1}$$

式中，λ为指数分布的参数（常数）。

2. 指数分布的累积失效概率函数

$$F(t)=1-e^{-\lambda t} \quad (0<t<\infty) \tag{2—2}$$

3. 指数分布的可靠度函数

$$R(t)=e^{-\lambda t} \quad (0<t<\infty) \tag{2—3}$$

4. 指数分布的失效率（瞬时失效率）函数

$$\lambda(t)=\frac{f(t)}{R(t)}=\frac{\lambda e^{-\lambda t}}{e^{-\lambda t}}=\lambda \tag{2—4}$$

由式（2—4）可看出，指数分布的分布参数λ就是它的失效率，是与时间t无关的常数。图2—1是指数分布的几种常见函数曲线。

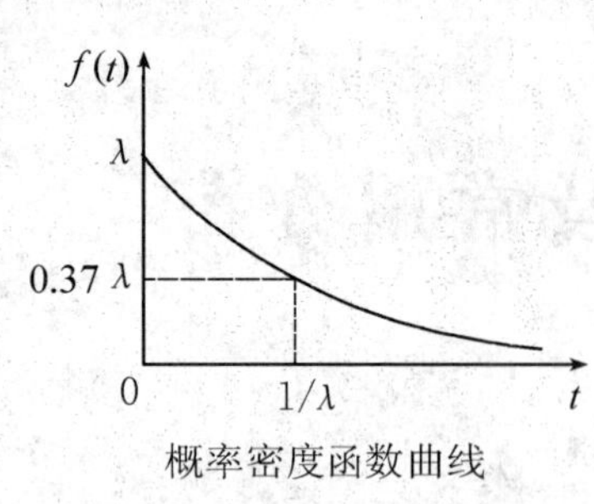

概率密度函数曲线

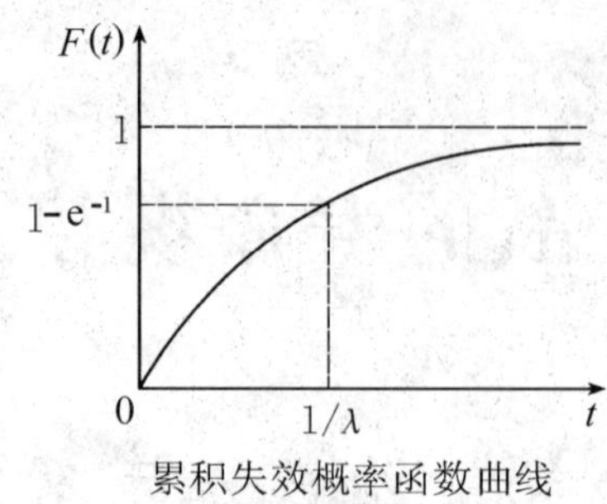

累积失效概率函数曲线

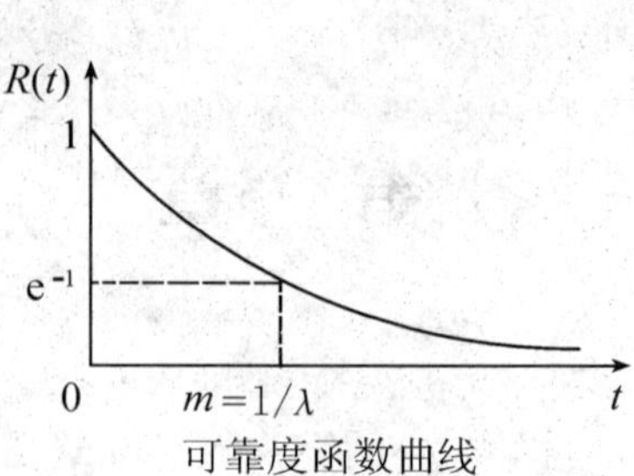

可靠度函数曲线

图 2—1 指数分布的函数曲线

二、指数分布的可靠性数量特性

1. 平均寿命

$$\theta=\frac{1}{\lambda} \tag{2—5}$$

2. 可靠寿命

$$t_R=\frac{1}{\lambda}\ln\frac{1}{R} \tag{2—6}$$

式中，R 为任意给定的可靠度（$0\leqslant R\leqslant 1$）。

3. 中位寿命

$$t_{0.5}=\frac{1}{\lambda}\ln 2 \tag{2—7}$$

4. 特征寿命（$R=\mathrm{e}^{-1}$）

$$t_{\mathrm{e}^{-1}}=\frac{1}{\lambda}=\theta \tag{2—8}$$

三、指数分布的特点

（1）失效率 λ 是常数，与时间 t 无关。

（2）平均寿命 θ 与失效率 λ 互为倒数，即

$$\theta=\frac{1}{\lambda}$$

（3）平均寿命 θ 与特性寿命 $t_{\mathrm{e}^{-1}}$ 相同，均为失效率 λ 的倒数，即

$$\theta=t_{\mathrm{e}^{-1}}=\frac{1}{\lambda}$$

四、指数分布的应用

指数分布在可靠性技术中具有十分重要的地位。这一方面是因为有很多产品的寿命都服

从指数分布，另一方面也是因为指数分布时平均寿命及失效率等可靠性特征量可用简单而精确的公式来计算，使用比较方便。因此，目前许多国家所制订的标准中，绝大多数都以指数分布为基础对电子元器件产品的可靠性等级进行鉴定。我国制订的国家标准 GB/T 1772—1979《电子元器件失效率试验方法》就是寿命服从指数分布的条件下得出的。因此，在电子、电器元件及系统与整机方面均得到普遍应用。具体应用情况为：

(1) 对于元件则适用于只是由于偶然出现的失效而且与使用时间无关的情况；

(2) 对于系统则适用于经过调试，排除了设计、制造、装配等方面的缺陷而引起的故障，工作在正常使用阶段的随机失效期。这些系统通常由大量元件或零件所组成，其中各单元失效相互独立，系统发生故障的次序与所有单元失效次序相同；若元件或零件失效后立即修复或更换，仍然如同新产品一样，不影响以后寿命长度。可以看出，这类系统或整机都有一个共同特征，即失效率趋近于某一稳定值，$\lambda(t)=\lambda=$常数。如电子、电器系统的计算机、电视机，液压系统的操纵箱，机械系统的汽车、机床等。

例 2—1　设某一计算机的错误率是恒定的，即每连续工作 500 h 发生一次错误。设有一需要 5 h 才能正确通过的程序，问该机解决这个问题的可靠度是多少？该机的瞬时错误率为多少？

解： 由题意知道，该计算机的寿命可用指数分布描述。其平均寿命为

$$\theta=\text{MTBF}=500\ \text{h}$$

因此，该机的瞬时错误率 $\lambda(t)$ 为

$$\lambda(t)=\lambda=\frac{1}{\theta}=\frac{1}{500}=0.002\ \text{错误数/h}$$

可靠度为

$$R(t)=R(5)=\mathrm{e}^{-\lambda t}=\mathrm{e}^{-0.02\times 5}=0.99$$

即可靠度为 99%。

第二节　威布尔分布及特点

威布尔分布是可靠性试验中最常用也是最复杂的一种寿命分布，它是由瑞典人威布尔首先提出的，故此而得名。大量实践说明，凡是因为某一局部失效或故障而导致整体机能停止运行的元件、器件、设备、系统等的寿命分布服从威布尔分布；特别在研究机械中的疲劳强度、疲劳寿命、磨损寿命、腐蚀寿命和轴承失效等都服从威布尔分布。

一、威布尔分布函数

威布尔分布是一种含有三个参数的分布，分布函数如下：

1. 威布尔分布的失效概率密度函数

$$f(t)=\frac{m}{\eta}\left(\frac{t-\delta}{\eta}\right)^{m-1}\mathrm{e}^{-\left(\frac{t-\delta}{\eta}\right)^{m}}\qquad(\delta\leqslant t,m>0,n>0)\tag{2—9}$$

式中　m ——形状参数；

η ——尺度参数；

δ ——位置参数（又称起始参数）。

2. 威布尔分布的累积失效概率函数

$$F(t)=1-\mathrm{e}^{-\left(\frac{t-\delta}{\eta}\right)^{m}} \quad (\delta\leqslant t, m>0, \eta>0) \tag{2—10}$$

3. 威布尔分布的可靠度函数

$$R(t)=\mathrm{e}^{-\left(\frac{t-\delta}{\eta}\right)^{m}} \quad (\delta\leqslant t, m>0, \eta>0) \tag{2—11}$$

4. 威布尔分布的失效率函数

$$\lambda(t)=\frac{m}{\eta}\left(\frac{t-\delta}{\eta}\right) \quad (\delta\leqslant t, m>0, \eta>0) \tag{2—12}$$

二、威布尔分布参数

1. 形状参数（m）

威布尔分布的失效概率密度曲线、累积失效概率曲线、可靠度曲线以及失效率曲线的形状都随 m 不同而不同，所以把 m 称为形状参数。各分布曲线的形状如图 2—2 所示。

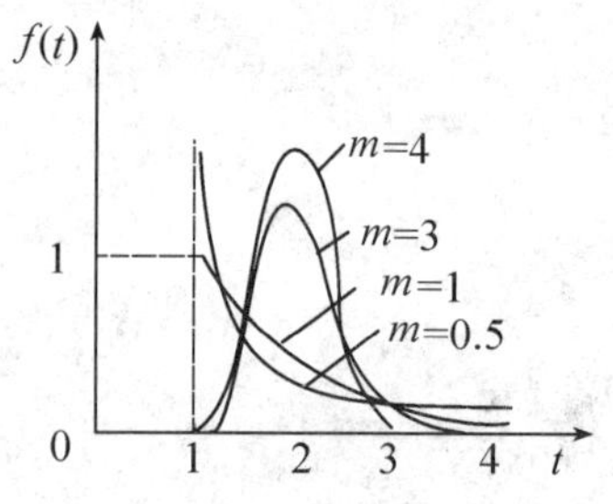

(a) $\eta=1$，$\delta=1$ 时不同 m 的失效概率密度曲线

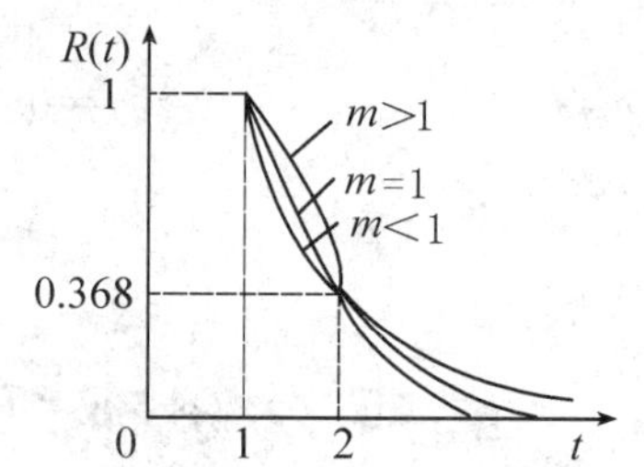

(b) $\eta=1$，$\delta=1$ 时不同 m 的可靠度曲线

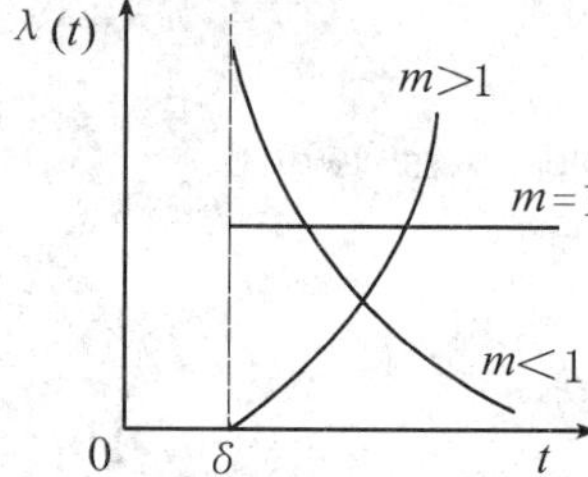

(c) $\delta\neq0$ 时不同 m 的失效率曲线

图 2—2　威布尔分布各函数曲线

从图 2—2 可以看出：

(1) 当 $m<1$ 时，$f(t)$ 曲线随时间单调下降；

(2) 当 $m=1$ 时，$f(t)$ 曲线为指数曲线；

(3) 当 $m>1$ 时，$f(t)$ 曲线随时间增加出现峰值而后下降；

(4) 当 $m=3$ 时，$f(t)$ 曲线已接近正态分布。通常 $m=3\sim4$ 即可当作正态分布。

2. 位置参数（δ）

位置参数 δ 决定了分布的出发点。当 m 和 η 相同，δ 不同时，其失效概率密度曲线是完全相同的，所不同的只是曲线的起始位置有所变动，如图 2—3 所示。

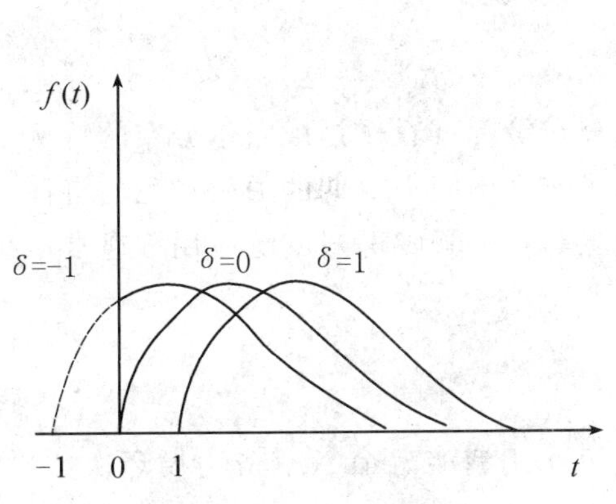

图 2—3　$m=2$，$\eta=1$ 时不同 δ 的失效概率密度曲线

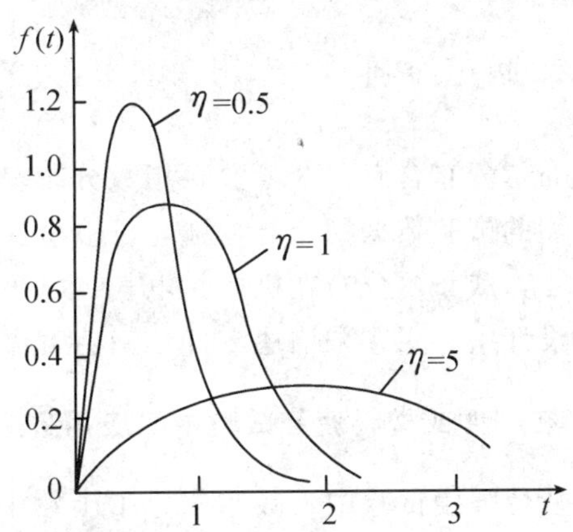

图 2—4　$m=2$，$\delta=0$ 时不同 η 的失效概率密度曲线

从图 2—3 可以看出，当 $\delta<0$ 时，产品开始工作时就已失效了，即这些元件在贮存期已失效，$f(t)$曲线由 $\delta=0$ 时的位置向左平移 $|\delta|$ 的距离。

当 $\delta=0$ 时，$f(t)$曲线为二参数威布尔分布。

当 $\delta>0$ 时，表示这些元件在起始时间 δ 内不会失效，$f(t)$曲线由 $\delta=0$ 时的位置向右平移 $|\delta|$ 的距离。此时，可将 δ 称为最小保证寿命。

3. 尺度参数（η）

通常将 η 称为真尺度参数，当 m 及 δ 固定不变，η 不同时威布尔分布的失效概率密度曲线的高度及宽度均不相同。图 2—4 为 $m=2$，$\delta=0$ 时不同 η 的失效概率密度曲线。由图 2—4 可见，当 η 增大时，$f(t)$的高度变小而宽度变大。故把 η 称为尺度参数。

三、威布尔分布的可靠性数量特征

1. 平均寿命

$$\mu=\delta+\eta\Gamma\left(1+\frac{1}{m}\right) \tag{2—13}$$

式中 $\Gamma\left(1+\frac{1}{m}\right)$可根据形状参数 m 由数学手册中的伽马函数表查得。

2. 可靠寿命、中位寿命和特征寿命

（1）可靠寿命：

$$t_R=\delta+\eta(\ln R)^{\frac{1}{m}} \tag{2—14}$$

（2）中位寿命：

$$t_{0.5}=\delta+\eta(\ln 2)^{\frac{1}{m}}=\delta+\eta(0.693)^{\frac{1}{m}} \tag{2—15}$$

（3）特征寿命：

$$t_{e}^{-1}=\delta+\eta \tag{2—16}$$

四、威布尔分布的应用

威布尔分布含有三个参数，指数分布、正态分布等都可看作是威布尔分布的特例，所以各种类型的试验数据拟合能力强，可以全面地描述产品不同失效期的失效过程与特征。由于这个优点，威布尔分布在机械、电气、电子、化工等各个领域得到广泛应用。通常，在机械可靠性设计中，用它来描述零件的疲劳寿命和强度。

1. 在零件或材料疲劳试验中的应用

在疲劳强度试验中，威布尔分布函数中的时间 t 用疲劳寿命 N（应力循环次数）代替，这时威布尔分布可写成如下形式：

（1）概率密度函数

$$f(N)=\frac{m}{N_a-N_0}\left(\frac{N-N_0}{N_a-N_0}\right)^{m-1}e^{-\left(\frac{N-N_0}{N_a-N_0}\right)^m} \tag{2—17}$$

（2）失效概率函数、可靠度函数及失效率函数分别为

$$F(N)=1-e^{-\left(\frac{N-N_0}{N_a-N_0}\right)^m} \tag{2—18}$$

$$R(N)=e^{-\left(\frac{N-N_0}{N_a-N_0}\right)^m} \tag{2—19}$$

$$\lambda(N)=\frac{m}{N_a-N_0}\left(\frac{N-N_0}{N_a-N_0}\right)^{m-1} \tag{2—20}$$

式中　N_0——最小寿命；

　　N_a——特征寿命。

2. 在滚动轴承寿命计算中的应用

滚动轴承是最早具有可靠性指标，进行可靠性设计的机械零件。理论分析与寿命试验证明，滚动轴承的疲劳寿命服从威布尔分布。

工程实践中，考虑到滚动轴承的最小寿命较小，约为额定寿命的5%，因此，为了简化计算，常取最小安全寿命 $\delta=0$，这样，式（2—9）可写成

$$f(t)=\frac{m}{\eta}\left(\frac{t}{\eta}\right)^{m-1}e^{-(t/\eta)^m} \tag{2—21}$$

式(2—21)称为两参数的威布尔分布。滚动轴承的寿命分布，一般就是采用两参数威布尔分布来描述的。

例 2—2　某零件的寿命经试验证实，服从威布尔分布。已知形状参数 $m=2$，最小寿命 $N_0=10^3$ 循环，特征寿命 $N_a=4\times10^5$ 循环。试求该零件运行 10^5 循环的可靠度和失效率。

解：(1)求可靠度。由(2—19)得

$$R(10^5)=e^{-\left(\frac{N-N_0}{N_a-N_0}\right)^m}=e^{-\left(\frac{100\,000-1000}{400\,000-1000}\right)^2}=0.94=94\%$$

(2)求失效率。由式(2—20)得

$$\lambda(10^5)=\frac{m}{N_a-N_0}\left(\frac{N-N_0}{N_a-N_0}\right)^{m-1}$$

$$=\frac{2}{400\ 000-1000}\left(\frac{100\ 000-1000}{400\ 000-1000}\right)^{2-1}$$

$$=\frac{2}{399\ 000}\left(\frac{99\ 000}{399\ 000}\right)=0.1243\times10^{-5}(1/\text{循环})$$

第三节　正态分布及特点

正态分布又叫高斯分布，在数理统计学中是一种最基本、最常用的分布。在可靠性技术中也经常用到正态分布。一般大多用它来描述产品随机失效比较集中发生现象的一种分布，如产品由于耗损或退化而产生的失效；再如材料强度、磨损寿命、疲劳失效，同一批晶体管放大倍数的波动或寿命波动等也都可看作或近似看作正态分布；在电子元器件可靠性计算中，正态分布主要应用于元件耗损和工作时间延长而引起的失效分布，用来预测或估计可靠度有足够的精确性。

一、正态分布函数

1. 正态分布的失效概率密度函数

$$f(t)=\frac{1}{\sqrt{2\pi}\sigma}e^{-\frac{(t-\mu)^2}{2\sigma^2}}\qquad(-\infty<t<\infty)\tag{2—22}$$

式中　μ——随机变量的均值（位置参数）；

　　　σ——随机变量的标准差（尺度参数）。

2. 正态分布的累积失效概率函数

$$F(t)=\frac{1}{\sqrt{2\pi}\sigma}\int_{-\infty}^{t}e^{-\frac{(t-\mu)^2}{2\sigma^2}}\mathrm{d}t\tag{2—23}$$

二、正态分布的可靠性特征量

1. 可靠度函数

$$R(t)=\frac{1}{\sqrt{2\pi}\sigma}\int_{t}^{\infty}e^{-\frac{(t-\mu)^2}{2\sigma^2}}\mathrm{d}t\tag{2—24}$$

2. 失效率函数

$$\lambda(t)=\frac{e^{-\frac{(t-\mu)^2}{2\sigma^2}}}{\int_{t}^{\infty}e^{-\frac{(t-\mu)^2}{2\sigma^2}}\mathrm{d}t}\tag{2—25}$$

正态分布的可靠度曲线、失效概率密度曲线和失效率曲线如图 2—5 所示。

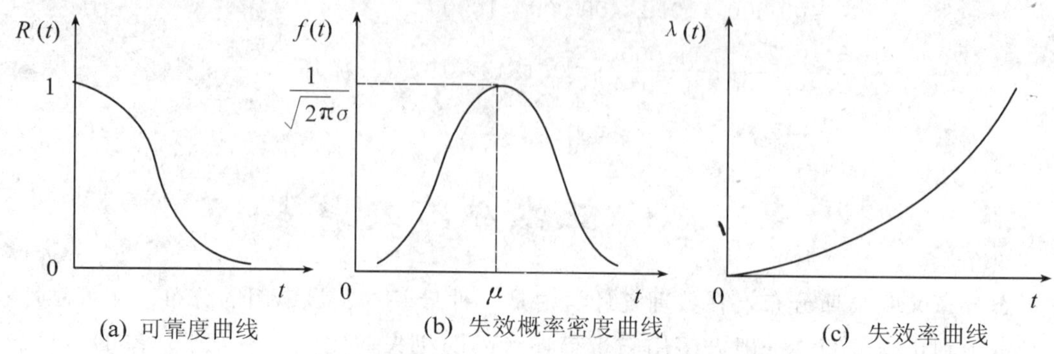

(a) 可靠度曲线　(b) 失效概率密度曲线　(c) 失效率曲线

图 2—5　正态分布的可靠性特征量曲线

三、正态分布的应用

正态分布是应用较广的一种重要分布，在可靠性工程中起着下列几个方面的重要作用。

（1）用来拟合许多零件的强度和应力，以进行可靠性设计；

（2）当研究对象的随机性是由许多互相独立的随机因素所引起的，而其中每一个随机因素对总体影响极小，即服从正态分布。因此，在可靠性设计中许多类似以上性质的事件，用正态分布拟合，能取得较满意的结果；

（3）正态分布对设备的可靠性分析作定量的评价很方便，而且能给出明确的置信区间。这样，在制定验收规范和提出设计要求时就能明确地规定所要求的特性范围；

（4）正态分布描述了零部件的损耗规律。因此，对于如何掌握某些零部件的损耗规律，从而采取措施降低整机失效率的问题上它有重要的实用意义。

第四节　对数正态分布及特点

某些物理现象，如某些材料的疲劳破坏，由于暴露而造成的腐蚀等，其疲劳裂纹的增长及腐蚀的深度是随时间（或作用次数）的增加而逐渐增大的。在可靠性理论中，对数正态分布适用于由裂痕扩展而引起的失效分布。如产品的疲劳、腐蚀失效。此外，也用于恒定应力加速寿命试验后对样品失效时间进行的统计分析。

一、对数正态分布函数

1. 对数正态分布的失效概率密度函数

$$f(t)=\frac{1}{t\sigma\sqrt{2\pi}}e^{-\frac{(\ln t-\mu)^2}{2\sigma^2}} \tag{2—26}$$

2. 对数正态分布的累积失效概率函数

$$F(t)=\int_{0}^{t}\frac{1}{t\sigma\sqrt{2\pi}}\mathrm{e}^{-\frac{(\ln t-\mu)^{2}}{2\sigma^{2}}}\mathrm{d}t \tag{2—27}$$

二、对数正态分布的可靠性特征量

1. 平均寿命

$$\gamma=\mathrm{e}^{\mu+\frac{1}{2}\sigma^{2}} \tag{2—28}$$

2. 可靠度函数

$$R(t)=\int_{t}^{\infty}\frac{1}{t\sigma\sqrt{2\pi}}\mathrm{e}^{-\frac{(\ln t-\mu)^{2}}{2\sigma^{2}}}\mathrm{d}t \tag{2—29}$$

对数正态分布的失效概率密度曲线（$\mu=0$，σ为不同值）见图 2—6。

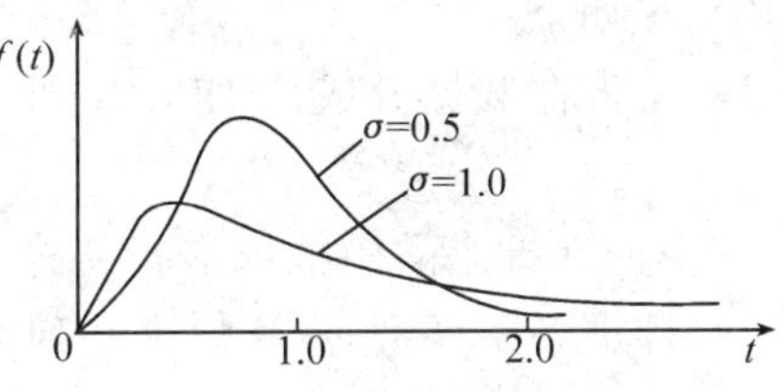

图 2—6　对数正态分布的失效概率密度曲线

三、对数正态分布的应用

由于对数正态分布是一种偏态分布（不对称分布），因此就可弥补正态分布要求随机现象的概率分布必须是对称的、随机变量只能取正值的不足。因此，在描述机械零件的疲劳强度、疲劳寿命、耐磨寿命、维修时间等分布研究中，得到了广泛的应用。在实际应用中，一般处理对数正态分布的数据时，先将各个数据取对数（自然对数），然后按正态分布进行处理，这样可简化计算，便于工程应用。

上面我们讨论了可靠性理论中常见的几种产品失效分布类型，现将这几种分布类型的失效密度函数及可靠度函数图形归纳列于表 2—2。表 2—2 中指数分布函数有两种，即单参数指数分布和双参数指数分布，我们只讨论了单参数指数分布，双参数指数分布曲线中的 V 称为位置参数，它表示在 $t<V$ 时产品不发生失效。

第五节　寿命分布类型的确定方法

从前面的内容可看出，当产品的失效分布类型不同时，各可靠性特征量的计算方法也就不同。因此，确定产品的失效分布类型在可靠性技术中是极为重要的，但这也是一个比较困难的问题，到目前为止还没有行之有效的解决方法。目前，一般根据产品寿命试验数据绘制失效频率直方图或是根据产品的失效模式及失效机理或产品以往的经验资料来初步估计其失效分布类型。

下面介绍一下产品失效分布类型的估计方法即失效频率直方图法，其他更详细的试验数据判断与分析见本书第九章。

对失效分布类型的估计方法，若产品有以往的经验资料，则可据此来假设其失效分布类型，若没有这方面的经验资料，则一般可抽取一定数量的样品进行寿命试验，从所得的寿命试验数据绘制失效频率直方图或可靠度函数图形，并将这些图形与表 2—2 中各种常用的失效分布类型的失效概率密度函数图形及可靠度函数图形进行比较，从而对其失效分布类型作出估计。下面分别对大子样及小子样这两种情况下产品失效分布类型的估计步骤作一简要叙述。

一、大子样情况

大子样，即寿命试验数据数较多。这时寿命数据应按一定时间间隔（或操作次数）分组。其步骤如下：

（1）将寿命数据分成 K 组，K 可由经验公式确定

$$K=1+3.3\lg n \tag{2—30}$$

式中　n——一批产品中抽取进行寿命试验数量。

（2）计算各组频数 n_i 及频率并列表（如表 2—1 所示）。

$$f_i\left(f_i=\frac{n_i}{n}\right) \tag{2—31}$$

（3）按表 2—1 数据绘制失效频率直方图。

（4）按失效频率直方图的形状大致绘出失效概率密度曲线。

（5）将绘制出的失效概率密度曲线与表 2—2 中各种分布类型的失效概率密度曲线形状进行比较，并对产品的失效分布类型作出估计。

表 2—1　寿命数据的分组统计

组号（i）	寿命范围	频数（n_i）	频率（f_i）
1	$a_0\sim a_1$	n_1	f_1
2	$a_1\sim a_2$	n_2	f_2
⋮	⋮	⋮	⋮
k	$a_{k-1}\sim a_k$	n_k	f_k

表 2—2　常用的几种失效分布类型的失效密度曲线及可靠度曲线

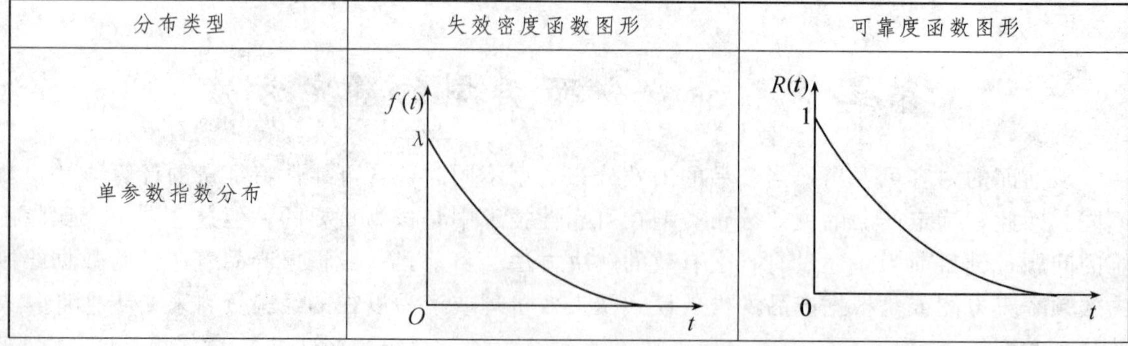

分布类型	失效密度函数图形	可靠度函数图形
单参数指数分布		

续表

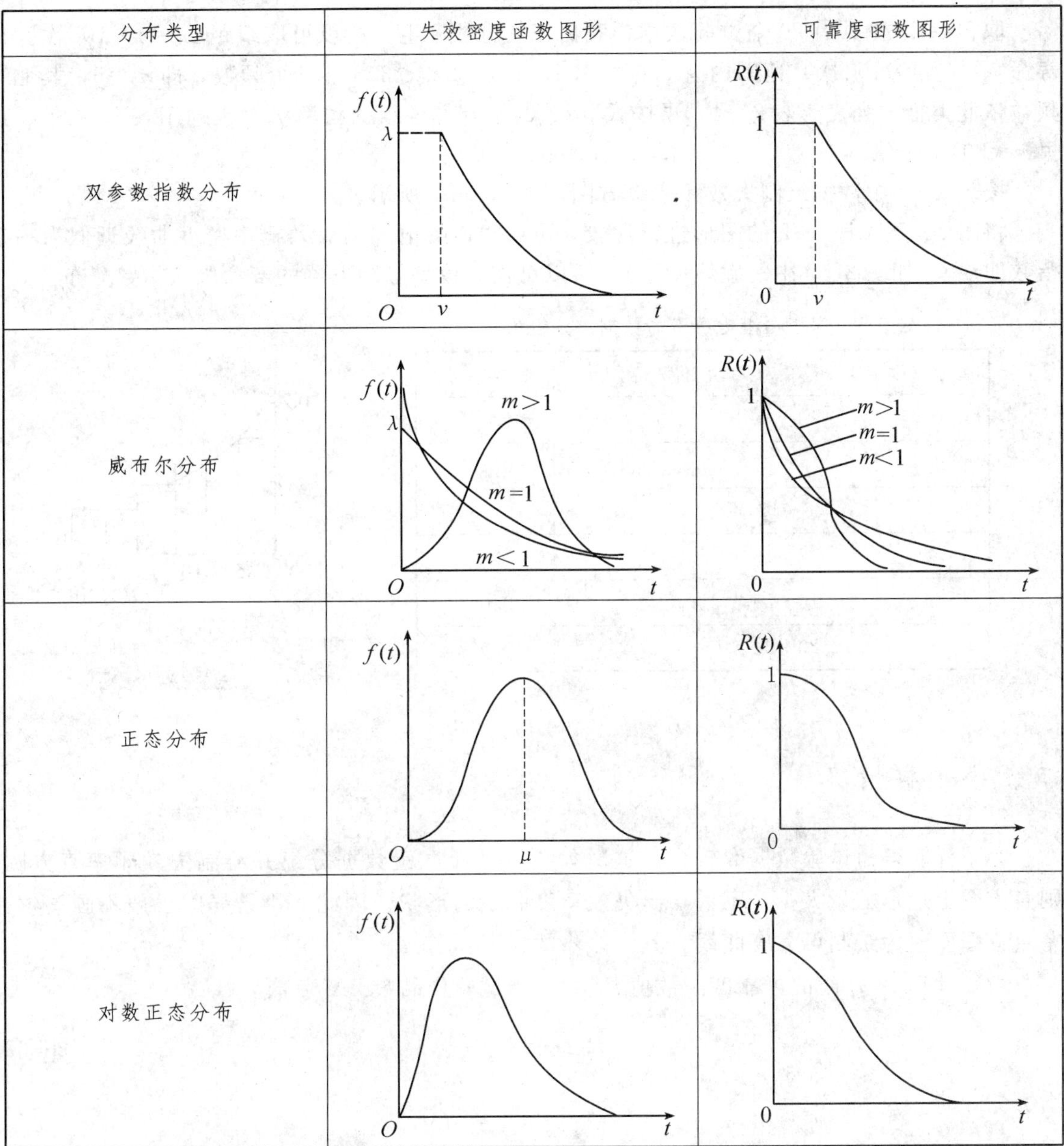

分布类型	失效密度函数图形	可靠度函数图形
双参数指数分布		
威布尔分布		
正态分布		
对数正态分布		

例2—3　设有某型号的继电器30只进行寿命试验，当试验到 20 只继电器失效时，试验停止。其寿命数据如表 2—3 所示（其单位为 10^4 次）。

表 2—3　某型号继电器的寿命数据

单位：10^4 次

0.67	1.4	2.1	2.9	3.6	4.5	5.2
6.1	7.2	8.2	9.3	10.1	11.3	
12.7	14	15.3	16.9	18.4	20.2	22

试估计该型号继电器的失效分布类型。

解：先按式（2—30）计算出分组的组数 K：

$$K=1+3.3\lg30=5.87$$

取 $K=6$，因共有 20 个试验数据，我们把它分成 6 组，所以可取组距 $\Delta t=4\times10^4$ 次。在寿命 0～4（4×10^4 次）范围内有 0.67，1.4，2.1，2.9，3.6 共 5 个频数，即 $n_i=5$，其他组频数依此类推，列表于表 2—4，再按式（2—31）计算各组的频率 f_i，也列于表 2—4 中（这里 $n=30$）。

按表 2—4 中数据绘制失效频率直方图，如图 2—7 所示。

将图 2—7 与表 2—2 的图形进行比较，可看出该继电器的失效概率密度曲线近似为一条指数曲线，（如图 2—7 中的虚线所示），所以可估计该型号继电器的寿命服从指数分布。

表 2—4　某型号继电器寿命数据的分组统计

组号（i）	寿命范围/10^4 次	频数（n_i）	频率（f_i）
1	0～4	5	0.167
2	4～8	4	0.133
3	8～12	4	0.133
4	12～16	3	0.1
5	16～20	2	0.067
6	20～24	2	0.067

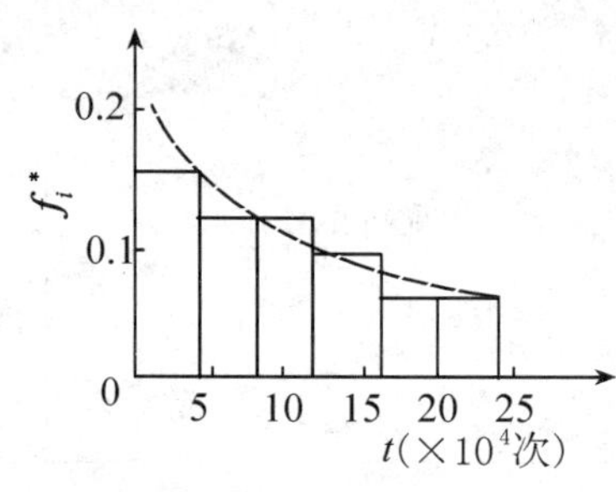

图 2—7　由失效频率直方图估计失效分布类型

二、小子样情况

小子样时寿命试验数据数较少。这时如再将寿命试验数据分组并绘制失效频率直方图，则直方图上矩形数量太少，不易绘出失效密度曲线的形状。因此，小子样时一般不画失效频率直方图而改为绘制可靠度曲线。其具体步骤如下：

（1）计算 $t=t_i$ 时的可靠度函数值 $R(t_i)$，当试验样品数 $n>20$ 时，

$$R(t_i)=1-\frac{i}{n} \tag{2—32}$$

当 $n\leqslant20$ 时，

$$R(t_i)=1-\frac{i-0.5}{n} \tag{2—33}$$

或

$$R(t_i)=1-\frac{i}{n+1} \tag{2—34}$$

或

$$R(t_i)=1-\frac{i-0.3}{n+0.4} \tag{2—35}$$

式中，t_i 表示第 i 个失效的产品寿命数据（$i=1,2,\cdots,r$）。

（2）将 i，t_i，$R(t_i)$列表。如表 2—5 所示。

表 2—5 可靠度函数值

i	1	2	…	r
t_i	t_1	t_2	…	t_r
$R(t_i)$	$R(t_1)$	$R(t_2)$	…	$R(t_r)$

(3) 根据［t_i，$R(t_i)$］在直角坐标系中描点，并绘出可靠度函数图形。

(4) 将所绘出的可靠度函数图形与表 2—2 中各种失效分布类型的可靠度曲线形状进行比较，并对产品的失效分布类型作出估计。

最后还应指出，产品的失效分布类型与产品的失效模式及失效机理有关。所以如能从产品的失效分析中找出其失效模式及失效机理，则将有助于对产品的失效分布类型作出估计。

估计出产品的失效分布类型后，一般还要证实所估计的失效分布类型与寿命试验数据是否相适合，即所谓拟合优度检验（也可称为拟合度检验或简称检验），以便检验前一步所估计的失效分布类型。检验的方法一般是在概率纸等各种特制的坐标纸上用作图的方法进行，即所谓图检验法检验。也可采用数学方法，即统计分析的方法（目前一般常用 x^2 检验法，柯尔莫哥洛夫一斯密尔诺夫检验法等）

图检验法简单易行、使用方便、直观易懂、容易掌握，但是准确度较差，所得的结果往往因人而异，甚至有时难以得到一个确切的结论；x^2 检验、柯尔莫哥洛夫一斯密尔诺夫检验等统计分析的检验方法虽然有一定的准确度，但它一般只作出“是否应拒绝所假设的分布类型”的判断，而不能证明所假设的分布类型是完全正确的。尽管上述这些检验方法不是很有效，但它们毕竟要比用绘制失效频率直方图来估计失效分布类型的方法前进了一大步。因此，在没有完善的失效分布类型的判断方法的情况下，图检验法及 x^2 检验、柯尔莫哥洛夫一斯密尔诺夫检验等方法还是判断失效分布类型的较实用的方法。

关于图检验法（利用概率纸进行可靠性数据分析）见本书第九章，其他检验方法可参考相关资料，本书不作介绍。

思 考 题

1. 什么是产品的寿命分布？
2. 指数分布的特点及数量特征是什么？
3. 简述指数分布的应用。
4. 简述威布尔分布的特点及应用。
5. 正态分布与对数正态分布的区别是什么？
6. 简述大子样和小子样寿命分布类型的确定方法。
7. 你所在单位常做的产品可靠性试验一般是何种寿命分布？（最好能举例说明）

第三章 可靠性筛选试验

第一节 可靠性筛选的目的和意义

一、可靠性筛选的目的

对于设计合理、工艺成熟、质量控制严格的生产线，生产出来的产品都具有一定的可靠性，称为产品固有可靠性。这些产品，其寿命分布是固定的。产品的固有可靠性与其可靠性设计的好坏以及工艺质量控制是否严密有着十分密切的关系。由于产品的可靠性设计不一定十分完善，各种原材料性能、工艺条件及设备状况的变动以及在大批量生产中不一定都能按照工艺规范控制好，这样就使生产出的产品不能都符合产品技术条件规定的可靠性指标要求和性能指标要求，这往往会导致有的产品在短时间内失效，其寿命远低于该批产品的平均寿命，这种提前失效的低寿命产品就是通常所说的“早期失效”的产品。可靠性筛选就是通过对生产出的产品100％地进行筛选试验，把这些属于“早期失效”的产品尽可能予以淘汰和剔除，以确保出厂的整批产品具有较高的可靠性。

二、可靠性筛选的意义

图3—1所示是由零件、元器件组成的产品失效率曲线，曲线的典型特征是两端高、中间低，呈浴盆状，习惯称之为“浴盆曲线”。由图3—1可看出早期失效期出现在产品开始工作的初期，其特点是失效率高，它随时间迅速下降，可靠性筛选试验是淘汰早期失效产品的有效方法之一。由于通过可靠性筛选试验剔除了整批产品中的早期失效产品，因而提高了整批产品的可靠性，对使用部门来说，在提高系统可靠性、加快工程进度、减少维修工作量和维修费用等方面无疑是十分有利的。权衡其得失，可靠性筛选试验还是十分重要而有价值的，特别是对一些可靠性要求很高的大型系统，或是难以维修，甚至不可能维修的系统（例如海底电缆、卫星、导弹等）中所用的产品来说，可靠性筛选的重要性尤为突出。

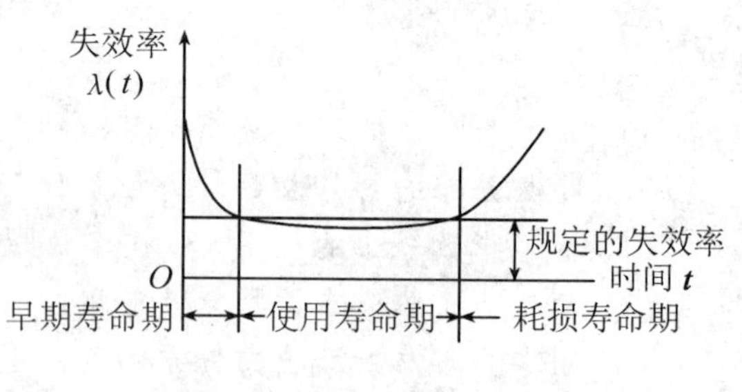

图3—1 失效率曲线

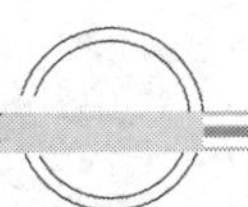

第二节　可靠性筛选试验的特点和分类

一、可靠性筛选的特点

(1) 筛选试验一般要100%地对受试产品施加应力，目的是暴露产品固有的以及生产、工艺过程引进和那些一般在正常质量检验和试验过程中不会出现的缺陷；

(2) 筛选试验是一种非破坏性试验，不应影响整批产品失效机理、失效模式和正常工作；

(3) 筛选试验是一个挑选过程，对产品进行100%的筛选检查，由筛选分出的等级是相应于寿命要求和产品预期应用的工作条件而定的，但筛选试验条件不必准确模拟真实的工作条件和环境条件。

(4) 对单个产品来说，可靠性筛选试验不能提高其可靠性，相反，若筛选项目和所用的“应力”水平选择不当，还会使单个产品的可靠性降低，同时，对于生产部门来说，可靠性筛选试验还要付一定的代价（成品率降低、成本增加、生产周期加长等)，但由于通过可靠性筛选试验剔除了整批产品中的早期失效产品，因此可提高整批产品的可靠性。

可靠性筛选的效果可用筛选效率、筛选损耗率和筛选淘汰率这3个参数来衡量。其定义如下：

$$\text{筛选效率}\ (\omega) = \frac{\text{剔除次品数}}{\text{实际次品数}}$$

$$\text{筛选损耗率}\ (L) = \frac{\text{好品损坏数}}{\text{实际好品数}}$$

$$\text{筛选淘汰率}\ (Q) = \frac{\text{剔除次品数}}{\text{进行筛选的产品总数}}$$

理想的可靠性筛选应使$\omega \approx 1$，$L \approx 0$，这样才能达到可靠性筛选的目的。Q的大小反映了这些产品在生产过程中存在问题的大小。Q越大，表示这批产品筛选前的可靠性越差，亦即生产过程中所存在的问题越大，产品的成品率越低。

二、可靠性筛选试验的分类

从广义上来说，一切旨在提高产品可靠性的筛选方法都称为可靠性筛选。根据筛选的性质和所加的应力或所使用的仪器设备的不同，可靠性筛选试验大致可以分类如下。

1. 检查筛选

(1) 目视或放大镜、显微镜检查筛选。

(2) 红外线非破坏性检查筛选。

(3) X射线非破坏性检查筛选。

(4) 颗粒碰撞噪声测试筛选。

2. 密封性筛选

（1）液体浸没检漏筛选。
（2）氦质谱检漏筛选。
（3）放射性同位素气体示踪检漏筛选。
（4）潮湿筛选。

3. 环境应力筛选

（1）力学环境应力筛选，有振动（包括振动疲劳、扫瞄振动或随机振动）、冲击和离心加速度等项目。

（2）气候环境应力筛选，有温度循环、温度冲击、恒温恒湿、潮热交变、低气压和高低温测试等。

（3）特殊环境应力筛选，有高温、高压、高真空、辐射等。

（4）混合环境应力筛选，有电和振动、冲击混合应力；电温度循环、湿度和振动混合应力等。这种筛选比单应力筛选要有效得多。

4. 寿命筛选（老炼筛选）

（1）高温贮存筛选。
（2）低温贮存筛选。
（3）功率老炼筛选。

5. 测试筛选

（1）初始参数筛选（又称分布截尾筛选）。
（2）线性判别筛选。

第三节　常用的可靠性筛选方法

一、检查筛选

（一）目镜筛选

包括用肉眼、放大镜或显微镜检查筛选，这是一种重要的筛选方法，也是一项花费少收效大的检查筛选，在半导体生产中被广泛使用。如在晶体管或集成电路封装前，用显微镜对芯片进行检查，可以发现沾污、缺陷、损伤、互连不好、键合不良等缺陷，及时将其剔除。

我国军用电子元器件标准规定，对集成电路（包括数字集成电路、模拟集成电路、混合集成电路），在封帽前应百分之百进行有效的筛选。其内容是：用 75～150 倍显微镜检查金属化质量，铝条缺损宽度不应大于设计值的 1/2。

用 75～150 倍显微镜检查氧化层质量，图形区内氧化层不能严重发花；检查划片质量，划片应保证图形的完整性，图形区以外一定距离内不能有裂纹；检查扩散钝化质量；用 30～60 倍显微镜，检查键合质量，键合点不应大于键合边缘的 1/2，并应能承受沿内引线伸出方向施加的规定的静负荷；检查内引线质量，内引线不应有宽度大于直径 1/2 的损伤；检查芯片表面质量，芯片、内引线和键合点不应有白色氧化物。

显微镜检查筛选需要花费大量的时间和人力，使产品成本大大增加，因此产品的价格与检查的严格程度有直接关系。显微镜检查筛选有局限性，即它只能找到表面的、显而易见的缺陷，而找不到潜在的缺陷。现在一些新型集成电路属于多层结构，显微镜检查筛选就失去其作用了。

（二）红外线非破坏性检查筛选

红外线检查是利用物质中分子热骚动产生的红外辐射，来检查元器件的热特性的一种方法，它是用红外扫描显微镜（热象仪）对元器件在工作时的热分布作检查。当产品设计不合理、工艺上存在缺陷以及生产过程中存在某些失效机理时，会在局部产生热点和热区，运用红外探测或照相技术便可发现热点和热区，把有潜在缺陷的产品筛选掉。这种检查方法不会损伤产品，尤其适用于大规模集成电路和电阻器的失效检查，此外，可借助红外技术根据焊点热辐射状况测量它的温度，以此来确定焊点质量的好坏，所以可灵敏地检查出过热点及是否有虚焊，可检查产品的热设计是否合理和工艺是否有缺陷。

用红外热描显微镜进行检查，精度高，不接触样品，检查速度快，因此，它是一种有效的热测量方法。但这种方法的不足之处是只能检查暴露出来的表面，不能检查外壳内的热分布，被检查表面有塑料时检查也要受到影响。

（三）X 射线非破坏性检查筛选

元器件密封以后，内部缺陷常要解剖后才能发现。如果采用 X 射线照相方法，就可以透过外壳发现内部沾污、金属微尘、键合不良、内部引线损伤等缺陷。X 射线检查也是一种非破坏性检查方法，它可发现成品内的缺陷，如装配不良，焊料过多与过少，以及多余物等。

在晶体管和集成电路生产中，常用 X 射线法检查小片到管座的键合，微粒、引线表皮等缺陷，其中对小片键合的检查效果最好。

美国军用标准规定宇航级半导体器件都要 100％进行此项筛选。

（四）颗粒碰撞噪声测试筛选（PIND）

颗粒碰撞噪声测试筛选（PIND，即 Particle Impact Noise Detector）用于检测密封元器件空腔中有无松散的粒子，包括导电或非导电粒子、软或硬粒子。这些粒子有的是封装前就沾在芯片上的，也有的是由于环境净化不够，在封装时带入的或点焊时溅入的。在振动环境下使用时，粒子可能到处乱窜，使元器件短路、开路或影响正常工作造成失效（根据美国洛克希德公司对继电器失效机理的一篇分析报告，由于松散粒子造成的失效竟达 72％）。以前较广泛使用 X 射线检验的分辨能力有限，如粒子直径过小就发现不了。PIND 的原理是通过检测松散粒子碰撞外壳或相互碰撞所发生的声能来判定内部是否有松散粒子。用一个振动产生器产生机械振动，通过连结器传输到一传感器上。待检测元器件用胶粘剂（例如邓尼根 Ac—Vg）固定在传感器上，传感器的输出通过超声转换及放大器输出到可听频段，然后用扬声器监听有无特殊的噪音或将声信号显示在示波器上进行监视。由于有些粒子是以静电力、磁力或机械粘附方式沾在器件内部的，所以 PIND 试验时还要求对元器件进行轻轻敲击，将它们撞击出来。PIND 可以检出 X 射线检验所不能分辨的质量小于 1 μg、直径小于 25 μm 的多余松散粒子。它的筛选效果比 X 射线还要好。

二、密封性筛选

对于密封结构的产品，其致密性再好，总会存在一定的漏气率。例如集成电路（IC）如果密封不好漏气，外界气体浸入内部，就会污染芯片造成失效。很多 IC 采用成本低的塑料封装，便于自动生产线生产。但国产封装塑料（及很多国外厂商用的塑料）还没有过可靠性关，塑料的热膨胀系数与管壳不匹配，在温度变化后产生漏气。因此，一般不用于高可靠产品。

金属壳或陶瓷封装的密封性较好，但亦不可能保证每个器件都不漏气。因此在产品涂漆以前，要进行 100％的检漏。一般分为粗检漏与细检漏，漏速低于 1 Pa·mL/s 的叫“细检漏”；漏速高于 1 Pa·mL/s 的叫“粗检漏”。先进行细检漏，再进行粗检漏。

细检漏通常采用氦质谱仪检漏。先将元器件放在一个密闭的高压 $2\times10^5\sim5\times10^5$ Pa 的氦气室中，存放一定时间后取出，吹去产品表面吸附的氦气，迅速放入氦质谱仪工作台的真空室中进行检漏。它能检查出漏速小于 1 Pa·mL/s 的漏孔。这是一种无损检验。细检漏也可用放射性气体示踪检漏法，但操作中要注意放射性防护，用得不多。

粗检漏常用加压气泡检验。把元器件放入一定温度液体中，观察（可用低倍显微镜）有无气泡冒出，一种具体做法是把产品放在真空压力室中保持约 1 h 左右，然后灌入低沸点示踪液体三氟三氯乙烷（F113，即 CCl_2FCClF_2）将产品全部浸没，加约 5 个大气压 1～2 h 后，解除压力，使产品自然干燥半小时左右，然后将产品底向上投入加热到（120±5)℃的高沸点加热显示液体全氟三丁胺［$(C_4F_9)_3N$］中，如果没有气泡出现，产品就通过初检。

三、环境应力筛选

环境应力筛选是通过向产品施加合理的环境应力和电应力，将其内部的潜在缺陷加速变成故障，并通过检验发现和排除的过程，是一种工艺手段。

环境应力筛选效果主要取决于施加的环境应力、电应力水平和检测仪表的能力。施加应力的大小决定了能否将潜在缺陷变为故障；检测能力的大小决定了能否将已被应力加速变成故障的潜在缺陷找出来并准确加以排除。因此，环境应力筛选可看作是质量控制检查和测试过程的延伸，是一个问题析出、识别、分析和纠正的闭环系统。

对电子产品，环境应力筛选主要是在产品上施加随机振动及温度循环应力，以鉴别和剔除产品工艺和元件引起的早期故障的一种工序或方法。它可以加速暴露装配和制造缺陷。

环境应力筛选的对象既包括元器件级，亦包括组件级、分机级、系统级产品。

实践证明，环境应力筛选是可以有效暴露电子组件和设备中的元器件和制造工艺缺陷的方法。因此应作为必要的一道制造工序。

根据国外所提供的数据，环境应力筛选可减少现场失效率 20％～90％，大大减少寿命周期总费用，可减少生产厂内失效率达75%，大大减少生产成本。因此，环境应力筛选应对100%的电子产品进行。

（一）振动筛选

1. 定频正弦振动筛选

振动试验中最早也最简单的是“定频正弦振动”，它是以规定的加速度量值在选定的某一频率上振动，且仅作用于这一频率。试验设备一般用普通的正弦振动台。

此方法的特点是简单、易行、成本低，但由于产品仅在一个或几个限定的频率上按规定的加速度振动某一规定时间，如果产品缺陷位置不在振动量值大的应力点上，将不易使缺陷激发，不能发展成为故障，因此它的筛选度是不高的。

2. 扫频正弦振动筛选

它分线性扫频与指数扫频振动筛选两种。线性扫频振动筛选就是把整个试验频率分成若干个频率点（如每百Hz设一个频率点），然后将试验（振动）时间平均分配到各个频率点上。

指数扫频振动筛选是振动频率随时间按指数规律进行变化。

由于在进行扫频正弦振动时，其振动频率在给定频段内慢速变化，因而能在每个谐振频率上持续一段时间，使激发产品缺陷的能力比定频正弦振动筛选有所加强，但由于线性扫频在整个试验频率范围内的每个频率上的振动时间相同，这就使在高频段上的振动时间太长，而在低频段上的振动时间太短，造成激励不充分。虽然指数扫频使各频率上的振动次数近似相同，效果比线性扫频振动好，但隐藏较深的缺陷仍不易暴露，因此扫频正弦振动筛选的效果虽比定频正弦振动筛选效果好一些，但并不理想。

3. 随机振动筛选

产品在现场使用中遇到的绝大多数情况是随机振动。随机振动比起正弦振动来，带域宽，有一个连续的频谱，能同时在所有频率上对产品进行激励。振动强度相似的定频正弦振动及扫频正弦振动远不能产生随机振动所起激励故障的作用。

实践证明，随机振动是激发对振动而言的缺陷的最佳手段。随机振动筛选是用随机振动台实现的，它是用数控随机设备产生所要的驱动谱，化为一个随机信号，驱动一个电磁振动台。于是，安装在振动台台面上的试件就受到了随机振动。在台面上与受试件一起安装一个加速度传感器，通过放大器与均方根电压表指示振动台的台面加速度。

由于振动台的频率特性并不是线性的，所以必须与需要的谱密度对照，以包括试件与夹具、电磁振动台在内的系统传递特性进行修正，得驱动谱，然后输入数控随机设备变换成时域的随机信号，驱动振动台，在台面上才能获得需要的振动特性。

过去，随机振动台全依靠进口，价格昂贵，因此国内进口不多，随机振动没有条件推广。后来，引入了“磁带随机振动”试验技术，方法是将数控随机设备变换到时域的输出录制到磁带上，用磁带记录器作讯号源，用以驱动功放——振动台。这样，一台普通的正弦振动台加上一个“磁带随机振动”附件就可以转化为一个随机振动台，使随机振动可以在工序使用。

在对产品进行随机振动筛选时，随机振动的主要因素是：①功率谱密度；②低频和高频限值；③谐振的方向；④产品层次；⑤筛选持续时间。由于产品中缺陷的析出取决于缺陷处振动响应量值，振动筛选的有效性是由受筛产品对振动的响应决定的，而不是由振动输入决定的。同一振动输入，不同结构的产品中产生的响应是不同的。可以说不存在一个通用的最佳的振动筛选，但要找到对多数产品来说是较好的振动筛选条件。

（1）振动谱和量值

考虑振动谱和量值时，重要的是要规定其激励特性。一个充分筛选的振动谱的信号应是宽带的，频率范围至少为100～1000 Hz左右，以保证在所有时间在连续频率上都施加振动且达到适当的谱量值。

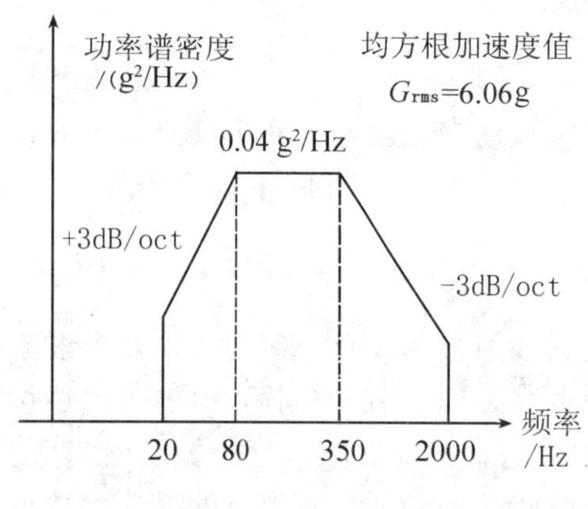

图3—2　典型的振动谱

GJB 1032和GJB/Z 34中均建议以图3—2所示的振动谱或与其等效的随机或合成随机作为筛选输入，也推荐单轴振动10 min，多轴振动每轴5 min。实践证明，将这些条件用于黑盒子这一组装等级的电子产品一般都能获得满意的结果。但图3—2的谱对于结构复杂的产品，特别是包含有光电和某些机电装置的产品不一定是合适的，此时如有可能，应当设法根据产品特性确定振动应力条件。

（2）振动轴向

原则上，随机振动一般应在三个轴向进行，具体进行几个轴向振动，按以下方法确定：

如果经充分统计抽样获得的数据库数据始终能证明在其他轴向发现的缺陷极少，则限于单一振动轴向的有效振动筛选是可以接受的。这种筛选的有效性应当通过在其他轴向实际进行的依次振动试验来验证，以得到所需要的数据支持。决定单轴激励时，要在三个互相垂直的轴向进行振动调查，确定产品关键部位的响应，以找出最有效轴向。这是保证单轴筛选有效性的较可取的方法。

将筛选增加到在两个轴向依次进行，将明显提高发现缺陷的能力。应当通过振动调查或支持两轴筛选工作的数据库来确定这两个轴向。

从一般意义来说，三轴向筛选在寻找缺陷方面最为有效。筛选的有效性取决于单元或系统对振动激励的响应。

（3）振动持续时间

在有关振动筛选持续时间方面，可得到的数据是很少的。典型的筛选是进行10 min，而且一些筛选是在断电、不工作状态下进行的。在这些条件下，不可能确定缺陷何时已发展成硬故障。间歇性故障也将无法找出。各制造厂实践经验表明，寻找缺陷至少需要5 min。从经验可以得出这样的结论：只要正确确定振动筛选方案，10 min（每轴）就足以析出大多数缺陷。

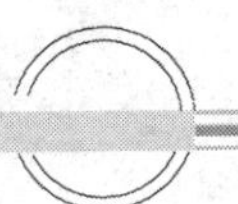

（二）温度循环筛选

温度循环是使产品在较短的时间内承受相当高的温度和相当低的温度作用，暴露产品的材料热胀冷缩的性能不匹配，加速涂层、材料或线头上各种微观裂纹扩展，接触不良等缺陷。因此在电子元器件的筛选中，温度循环已由实践证明是有效的方法之一。

即使电子元器件本身经过筛选，但是在组装过程中也还可能受到损伤（例如在焊接时器件的管腿弯曲不当使管腿根部受损，等等）。更重要的是电装工艺不是绝对可靠的，温度循环可加速粘接不好的接头松弛；使机械张力不足的压配接头松弛；使质量差的焊点接触电阻加大或造成开路等等。实践证明：温度循环可加速暴露电装工艺的缺陷。因此在硬件制造流程中，温度循环就不仅用到元器件级，而且用到组件（或单元）级、分机级及系统级。

表征温度循环筛选应力的基本参数包括上限温度 T_U、下限温度 T_L，温度变化速率 v，上限温度保温时间 t_U，下限温度保温时间 t_L 和循环次数 N，见图 3—3。

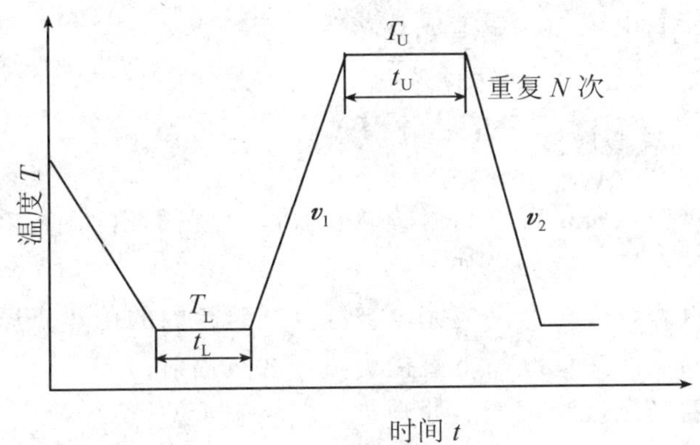

图 3—3　温度循环应力参数

在温度循环诸多参数中，对筛选效果最有影响的是温度变化范围 R、温度变化速率 v 以及循环次数 N。提高温度变化范围和变化速率能加强产品的热胀冷缩程度和缩短这一过程的时间，增强热应力，而循环次数的增加则能累积这种激发效应。因此，加大上述三参数中任一参数的量值均有利于提高温度循环筛选效果。缩短在上、下限温度值上的停留时间有利于缩短整个温度循环的周期，提高筛选的效率。产品温度达到稳定的时间可以以产品中的关键部件为准。必要时要特别监测该部件的温度，以保证筛选有效和防止其损坏。

为提高温度循环筛选度，一般可以将产品高、低贮存温度作为其上、下限温度，但产品在这两个温度及这两个温度与相应的设计的高、低温工作温度之间不要求工作。

温度循环中试验箱内气流速度是关键因素，因为它直接影响到产品的温度变化速率。产品温度变化速率一般远低于试验箱内空气温度的变化速率，提高箱内气流速度能使产品温度变化速率加大。实践证明，温度变化速率越快，筛选度越大。

当温度在上、下限温度内循环时，设备交替膨胀和收缩，使设备中产生热应力和应变。如果某产品内部有瞬时的热梯度（温度不均匀性），或产品内部邻接材料的热膨胀系数不匹配，则这些热应力和应变将会加剧。这种应力和应变在缺陷处最大，它起着应力集中者（“提升者”）的作用。这种循环加载使缺陷长大，最终可大到能造成结构故障并产生电故障。

例如，有裂纹的电镀通孔其周围最终完全裂开，引起开路。热循环是使钎焊接头和印制电路板上电镀通孔等产生故障的首要原因。

持续时间受温度循环次数控制，每次循环，应力应变方向变化一次，循环次数也是应力应变方向的变化次数。温度变化范围越大，产品内受到的应力/应变范围越大，产品内缺陷发展为故障所需的应力应变次数（也即循环次数）越少。

使有缺陷的产品出故障要比使完好产品出故障所需循环次数少许多。适当地确定热应力大小，就能析出故障而不消耗使用寿命。

1. 温度循环激发出产品的主要故障模式

①使涂层、材料或线头上各种微观裂纹扩大；

②使粘结不好的接头松弛；

③使螺钉连接或铆接不当的接头松弛；

④使机械张力不足的压配接头松弛；

⑤使质差的钎焊接触电阻加大或造成开路；

⑥粒子污染。

2. 温度循环试验的温度容差

温度循环所用的试验设备是温度试验箱。在我国温度循环的国标和军标中，对环境应用筛选的温度循环试验的温度容差要求如下：

①除必要的支撑点外，受试产品应完全被温度试验箱内的传热介质即空气所包围；

②箱内热源的布局应使受试产品不直接受热源的热辐射；

③箱内的温度梯度（靠近受试产品处测定）应小于 1 ℃/m；

④箱内温度不得超过规定试验温度的±2 ℃范围；

⑤箱内温度的最大差异不超过 2.2 ℃；

⑥箱内温度变化速率（平均值）不小于 5 ℃/min；

⑦箱内气流应适当导引，使受试产品周围的温度场是均匀的，如有多个产品同时受试，则应使受试产品之间、受试产品与试验箱壁之间有适当间隙，使气流能自由循环；

⑧用以控制箱温的热电偶或其他型式的温度传感器应置于试验箱内部的循环气流中，并要加以遮护以防辐射影响；

⑨要对箱内空气及致冷系统的冷却介质—空气的温度—湿度关系加以控制，使得在试验过程中，在受试产品表面不致出现凝露。

必须指出：环境应力筛选的温度循环的容差要求较严，国内不少这类设备不满足上述全部要求，故使用前需检测是否满足允差温度。

（三）温度冲击筛选

表征温度冲击筛选应力的基本参数有温度上限，温度下限，在温度上限的停留时间，在温度下限的停留时间，温度转换时间和温度冲击循环次数。

温度冲击中温度变化速率的平均值计算比较复杂，此平均速率取决于受筛产品从一箱转入另一箱中的时间，转入另一箱中的那一时刻箱中受筛产品遇到的实际温度（由于打开箱门，此温度不是设定的上限或下限温度），以及此实际温度回到设定温度的时间。要精确计算此平均速率是困难的，如果受筛产品转换很快，则可将箱门打开后温度变化忽略不计，则此速率仅取决于转换时间和复温时间，自动倒换温度冲击箱就是这种情况。

温度冲击这一方法能够提供较高的温度变化速率，产生的热应力较大，是筛选元器件，特别是集成电路器件的有效方法。这一方法用于其他组装等级时，要注意其可能造成的附加的损坏。此外，对于通电和监测来说，温度冲击方法使用不方便，甚至不可能实现全面监测性能以及及时发现故障。在缺乏具有足够速率的高低温度箱的情况下，温度冲击方法是一种可行的替代方法。

温度冲击筛选所激发出的故障模式类似于温度循环。

（四）环境应力筛选过程

环境应力筛选的整个过程包括 4 道顺次进行的工序：

①初始性能检测；

②环境应力筛选的第一道工序，缺陷剔除试验；

③环境应力筛选的第二道工序，无故障检验；

④最后性能检测（如表 3—1 所示）。

表 3—1 环境应力筛选过程

初始性能检测	环境应力筛选		最后性能检测
	缺陷剔除	无故障检验	
	随机振动 温度循环 40 h 40 h	温度循环 随机振动 40~80 h 在80 h 中应有40 h无故障 80 h	
随机振动 5 min	温度循环	温度循环	随机振动 5~15 min
	最大限度地监测功能		在15 min中应有5 min无故障

进行环境应力筛选的应该是合格产品，因此第一步要对受试产品进行性能检测。按有关标准或技术文件进行外观、机械及电气性能检测，记录其数据，与产品规定的容许限比较，判定为合格产品后才能进入环境应力筛选。

缺陷剔除试验就是通常的（狭义的）环境应力筛选。对受试产品先施加规定的随机振动应力，再施加规定的温度循环应力，以激发暴露出尽可能多的早期故障。

在缺陷剔除试验结束后，为了验证（狭义的）环境应力筛选的有效性，需要进行无故障检验试验。无故障检验试验步骤如下：

第一步：进行温度循环试验。其应力强度与缺陷剔除试验相同，最大温度循环试验时间为 80 h。在试验中，只要连续 40 h 的温度循环试验期间不出现故障，即认为通过温度循环试验。(在前 40 h 中如出现故障，容许排除故障后继续进行无故障检验试验)。

第二步：进行随机振动试验。其应力强度与缺陷剔除试验相同，最长随机振动试验时间为 15 min。在试验中，只要连续 5 min 的随机振动试验期间不出现故障，即认为通过随机振动试验（在前 10 min 中如出现故障，容许排除故障后继续进行无故障检验试验)。

如第一步及第二步都通过，则认为产品通过无故障检验。

对通过无故障检验的产品最后还需进行一次性能检测。检测是在标准大气条件下通电进行的，检测项目与初始性能检测相同，记录其数据，与产品规定的容许限比较，应该是合格的，否则不能交付。对某些产品的某些性能参数而言，还要规定初始性能参数都在规定容许限内，但它们之差超过了容许的最大变化值时，则产品还是不合格的，不能交付。

四、寿命筛选（老炼筛选)

（一）恒定高温筛选

恒定高温筛选也叫高温老炼筛选，是一种静态工艺。此方法是在试验箱内模拟高温条件对元器件施加高温应力，使元器件在规定的高温下不断工作。在电应力与额外的热应力作用下，加速元器件中可能发生或存在的化学反应过程，促使其潜在缺陷提前暴露，以便把有缺陷的器件予以剔除。

高温老炼能激发出的故障模式或对产品的影响主要为：

(1) 使未加防护的金属表面氧化，导致接触不良或机械性阻塞（卡住)。螺钉连接操作时用力不当或保护涂层上的小孔和裂纹都会导致出现这类未防护的表面；

(2) 加速金属之间的扩散。如基体金属和外包金属、钎焊焊料与元件以及隔离层薄弱的半导体材料与喷镀金属之间的扩散；

(3) 使液体干涸。如电解电容器和电池的泄漏造成的干涸；

(4) 使热塑料软化。如这些热塑料零件处于高机械应力下，还会产生蠕变；

(5) 加快化学反应速度，加速与内部污染物的反应过程；

(6) 使部分绝缘损坏处的绝缘击穿。

表征恒定高温筛选应力的基本参数是上限温度（T_U）和恒温时间（T)。另外一个要考虑的参数是环境温度（T_e)。因为真正影响恒定高温筛选效果的变量是上限温度（T_U）与室内环境温度（T_e）之差，即温差（R）$=T_U-T_e$。

进行恒定高温筛选时，如果产品不是发热产品，则额外的热作用仅取决于筛选温度 T_U；如果受筛产品是发热产品，则筛选高温下产品内部温度分布将极不均匀，特定位置或部件上的温度将取决于特定部位的发热能力、表面积、表面辐射系数、其附近空气速度等。因此，应当测量受筛产品重要元、部件的温度，以保证其达到筛选温度，或防止受到过度热应力。重要元、器件是指那些必须加上适当应力的劣质元部件和不能受到过度热应力的热敏感元、部件。

恒定高温筛选是析出电子元器件缺陷的有效方法，广泛用于元器件的筛选，但不推荐用于组件级（印制线路板、单元或系统）的筛选。据统计，在美国使用温度循环对组件进行筛选的公司数要比使用恒定高温对组件进行筛选的公司数多 5 倍。恒定低温筛选极少使用。

我国军用标准中规定集成电路要在额定电压、额定负载、信号及线路下进行高温(125±3)℃老炼 168 h。在老炼过程中至少每 8 h 监测一次。

（二）电子元器件的老炼筛选

在元器件投入使用前，将使用后有可能发生参数漂移的剔除这是老炼的目的，有的元器件虽说经筛选已可正常工作，但它的参数、性能不一定稳定，如：电子管阴极发射电子的能力和晶体管的某些参数等。这些产品往往需要有放一段时间或通电工作一段时间后，其参数才能稳定。这种使性能、参数稳定的过程叫老炼。至于老炼的规范（包括存放或加电方式，对供电设备的要求、环境温度等），要通过摸底，由产品本身稳定性而定。例如作为高精度电源电压其准用的标准稳压管，需要在正常工作状态下老炼几个月方可上机。

决定某种元器件上机前是否要进行老炼，主要取决于这种元器件的参数漂移是否影响使用可靠性（与失效判据联系起来）。如果参数漂移对使用可靠性没有影响，就可以不进行老炼，如果有影响则老炼就可以提高元器件的使用可靠性。

第四节　可靠性筛选试验项目筛选应力和筛选时间的确定

为了有效而正确地进行可靠性筛选，必须合理地确定筛选试验项目、筛选应力以及筛选试验时间（或操作次数），为此，必须了解产品的失效机理。产品的类型不同、生产单位不同以及原材料及工艺流程不同时，其失效机理就不一定相同，因而很难制定一个统一的产品可靠性筛选条件。因此，必须针对各种具体产品进行大量的可靠性试验和筛选摸底试验，从而掌握产品失效机理与筛选试验项目间的关系，才能正确制定产品的筛选条件。如果不掌握这方面资料，不经筛选摸底试验，而盲目地照抄其他单位或其他产品的筛选条件，则一方面可能使产品的筛选强度不够，或漏掉了必要的筛选试验项目，从而使筛选效率 ω 达不到 1，不能充分起到可靠性筛选的作用；另一方面，可能使产品的筛选条件过严，从而使筛选损耗率 L 不等于零，并使筛选淘汰率 Q 太高而造成浪费，同时还会使不存在缺陷、性能良好的产品的可靠性降低，由此可见，筛选强度不够或筛选条件过严都对整批产品的可靠性不利。

一、可靠性筛选项目的确定

可靠性筛选应以产品的失效模式和失效机理为依据。掌握了产品已知的失效模式，分析失效机理及其与应力之间的关系，才能正确选择筛选项目。例如液压助力器在使用中常见的故障模式是内部、外部漏油，在工厂生产时对组装后的成套产品进行最大负载工作密封性试验。

对电子元器件常用的筛选方法和项目见表 3—2

表 3—2　常用筛选表

筛选种类	可检查的缺陷	效果	费用	说　明
内部目视检查	引线表皮，氧化物，金属化层，微粒，小片键合，引线键合，污染，腐蚀，衬底		便宜～中等	这是高可靠性器件必须进行的筛选，所需费用取决于目视检查的深度

续表

筛选种类	可检查的缺陷	效果	费用	说　明
红外	（热）设计缺陷	很好	贵	仅用于设计评定
X射线	小片键合，微粒，引线表皮，制造（过失误差），密封，封装，污染	好，其中对小片键合极好	中等	这种筛选的优点是可以检验小片到管座的键合，以及某些检验可以在封装之后完成。然而，某些材料（铝和硅）对X射线是透明的，而且依赖于测试系统的复杂性，所需费用可能比目视检查高5倍
高温贮存	电（稳定性），金属化层，硅片腐蚀	好	很便宜	这是一种简便的筛选
温度循环	封装，密封，小片键合，引线键合，衬底裂缝，热特性不一致	好	很便宜	对于铝引线系统，这种筛选可能是最有效的方法之一
热冲击	封装，密封，小片键合，引线键合，衬底裂缝，热特性不一致	好	便宜	这种筛选类似于温度循环，但会引起较高的应力水平
恒加速度	引线表皮，小片键合，引线键合，衬底裂缝	好	中等	在20 kg的应力水平，这种筛选对铝的效果值得怀疑
冲击（无监控）	引线表皮	差	中等	坠落冲击试验不如恒加速度的效果好。然而，气动作动冲击试验也许是比较有效的，冲击试验可能有破坏性
冲击（监控）	微粒 间断短（开）路	差 尚好	贵	微粒检测，宜用目视或X射线检验
变频振动（无监控）	封装，小片键合，引线键合，衬底	尚好	贵	
变频振动（监控）	微粒，引线表皮，间断短（开）路	尚好	贵	这种筛选对于检测微粒的效果取决于元器件
随机振动（无监控）	封装，小片键合，引线键合，衬底	好	贵	这种筛选比无监控变频振动有效，尤其是对于航天发射设备，但它比较贵
随机振动（监控）	微粒，引线表皮，间断短（开）路	好	贵	这是最贵的筛选法之一，当组合使用时，对微粒的检测效果好

续表

筛选种类	可检查的缺陷	效果	费用	说　明
氦检漏试验	封装，密封	好	中等	对于检测 $10^{-3}\sim10^{-5}$ kPa·mL/s范围内的漏泄是有效的
放射性气体检漏	封装，密封	好	中等	这种筛选对于检测 $10^{-3}\sim10^{-7}$ kPa·mL/s 范围内的泄漏有效
粗检漏试验	封装，密封	好	便宜	效果依赖于体积，检测大于 10^{-3} kPa·mL/s 的漏泄
高压试验	氧化物	好	便宜	效果取决于制造
绝缘电阻	引线表皮，金属化层，污染	尚好	便宜	
间断工作寿命	金属化层，大块硅，氧化物，设计，反演/沟道效应，参数漂移，污染	好	贵	也许不比交流工作寿命试验法好
交流工作寿命	金属化层，大块硅，氧化物，设计，反演/沟道效应，参数漂移，污染	很好	贵	
直流工作寿命	基本上与间断工作寿命试验法相同	好	贵	在激发缺陷方面不会比交流寿命试验法好
高温交流工作寿命	与交流工作寿命法相同	极好	很贵	温度加速了失效的激发。这也许是最昂贵的筛选，也是最有效的方法之一
高温反向偏压	反演/沟道效应	差	贵	

图 3—4 是各种筛选项目的效果比较。

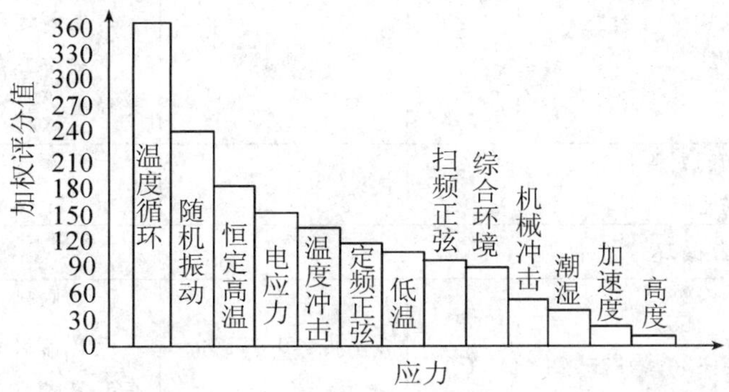

图 3—4　各种应力筛选效果的比较

二、可靠性筛选应力的确定

筛选试验可以使用各种环境应力，如热冲击、温度循环、机械冲击、离心加速等。但在一般情况下主要使用温度循环和随机振动两种应力。

目前普遍认为，无论是零部件还是工艺的缺陷，温度循环是最有效的应力筛选，其中温度变化率被认为是最重要的参数，即变化率越高越有效。在高低温环境下，由于热胀冷缩产生的应力作用，一些不同材料做成的零部件，因结合不良或材料不均匀性所造成的缺陷，使零部件迅速损坏或失效。对于韧性较好的材料，要采用多循环筛选。

机械应力（如振动、冲击、离心等）筛选，易于筛选结构、焊接、封装等存在潜在裂纹、缺陷的元器件。随机振动是在整修试验期内对每个频率同时激励，有充分的时间对有缺陷的零部件激起共振而暴露其缺陷。

在温度循环加振动的筛选中，当没有温度循环与振动联合筛选设备时，可分别进行，一般是先做温度循环，后做随机振动。

筛选应力多种多样，不同产品进行可靠性筛选时所需的应力水平可通过反复试验来确定。为达到同样的目的，若筛选应力水平高一些，所需筛选时间就短一些。但筛选应力水平的提高以不改变产品的失效机理为前提，因为若随意提高筛选应力水平，有时不仅不能提高剔除早期失效产品的效果，反而掩盖了产品的早期失效现象。表 3—3 为应力筛选指南表，在进行可靠性筛选试验确定应力时可作参考。

表 3—3　应力筛选指南

应力环境	建议施加的应力	预期故障率降低	权　衡
组装件级热循环			
温度范围	最高：－55～＋125 ℃（180℃） 标称：－40～＋85 ℃（125℃） 最低：－40～＋70 ℃（110℃）	室内：0～50% 现场：20%～76%	在某些情况下，室内故障率在下一级产品可能会有所增长；因此，在实施之前，应在建议的筛选环境下，对设备性能进行评定
温度变化率	最高：20 ℃/min 标称：15 ℃/min 最低：5 ℃/min		温度变化率按用热电偶在组装的部件上所测为准
循环次数	最高：40 标称：20 最低：5		通电筛选可以连续进行到早期生产直到潜在的设计问题暴露出来，并经生产过程和试验程序得到证实
电源	通电（研制阶段） 断电（生产阶段）		断电筛选便宜得多，而且对生产成熟的硬件有效
装置及系统级的热循环			
温度范围	最高：－55～＋125 ℃（180℃） 标称：－40～＋75 ℃（115℃） 最低：－40～＋55 ℃（95℃）	室内：0～75% 现场：20%～90%	在某些情况下，室内故障率在下一级产品可能会有所增加；因此，在实施之前，应在建议的筛选环境下，对设备性能进行评定

续表

应力环境	建议施加的应力	预期故障率降低	权　衡
温度变化率	最高：20 ℃/min 标称：15 ℃/min 最低：5 ℃/min		比较高的温度变化率可能要求敞开装置，暴露在比较高的空气流速中，以克服较低温度对较高质量的响应
循环次数	最高：12 标称：5 最低：3		在高和低温下进行的功能测试会提高故障的可检测性
电源	通电		
组装件级振动	不推荐用于不复杂的组装件		其结构对振动环境筛选不敏感和不复杂的组装件的临界效果
	对于复杂的组装件来说，采用装置和系统级的建议值	（见装置和系统级振动）	对复杂的组装件来说，指的是装置和系统级权衡
装置及系统级振动			
振动类型	最好是随机	室内：0～25% 现场：10%～30%	可以考虑模拟随机振动方法如用两个激励器产生对角力矢量激励或使用气压振动方法对3个轴进行激励
	随机（最好） 正弦扫频（可接受）		
振动等级和频谱（随机）	按特定设备规定的频谱和振级；对最初开始等级推荐用0.04 g^2/Hz，该值的提高和降低决定于受试样件的结构响应；频率范围大至为100～1000 Hz		对大质量的产品来说，500 Hz以下频谱能暴露大量缺陷，对低谐振频率模式非弹性硬件为500 Hz以上，频率上限可达1000 Hz 为使筛选有效硬件响应足够大，但不超过硬件能力；规定进行最初的响应监测 对某些设备，级别再高的随机振动（如，6g′均方根值）会导致性能降低
振动等级和频谱（正弦扫频）	按特定设备规定频谱和振级	室内：0～15% 现场：10%～20%	正弦扫描振动推荐的频谱为：在规定的频率范围，按规定的量值以小于或等于1倍频程/min的扫描速率由低频到高频，再由高频到低频作为一次扫描，扫完规定的总次数
振动持续时间和轴数	3个轴每个轴10 min		如果能在一个或两个轴确定某一特定设备的故障模式，可以不要求用3个轴。在这种确定中，振动测定可能有用

续表

应力环境	建议施加的应力	预期故障率降低	权　衡
综合热循环和振动			
分别或同时施加	对热循环和振动使用上述最优参数	室内：0～75% 现场：20%～90%	分别进行热循环和振动是有效的筛选；就筛选效果来说，进行顺序无关紧要；当同时进行时，可能会节省筛选时间，某些故障机理对同时进行热循环和振动更敏感
筛选等级	建议施加的应力	预期故障降低	权　衡
组装件 装置 系统	（见权衡）	室内：0～50% 现场：20%～75% 室内：0～75% 现场：20%～90% 室内：0～75% 现场：20%～90%	权衡因素包括： a. 可以检测出故障机理的等级； b. 在某一特定等级可检测的缺陷百分比； c. 在某一特定等级进行筛选的可行性； d. 可达到的相应于可靠性要求的故障率； e. 可比费用的节约

在筛选中是否通电和进行性能检测视具体情况而定。

从提高筛选效果出发，筛选中应尽量通电并进行性能检测。这是因为电应力本身能将受筛产品中某些缺陷加速发展成为故障；另一方面，筛选出的故障中，有50%左右的故障是在环境应力下才能发现的间歇故障，必须在筛选环境应力作用下通过通电检测才能找出来。

从可能性和经济性出发，一般在高组装级（单元或系统级）进行通电和检测，低组装级（印制电路组件）不进行通电和检测，这是因为低组装级往往不具备检测性能的条件。

在温度循环中，降温阶段不应通电，因为通电使产品发热，会影响产品温度变化速率。在温度循环筛选中，应尽量增加性能检测次数，以及时发现故障和进行修复，节省筛选时间。

振动中，通电振动筛选最合适的组装等级是单元（黑盒子）级。因为此时产品中已积累了足够数量的缺陷；可以使整个单元激发起适当的振动响应；试验设备费用合理；最可能有现成的性能检测设备。

三、可靠性筛选时间（或操作次数）的确定

不同产品在不同筛选项目中的筛选时间（或操作次数）是通过反复试验后确定的。这里主要讨论在筛选项目和应力确定以后，如何通过模底试验来确定筛选时间。

在确定筛选时间（或操作次数）时，必须先确定产品的寿命分布规律（失效分布规律），因此，可按以往的经验和第二章的方法确定产品的寿命分布规律。产品的失效分布规律确定后，可参考下面方法确定筛选时间。

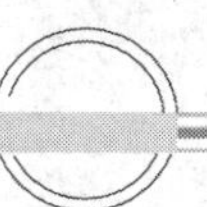

（一）早期失效寿命分布为正态分布

当产品早期失效寿命分布服从或渐近服从正态分布时，筛选时间 T^* 可用式（3—1）确定：

$$T^* = \bar{t} + k_p s \tag{3—1}$$

式中　$\bar{t}$——模底试验时早期失效产品的失效时间 t_i（$t_i = t_1$，t_2，…，t_n）的平均值。

$$\bar{t} = \frac{1}{n}\sum_{i=1}^{n} t_i$$

其中　n——模底试验时早期失效产品的数量；

s——模底试验时的失效参数。

$$s = \sqrt{\frac{1}{n-1}\sum_{i=1}^{n}(t_i - \bar{t})^2}$$

其中　$t_i = t_1$，t_2，…，t_n。

k_p——对确定筛选后要求剔除早期失效产品的百分率 p 和置信度 $1-\alpha$ 和失效产品数量样本 n 有关的系数；k_p 随着置信度 $1-\alpha$ 增大而增大，但随着样本数 n 的增加而减小。置信度一般取 0.90，0.95，0.99 等。

附录一对于 $n=2\sim50$，60，80，120，240，∞；$p=0.900$，0.950，0.975，0.999；$1-\alpha=0.900$,0.950，0.975，0.990 给出了 k_p 的数值表。

（二）早期失效寿命分布为对数正态分布

当产品早期失效寿命分布服从或渐近服从对数正态分布时，只要对模底试验得到早期失效产品的失效时间 t_i（$t_i = t_1$，t_2，…，t_n）取对数后，就可用正态分布的计算方法求得筛选时间 T^*。

相应地有：

$$\bar{t} = \frac{1}{n}\sum_{i=1}^{n}\lg t_i \tag{3—2}$$

$$s = \sqrt{\frac{1}{n-1}\sum_{i=1}^{n}(\lg t_i - \bar{t})^2} \tag{3—3}$$

$$T^* = 10^{\bar{t} + k_p s} \tag{3—4}$$

同样，由要求的 p、$1-\alpha$ 和 n，从附录一查得 k_p，即可计算筛选时间 T^*。

对于产品的早期失效寿命分布服从指数和威布尔分布时，只通过模底试验所得的数据很难推出有一定可信度的筛选时间公式，一般是根据该类产品已做过的筛选试验中的经验数据来确定最佳筛选时间。若是新产品，只能通过多组，大量的模底试验来确定不同筛选项目的筛选时间。

第五节　工作实例

例　某产品在振动筛选模底试验中，有 10 个元件早期失效。其失效时间分别为

19.2，26.4，27.2，34.8，42.0，45.6，54.0，61.2，61.2，68.4 min。试确定在筛选后要求剔除早期失效产品 99.9%，置信度为 90%上的筛选时间 T^*。

解：先计算

$$\bar{t}=\frac{1}{n}\sum_{i=1}^{n}t_i=\frac{1}{10}\sum_{i=1}^{10}t_i=44.0$$

$$s=\sqrt{\frac{1}{n-1}\sum_{i=1}^{n}(t_i-\bar{t})^2}=\sqrt{\frac{1}{10-1}\sum_{i=1}^{10}(t_i-\bar{t})^2}=16.95$$

再根据 $P=0.999$，$1-\alpha=0.90$，$n=10$，查附表得 $k_p=4.629$，则

$$\begin{aligned}T^*&=\bar{t}+k_p s\\&=44.0+4.629\times16.95=122.5\ \text{min}\end{aligned}$$

因此，筛选时间 T^* 为 122.5 min，意即有 99.9%的早期失效产品可以在振动 122.5 min 以内暴露，而其置信度为 90%。

从这个例子来看，尽管在 68～122 min 之内没有出现早期失效，但为了保证剔除 99.9%的早期失效产品，筛选时间应为 123 min 以上。

思 考 题

1. 可靠性筛选的目的和意义是什么？
2. 可靠性试验有什么特点？
3. 简述可靠性筛选试验的分类。
4. 常用的可靠性筛选方法有哪些？
5. 可靠筛选项目的确定原则有哪些？
6. 如何确定可靠性应力？
7. 简述可靠性筛选时间（或操作次数）的确定原则。
8. 根据你单位的条件和情况，针对某一种具体产品，制定一个筛选方案及试验程序。

第四章　可靠性寿命试验

第一节　术　语

质量特性

产品所固有的属性。产品质量特性是多种多样的，内在特性如产品构成显示、清晰度、音质等性能；外在特性如外观、形状、手感、色泽、气味等；经济特性如成本、价格等；还有其他方面的特性如交货期、技术服务等。产品的这些特性区别了产品的不同用途，满足了人们的不同需要。各种产品的质量特性概括为性能、寿命、可靠性、效能、经济性5个方面。

贮存寿命

在规定贮存的条件下，产品从开始贮存到规定失效的时间。

等级

将相同功能用途的产品、过程或服务按照不同的需要划分的类型或顺序的标识。

环境条件

为了保持产品的适用性，对温度、湿度、压力、振动、加速度等方面或几方面的环境特性的要求。

置信区间

设总体分布含有一个未知参数 θ，若由样本确定的两个统计量 θ_L 及 θ_U，对于给定值 α（$0<\alpha<1$），满足 P（$\theta_L<\theta<\theta_U$）$=1-\alpha$（$0<\alpha<1$）则称随机区间（θ_L，θ_U）是 θ 的（$1-\alpha$）置信区间。

估计值

估计运算的结果。这结果既可以表示为单一数值（点估计），也可表示为置信区间。

统计量

由样本观测值 x_1，x_2，…，x_n 构造的不含未知参数的函数。

样本

从总体中抽取的一部分个体的集合。

总体

研究对象的全体，称为总体或母体。

样品

从一批产品中随机抽取的产品。

接收

同意提供的批（产品）。

拒收

否定提供的批（产品）。

一次抽样

只抽取一个或多个样本，就作出接收或拒收的判断。

二次抽样

根据第一次抽样检验的结果，可以作出接收、拒收或再一次抽样、判断的抽样检验。如作出再一次抽样的判断，则抽取第二次样本再进行检验，并根据第一、二次检验的累计结果作出接收或拒收的判断。

检验批

为判定产品质量而进行检验的一批单位产品。

缺陷

产品质量特性与规定要求不符。

平均寿命（平均无故障工作时间 MTBF）

产品发生故障后，经检查修复后再投入工作，这时在两次故障间的平均工作时间就称为该产品的平均寿命（平均无故障工作时间）。

参数的区间估计

是研究怎样用一个数值来估计未知参数的一种方法，这种估计方法简便合理，又避免过大的误差。

参数

用于描述总体分布特征的数值。

估计

根据观测值确定总体分布参数值或数值范围。

置信概率（置信度、置信系数）

表示数 $1-\alpha$。其中 α 称为置信水平。

置信限

置信区间的两个界限 θ_L 及 θ_U 称为未知参数 θ 的（$1-\alpha$）置信限。θ_L 称为置信下限，θ_U 称为置信上限。

置信水平 α（显著水平）

犯第一类错误的概率，生产方承担的风险。对于给定的抽样方案，当批质量水平（如不合格品率）为某一指定的可接收值时的拒收概率。即好的质量批被拒收时生产方所承担的风险。

定时截尾试验

试验达到规定的试验时间就停止的试验。

定数截尾试验

试验达到规定的失效数就停止的试验。

随机现象

在一定条件下，并不总是出现相同结果的现象称为随机现象。

随机变量

表示随机现象结果的变量称为随机变量。

随机事件

随机现象的某些样本点的集合称为随机事件。

第二节　寿命试验的目的和分类

一、寿命试验的目的

在进行可靠性试验时，一个很重要的问题就是如何对试验方法本身进行评价的问题，即为了某个目的而设计了一种试验方法，然后用什么样的准则来衡量试验方法本身的优劣的问题。在进行可靠性试验时，有一个很难解决的问题，就是选择试验时间和试验样品数量之间的矛盾。尽管在试验时可进行初步估计（根据抽样方案进行初步估计），但在实际中往往由于经济、试验设备、试验时间等诸多原因的限制，不得不改变原来的计划。从数理统计的理论上得出，在元件数量与试验时间的乘积相同的条件下，其试验结果是等价的。但在实际上，往往由于试验时间不同，即使总的元件小时数相同，其结果是不一样的。图 4—1 是二极管在 200 ℃高温贮存寿命试验时总元件小时数与平均寿命的关系。在试验中如果元件小时数过少，将会造成平均寿命的离散性大。若元件小时数足够大，如试验时间太短，平均寿命值与真值相比也有偏低的倾向，这是由于时间太短，很多属于磨损型的失效模式无法暴露出来而造成的，这就是为什么通常的寿命鉴定试验规定要做 1000 h 或 2000 h 以上的缘故。

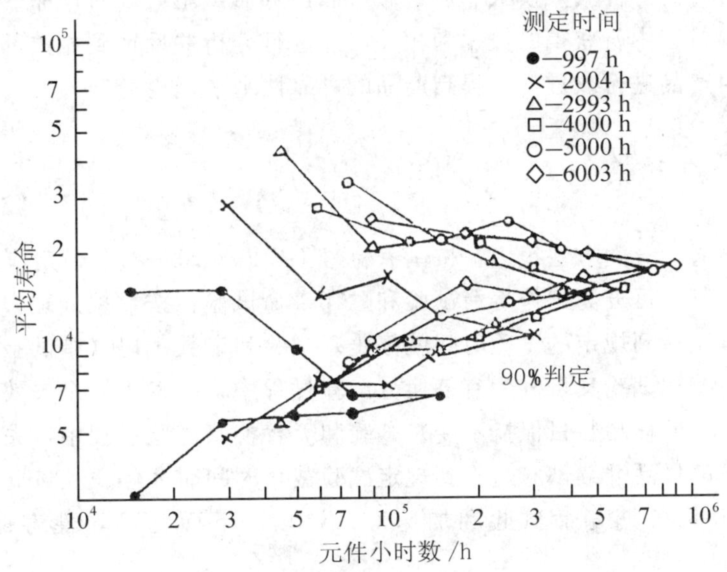

图 4—1　二极管的平均寿命与试验元件小时数的关系

因此，如果过分地减少试验样品数量或缩短试验时间，就得不到精确的试验结果，当以不精确的试验结果对产品平均寿命进行推断时，其误差就更大了。那么，能否就认为这是试验方法本身的问题呢？当然，试验结果是否精确是要考虑的，但这只是衡量试验目的达到何种程度的一种表示，并不能以此来否定试验方法本身，因为它与试验目的所达到的程度是两回事。试验精度的量度可以有明确的数量来度量，而试验的目的是难以用数量的概念来度量的。表明试验能否达到目的，通常用产品检验批合格与否来判定。因此，研究可靠性试验方法或者某种试验方法的目的，就不能单从产品的数量与试验时间的统计出发，还应考虑产品的内部的物理、化学特性，研究产品的失效特征、失效机理，以及各种失效因素之间的相互关系等方面的问题。

由于产品是通过设计、加工等一系列过程生产出来的，在产品的生产过程中涉及到人、机器、原材料、方法、环境等因素的影响，所以在相同设计、工艺等条件下生产出来的产品，都不可避免会发生不同的故障。即产品的质量特性具有变异性，但产品的变异也是有规律性的，但它不是通常的确定性规律，而是随机现象的统计规律。对于随机现象通常应用分布来描述，分布可以告诉我们："变异的幅度有多大，出现这么大幅度的可能性（概率）有多大，这就是统计规律。"因而产品的故障或寿命都可以用失效分布或寿命分布函数的形式来描述其规律性。在可靠性工程中，通常用指数分布、正态分布、对数分布及威布尔分布等来描述产品可靠性的各项参数指标，如累积失效分布函数 $F(t)$、可靠度函数 $R(t)$、失效率函数 $\lambda(t)$、可靠寿命 t_R、中位寿命 $t_{0.5}$ 等。这些可靠性指标是通过规定的试验方法对产品进行寿命试验，并通过数理统计分析而计算出来的。因此，可靠性寿命试验是为了掌握产品的寿命分布类型及寿命特征值而进行的试验。可靠性寿命试验是在实验室条件下，模拟实际工作状态或贮存状态，投入一定的样品进行试验，记录样品失效的时间，并对数据进行统计分析，找出产品的统计规律（寿命分布及寿命特征值）。

可靠性寿命试验的目的是了解产品的寿命特征量、失效规律、失效率、平均寿命以及在寿命过程中可能出现的各种失效模式。通过做可靠性寿命试验可以对产品的可靠性水平进行评价，并通过试验过程中所获得的数据和相关信息进行分析并反馈到相关部门，及时采取必要的纠正措施，对产品进行改进，以提高产品的可靠性水平。

二、寿命试验的分类

可靠性寿命试验的分类方法很多，按国家标准 GB 2689.1—81（恒定应力寿命试验和加速寿命试验方法总则）可分为工作寿命试验和贮存寿命试验；按数据处理方式来区分，可分为定时截尾（指试验达到规定的试验时间就停止）试验和定数截尾（指试验达到规定的失效数就停止）试验。截尾试验又可分为有替换（试验过程中，每发生一个失效样品，就换上一个好样品继续试验，使样品数量保持不变）试验和无替换（试验过程中，失效样品取下后不再补充样品，剩下的样品继续试验，直到规定试验截止时间时才停止）试验；若以施加的应力来区分，又可分为长期寿命试验和加速寿命试验。下面是可靠性寿命试验分类及试验内容：

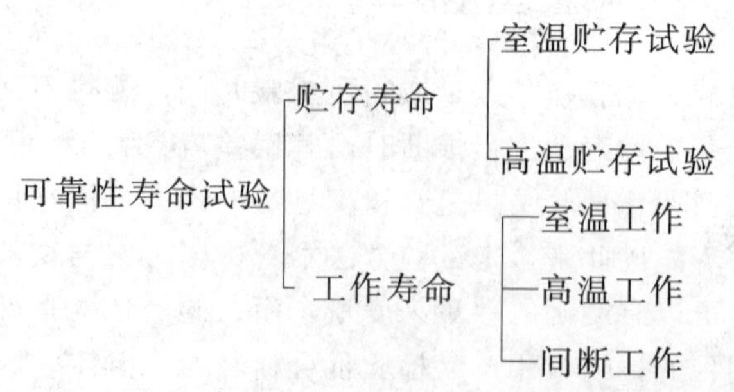

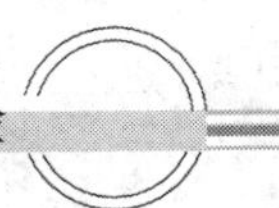

第三节 指数分布寿命试验

一、指数分布寿命试验的意义

大量理论研究和工程实践证明，大部分电子产品的使用寿命均服从或近似服从指数分布。因此，可用指数分布来描述产品的寿命分布。

由于指数分布在数据处理时简单易行，使用方便，失效率 λ 近似为常数，只要知道了失效率 λ 的值就可计算出产品的平均寿命和其他参数。因而，在可靠性研究中占有重要的地位，是一种著名的分布。指数分布目前在国内外得到广泛应用。在国内外电子产品的技术标准中，大多数标准都是以指数分布为基础制定的。当然，不同的电子产品其寿命分布的规律是不同的，有些产品的寿命服从指数分布，有些产品的寿命服从对数正态分布，有些产品服从威布尔分布。但为了计算方便起见，我们往往假定电子产品的寿命服从指数分布，来进行试验设计和开展寿命试验，最后根据寿命试验的结果计算出产品的各项可靠性指标。

为什么要着重讨论指数分布的寿命试验呢？理由是：

(1) 任何设计合理、工艺成熟、质量控制严格的生产线上（产品生产过程处于稳定状态下）生产出来的产品都具有一定的可靠性指标，这类产品经过严格的筛选剔除掉设计、工艺的早期失效后，产品便进入偶然失效期。在偶然失效期内，其失效率 λ 近似等于常数，此时该产品的寿命分布接近或服从指数分布。产品工作在偶然失效期时，反映的是电子产品真实的质量水平，也是产品在投入实际使用中能正常发挥其功能、性能的最佳工作时期。要延长产品的寿命就是如何延长产品的偶然失效期，使产品长时间的工作在该区间内。因此，指数分布寿命试验对评价产品的可靠性水平具有一定的意义。

(2) 指数分布的假设与某些元件的使用和试验结果比较接近。实践证明，即使有些元件的寿命是服从威布尔分布的，但当形状参数 $m=1$ 时，威布尔分布就变成指数分布了，该元件的寿命近似服从指数分布。

(3) 当产品服从指数分布时，产品的可靠性特征量表达式很简单，只要掌握了产品的失效率 λ 就可以计算出产品的全部可靠性指标。因此，可以利用指数分布近似作为产品的实际分布。

二、常用的寿命试验方法

(一) 贮存寿命试验

电子产品在规定的环境条件下，非工作状态的存放试验，称为贮存寿命试验。贮存时间在 1000 h 以上称为长期贮存寿命试验。长期贮存寿命的目的是了解产品在特定的环境下贮存的可靠性。如 SJ/T 10046—91 标准中对半导体集成电路 CT54LS151/CT74LS151 型 8 选 1 数据选择器中对贮存条件的要求为：贮存温度 150 ℃，贮存时间 1000 h 的贮存可靠性。因为，有些元器件采购回企业后不是马上就装机，而是要放一段时间后才装机。另外，有的整机生产出来后，不是马上投放市场而是要库存一定时间后才投入使用。所以，贮存寿命试验所记录的数据对于预测电子产品的贮存可靠性很有参考价值。

贮存寿命试验分室温贮存试验和高温贮存试验。室温贮存试验的贮存温度为 15～35 ℃，高温贮存试验的贮存温度为各类型元器件技术要求中的最高温度，如 SJ/T 10046—91 标准中对半导体集成电路 CT54LS151/CT74LS151 型 8 选 1 数据选择器中对高温贮存试验的贮存温度为 150 ℃，贮存时间为 1000 h。各类元器件的室温贮存试验和高温贮存试验的贮存温度和贮存时间以及试验方法应根据各类产品的详细规范和总规范进行。

（二）工作寿命试验

电子产品在规定条件下施加规定的应力的试验称为工作寿命试验。(试验周期在 1000 h 以上称为长期工作寿命试验。)

1. 室温工作寿命试验

室温工作寿命试验的目的都是为了确定元器件在承受规定的条件下是否符合规定的失效率 λ。

若无其他规定，室温为 25 ℃，应施加的应力、试验项目和参数测试按产品技术标准的有关规定进行。

室温工作寿命试验目前大部分试验采用下面两种试验方法：

(1) 定时截尾

在正常情况下，产品的寿命是很长的，收集这些分散的、大量的数据是十分必要的。但在许多情况下，要获得全面完整的数据是有困难的，因为要在常温状态下进行寿命试验，直至所有的样品都失效，则需要相当长的时间，在财力上也不允许。因此通常采用中途截止试验方法来获得相关数据。即规定一定的试验时间，就停止试验，然后通过数理统计方法，计算出产品的平均寿命、失效率等有关的可靠性特征量。定时截尾试验分无替换和有替换两类。

(2) 定数截尾

定数截尾试验是在出现规定数量的失效品后，就停止试验。定数截尾试验也分无替换和有替换两类。具体情况要根据不同样品类型、型号选择的抽样方案、试验方法来决定。

2. 高温工作试验

高温工作试验的目的都是为了确定元器件在承受规定的条件下是否符合规定的失效率 λ。

按产品技术标准规定的最高工作温度进行试验。对于半导体器件在高温工作环境中，可能发生下列问题：存在于器件表面和管壳内的杂质和缺陷将发生加速反应，促使器件性能退化，散热困难，将使器件的电参数明显变化或绝缘性能下降。

3. 间断工作寿命试验（或称间歇寿命试验）

间断工作寿命试验的目的是在规定的条件下测定元器件的典型失效率，或证实元器件的质量与可靠性。本试验适用于元器件受到“开”与“关”之间的电应力周期变化的应用情况，而这种周期变化的电应力又导致器件和外壳温度的周期变化。主要评价大功率器件耐温

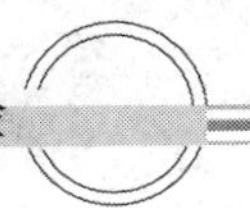

度剧变和电应力突变的能力。试验方法按相关标准进行。微电子器件可参考 GJB 548—96《微电子器件试验方法和程序》或其他相关标准。

对于微电子器件，工作寿命试验有连续工作寿命试验和间断工作寿命试验两种。连续工作寿命试验又分为静态工作寿命试验（通常给器件施加最大直流额定负荷）和动态工作寿命试验（或称模拟寿命试验），动态工作寿命试验的目的是在规定的条件下测定微电子器件的典型失效率 λ 或证实器件的质量与可靠性，该试验的条件指的是温度循环，开一关电应力和振动的组合试验条件，模拟尽可能接近实际的应用和环境。

第四节 指数分布寿命试验的设计

一、对试验样品的要求

试验样品必须选择本产品型号中具有代表性的规格。同时试验样品应在本质上是同一设计和同一条件下（人、机、料、法、环等条件）生产的批产品，并建立了可靠性质量管理和连续生产的产品中一次随机抽取（抽取方法可采用简单抽样、系统抽样、分层抽样），抽样的原则应客观、公正、均匀分散。抽取样品的时间可以在批的形成过程中，也可以在批组成之后。

周期检查的样品应以本周期制造的，并经逐批检查合格的某个批或若干批中抽取。抽取的样品要保证所得到的样本能代表本周期的制造技术水平。方便时，最好从本周期各个不同时间里分散抽取样本单位组成周期检查的样品；若必须固定时间集中抽取样品时，也最好在本周期应制造的单位产品数量超过一半之后进行。

在使用二次和五次抽样方案时，样品要同时取足。

在确定试验样品的数量时，一方面要考虑到试验结果统计分析的精确性，另一方面要考虑试验的经济性，即样品的价格、试验设备的数量和测试工作量的大小。进行综合权衡，选择合适的抽样方案。

样品数量，每个应力水平下的样品数不少于 10 只，特殊产品不少于 5 只。

二、试验条件的确定

1. 测试和室温寿命试验的条件

除另有规定外，所有电测量和室温寿命试验均应在环境温度（25±10）℃，相对湿度 45%～75%，大气压力 86 000～106 000 Pa，按有关产品技术标准的规定进行测试或试验。高温贮存和高温工作寿命试验测试和试验，应根据各元器件型号相应的技术规范和试验方法进行。

2. 试验的标准大气条件

环境温度 15～35 ℃，相对湿度 45%～75%，大气压力 86 000～106 000 Pa。

3. 仲裁试验的标准大气条件

温度（25±1）℃，相对湿度 48%～52%，大气压力 86 000～106 000 Pa。

4. 恢复条件

样品测试前，应在规定的正常大气条件下恢复 2～4 h，以达到温度稳定，或按有关产品技术标准的规定进行。

若有关标准规定有要求，可在恢复期间对试验样品通电或加负载，并连续测量其性能。

在测量过程中，样品不应受到气流、光照或可能引起误差的其他影响。

三、试验截止时间的确定

1. 定时截尾寿命试验的试验时间

这是寿命试验中一个非常重要的问题。

正常情况下，产品的寿命是很长的（如失效率为亚五级的元器件，按指数分布计算它的平均寿命为 30×10^4 h），这些分散的、大量的且数倍于平均寿命的数据对评价产品是非常必要的。但往往要获得全部且完整的相关数据是困难的，因为要在常温条件下进行寿命试验，直到所有的样品都失效，需要相当长的时间，而且在人力、财力上也不允许。因此，通常采用定时截尾（或定数截尾）的试验方法来获取这些数据。即规定一定的试验时间（或出现一定数量的失效样品后）就停止试验，然后通过数理统计计算求出平均寿命，失效率等有关的可靠性特征量。寿命试验大部份是采用定时截尾（或定数截尾）试验方法。若产品服从指数分布，则试验时间大约为：

$$t=\theta\ln n/(n-r) \quad (4-1)$$

式中 t ——试验截止时间；

θ ——平均寿命（$\theta=1/\lambda$）；

n ——样品数；

r ——失效数。

2. 失效率鉴定试验

GB 1772《电子元器件失效率试验方法》适用于寿命服从指数分布，在本质上是同一设计，建立了可靠性质量管理和连续生产的产品。GB 1772 试验方法用于定级试验，维持试验，升级试验。试验方法可通过对置信度的调整来达到减少试验样品数量和试验时间的目的。例如在抽样时，初始定级时采用 60%的置信度，而在维持试验时则采用 10%的置信度，这样所需的试验时间或样品数量就可大大减少。

根据 GB 1772 试验时间可由式（4—2）～式（4—5）计算：

$$n\cdot t=2.3/\lambda \quad \text{（置信度 90\%，失效数为 0）} \quad (4-2)$$

$$n\cdot t=3.89/\lambda \quad \text{（置信度 90\%，失效数为 1）} \quad (4-3)$$

$$n\cdot t=0.916/\lambda \quad \text{（置信度 60\%，失效数为 0）} \quad (4-4)$$

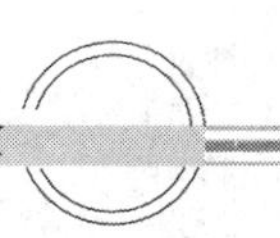

$$n \cdot t = 2.02/\lambda \qquad (\text{置信度 } 60\%,\text{失效数为 } 1) \tag{4—5}$$

式中　n——样品数；

t——试验时间；

λ——失效率。

例如：对失效率等级为 6 级（1×10^{-6}）的元件进行试验，选取式（4—5）置信度 60%，失效数为 1 的抽样方案时，所需的元件小时数为 2.02×10^{6}。若选用 100 个元件，试验截止时间为 20 200 h，如选式（4—4）抽样方案，所需的元件小时数为 0.916×10^{6}；若 n 选取 1000 个，则试验截止时间为 916 h。从上例中可看出，选取的抽样方案及元件数不同，试验截止时间也不同，选取哪种方案要对样品费用、试验设备、管理费用、工作量等进行综合权衡，找出最佳试验方法。

3. 质量评定的试验

根据样品的种类、型号及相应标准（详细规范、总规范、分规范）的要求，确定各试验项目的试验时间。如半导体集成电路 TTL 电路质量评定标准为 SJ/T 10042—91；对 CT54LS00/CT74LS00 型四乙输入与非门质量评定类别为Ⅱ，ⅢA，ⅢB，ⅢC。在 B 分组电耐久性试验时间规定为 168 h。在 C8 分组电耐久性试验时间规定1000 h，C9 分组高温贿存 1000 h 等，不同元器件类别，标准要求也不同，所以试验截止时间根据标准的要求而确定。

假若选取式（4—3）则置信度 90%，失效数为（$r=1$）平均寿命 θ 如果不知道，则可以根据模底试验把平均寿命 θ 大致估计出来。

目前大部分电子元器件都按各型号的详细规范和总规范要求进行试验，试验时间根据各检查项目的要求确定。

四、测试周期的确定

对加应力试验项目的试验样品在试验过程中要按一定的周期进行测量，测试周期的选择直接影响到产品可靠性指标的估计精度，测试周期的长短与产品的失效分布、施加应力的大小有关。确定测试周期的原则是：在不过多地增加检查和测试工作量的情况下，能比较清楚地反映（了解）产品的失效分布情况。不要使失效过于集中在一、二个测试周期内。各应力水平组一般要有五个以上的测试点（指能测到失效产品的测试点），每个测试点上的失效数应尽可能大致相同。具体产品的测试周期的选择，可参考以往的经验或借助概率纸的帮助来确定。

若某个测试周期内失效数为 0，则此周期不必计算累积失效概率 $F(t)$。

若某个测试周期内失效数 $r\geqslant2$，则相应于此 r 个失效时间的累积失效概率应分别计算。

如果有故障自动报警系统或故障自动记录失效样品的装置，则能较清楚地反映产品的失效分布及失效规律。如果没有自动记录失效样品的装置，则可以通过模底试验掌握产品的失效规律。当产品的失效分布为指数分布时，则累积失效函数 $F(t)$可表示为

$$F(t)=1-\mathrm{e}^{-\lambda t} \tag{4—6}$$

若在实施寿命试验时，失效样品比率每累积达到 $F(t_i)$便进行测试，则周期测试时间可按式（4—7）估计：

$$t_i=\theta \ln 1/1-F(t_i)\ (i=1,2,3,\cdots,n) \qquad (4—7)$$

式中，θ 是被试样品粗略估计的平均寿命。

$F(t_i)$若按等间隔取值，如取总试验时间的5%，10%，15%等。就能达到在每个测试周期内失效数大致相同的目的，以便能准确地知道样品的失效时间；对于预计累积失效概率较大才停止的试验，$F(t_i)$的间隔可适当取大一些。原则上测试周期约2 h测试记录一次。如知道平均寿命 θ 值，则可按上式确定测试周期。

五、失效判据

失效判据就是判断产品是否满足技术指标。失效判据可以是产品完全丧失功能，如开路、短路等，也可以是某些参数退化。

一个产品往往有好几项技术指标，在寿命试验时，只要有一项指标超出了规定指标就判为失效。例如：电容器的主要指标有：电容量的变化率、损耗角正切值、绝缘电阻（或漏电流）值等，电阻器的主要指标有：电阻值变化率、电阻温度系数、电流噪声等。集成电路的主要技术指标有：反向电流、高电平、低电平、负载能力等。继电器的主要技术指标有：吸合电流、线包绝缘电阻等。在可靠性寿命试验中只要其中某一项技术指标不符合技术标准和要求，就判失效。

六、数据记录和处理

可靠性寿命试验中通过测试周期失效数据的记录，得到失效数据后，要对所记录的失效数据进行统计分析，分析的方法有两种：一种是图估计法（或称直接打点法），另一种是利用公式进行计算的方法称为数值分析法。

图估法是将所测到数据进行直接打到概率纸上，用目测的方法进行直观判断，估计出产品的可靠性指标来。所以简单直观，容易掌握，分析也快，其缺点是误差太大。

数值分析法是利用数学公式进行直接计算的方法，根据失效规律的数学模型，按分布参数的计算公式，由样品在可靠性寿命试验中记录的数据对分布参数的数据或可能的取值范围作出估计。数值分析法的误差较小，但计算较繁锁。具体分析方法见第九章。

可靠性寿命试验数值分析有指数分布、威布尔分布、正态分布、对数正态分布的参量分析法及图估计法。下面只介绍常用的指数分布和正态分布两种分析方法。

（一）指数分布及其特点

寿命分布服从指数分布规律的产品，当其失效率不同时，其可靠度也不同，图4—2为可靠度与时间的关系曲线。

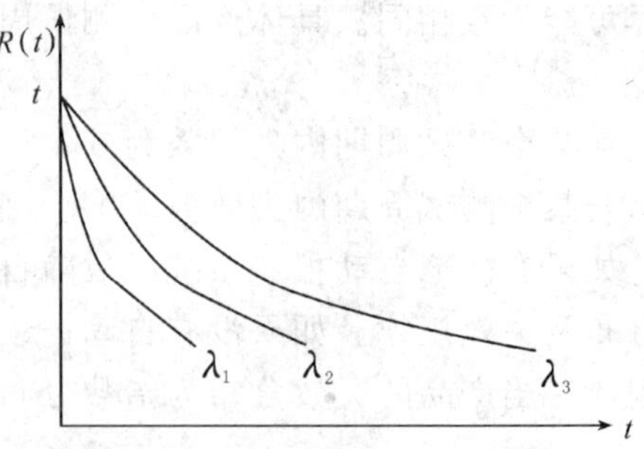

图4—2 不同失效率的可靠度与时间的关系（$\lambda_1>\lambda_2\gg\lambda_3$）

指数分布具有如下特点：

(1) 失效率是常数；

(2) 平均寿命与特征寿命相同，为失效率 λ

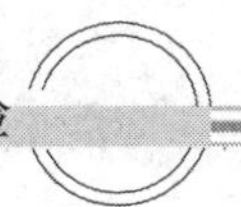

的倒数；

（3）当产品工作到平均寿命时间结束时，其可靠度下降到36.8%。

（二）正态分布及其特点

正态分布又称高斯分布，在第二章已介绍过，它也是应用较广泛的一种分布，如工艺误差、测量误差、产品常数值的分布等，均服从正态分布。

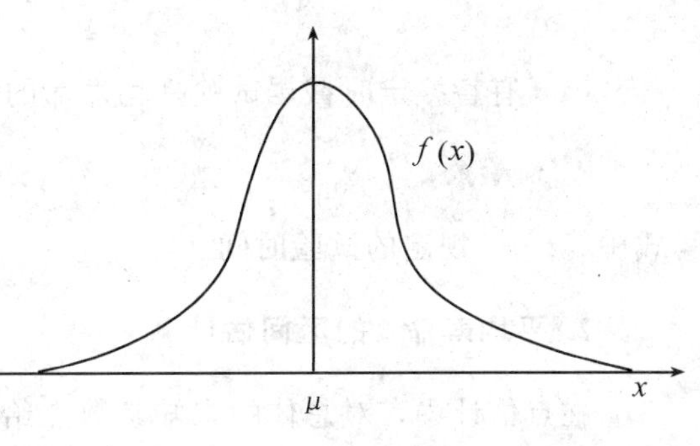

图4—3 正态分布的概率密度函数曲线

正态分布的特点：

（1）概率密度函数的形状是中间高，两边低，左右对称，如图4—3所示；

（2）有两个未知参数，均值μ和方差σ；

（3）概率密度函数曲线包络的面积为1。

（三）指数分布平均寿命的点估计和区间估计

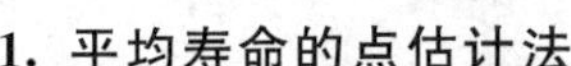

1. 平均寿命的点估计法

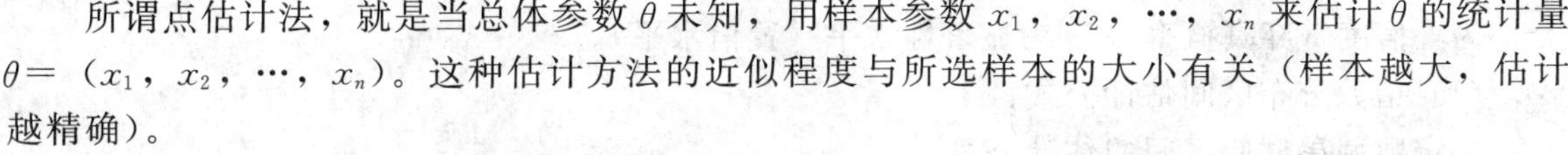

所谓点估计法，就是当总体参数θ未知，用样本参数x_1，x_2，…，x_n来估计θ的统计量$\theta=$（x_1，x_2，…，x_n）。这种估计方法的近似程度与所选样本的大小有关（样本越大，估计越精确）。

可靠性寿命试验往往不是等到试验样品全部失效才结束，而是达到规定的试验时间或规定的失效数就结束试验（定时截尾试验或定数结尾试验）。对于这类试验结果，可通过点估计法对其中平均寿命等作出粗略的估计。定时截尾试验有4种方式，试验数据的分析方法也有4种：①无替换定数截尾；②有替换定数截尾；③有替换定时截尾；④无替换定时截尾。

当总体（批产品）的寿命分布为已知时，就可通过试验样本的统计数据来估计总体的参数。对于指数分布，由于只有一个参数λ（$\theta=1/\lambda$），点估计就是通过样本的统计数据来估计总体的失效率（或平均寿命θ）。

（1）无替换定数截尾试验平均寿命的估计公式：

$$\hat{\theta}=\frac{1}{n}\sum_{i=1}^{n}t_i=\frac{1}{r}\left[\sum_{i=1}^{r}t_i+(n-r)t_r\right] \tag{4—8}$$

式中 n——样品数；

t_r——当出现r个失效时停止试验时间；

r——样品失效数；

$n-r$——样品未失效数；

t_i——第i个样品失效的时间。

（2）无替换定时截尾试验平均寿命的估计公式：

$$\hat{\theta}=\frac{1}{r}\left[\sum_{i=1}^{r}t_i+(n-r)t\right] \tag{4—9}$$

式中 t——规定的试验时间。

（3）无替换定数截尾试验平均寿命的估计公式：

$$\hat{\theta}=\frac{n}{r}t_r \tag{4—10}$$

（4）有替换定时截尾试验平均寿命的估计公式：

$$\hat{\theta}=\frac{n}{r}t \tag{4—11}$$

式中　t——规定的试验时间。

2. 平均寿命 θ 的区间估计

在点估计中，对总体的未知参数点给出平均寿命的估计值，而不能给出估计的置信度。区间估计可给出未知参数 θ 的取值范围，而且可给出估计的置信度。

对于总体未知参数 θ，其一切可能取值组成的参数空间为 θ，样本 x_1，x_2，…，x_n，对给定的 α（$0<\alpha<1$），确定两个统计量：

$$\theta_L=\theta_L(x_1, x_2, \cdots, x_n)$$
$$\theta_U=\theta_U(x_1, x_2, \cdots, x_n)$$

对于任意 $\theta\in\theta$ 有 $P(\theta_L\leqslant\theta\leqslant\theta_U)\geqslant1-\alpha$，当 $\alpha=0.05$ 时，则平均寿命 θ 落在区间 $[\theta_L, \theta_U]$ 范围内的概率为：

$P(\theta_L\leqslant\theta\leqslant\theta_U)=0.95=95\%$，其中 θ_L 为估计时间的下限值，θ_U 为估计区间的上限值，$1-\alpha$为置信度（弃真概率），α 为显著性水平（置信水平）。

（1）指数分布区间估计公式：

①定数截尾试验区间的估计公式

$$\theta_U=\frac{2T}{x^2_{2r,\frac{\alpha}{2}}}=\frac{2r\hat{\theta}}{x^2_{2r,\frac{\alpha}{2}}} \tag{4—12}$$

$$\theta_L=\frac{2T}{x^2_{2r,1-\frac{\alpha}{2}}}=\frac{2r\hat{\theta}}{x^2_{2r,1-\frac{\alpha}{2}}} \tag{4—13}$$

式中　r——自由度；

T——总试验时间；

θ——点估计值。

x^2 可查国家标准汇编《统计分析与数据处理卷》中显著性水平为 α 的 x^2 分布表给出的相关值。或参考第九章可靠性试验数据的分析与处理中的相关内容。

②定时截尾试验区间估计公式

$$\theta_U=\frac{2T}{x^2_{2r,\frac{\alpha}{2}}}=\frac{2r\hat{\theta}}{x^2_{2r,\frac{\alpha}{2}}} \tag{4—14}$$

$$\theta_L=\frac{2T}{x^2_{2r+2,1-\frac{\alpha}{2}}}=\frac{2r\hat{\theta}}{x^2_{2r+2,1-\frac{\alpha}{2}}} \tag{4—15}$$

式中　r——自由度；

T——总试验时间；

θ——点估计值。

（2）正态分布平均寿命点估计与区间估计

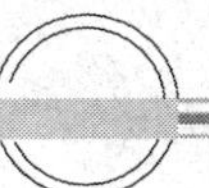

①平均寿命的点估计值

总体参数 θ 是未知参数，从总体中抽 n 个的样本是 x_1，x_2，…，x_n 用于估计 θ 的统计量：

$\hat{\theta}=$（x_1，x_2，…，x_n）称为总体参数 θ 的估计量。设

$$\bar{x}=\hat{\mu},\ S^2=(\hat{\sigma})^2$$

式中　$\bar{x}$ ——样本平均值；

$\hat{\mu}$ ——总体平均值的估计；

S^2——样本方差值；

$(\hat{\sigma})^2$ ——总体方差值的估计。

$$\hat{\mu}=\bar{x}=\frac{1}{n}\sum_{i=1}^{n}x_i \tag{4—16}$$

$$(\hat{\sigma})^2=S^2=\frac{1}{n}\sum_{i=1}^{n}(x_i-\bar{x})^2 \tag{4—17}$$

$$\hat{\sigma}=s=\sqrt{\frac{1}{n}\sum_{i=1}^{n}(x_i-\bar{x})^2} \tag{4—18}$$

式中　σ ——总体标准差；

s ——样本标准差。

②平均寿命的区间估计公式

当 σ 已知时，μ 的 $1-\alpha$ 置信区间估计公式：

上限估计公式为

$$\bar{x}+\mu_{1-\frac{\alpha}{2}}\frac{\sigma}{\sqrt{n}} \tag{4—19}$$

下限估计公式为

$$\bar{x}-\mu_{1-\frac{\alpha}{2}}\frac{\sigma}{\sqrt{n}} \tag{4—20}$$

式中　$\mu_{1-\alpha/2}$——正态分布 $1-\alpha/2$ 的分位数，可查统计用表得出。

当 σ 未知时，用 t 分布计算 μ 的 $1-\alpha$ 置信区间上下限值：

上限估计公式：

$$\bar{x}+t_{1-\frac{\alpha}{2}}(n-1)\frac{s}{\sqrt{n}} \tag{4—21}$$

下限估计公式：

$$\bar{x}-t_{1-\frac{\alpha}{2}}(n-1)\frac{s}{\sqrt{n}} \tag{4—22}$$

式中　s ——标准差；

n ——样品数；

$t_{1-\alpha/2}$（$n-1$）——自由度是 $n-1$ 的 t 分布的分位数，当 α 确定时，可由国家标准汇编《统计分析与数据处理卷》中的 t 分布表得到。

如某产品当 $1-\alpha=0.90$，$\theta_U=1000$ h，$\theta_L=700$ h，我们就有 90%的把握说，该产品的平均寿命在 700～1000 h 之间。

第五节 可靠性试验中的一些技术问题

一、试验方法问题

为了正确评定产品的质量，必须采取合适的试验方法。在可靠性试验中我们发现，质量相同的产品由于采用不同的试验方法，会得到不同的试验结果。有时甚至出现这样的情况：不同厂家生产的同型号但质量不同的产品，由于采用不同的试验方法，质量水平本来高的产品，得到的试验结果其质量反而显的低，而质量水平低的产品，得到的试验结果其质量反而显得高。一个明显的例子是钽电解电容器。

钽电解电容器的失效模式主要是短路或漏电流增大。其漏电流大小决定于氧化膜介质层中某些杂质处填充有氧化锰的一些小穿孔。当电容器加上电压时，通过这些小孔的漏电流就形成很大的电流密度，加热了氧化锰，使之转变为低价的氧化物（如三氧化锰）。此时通过疵点的电流就下降。如果疵点的尺寸较大，在疵点旁的氧化物加热就会引起无定形五氧化钛的结晶化，使通过疵点的电流雪崩上升，即出现短路。可能使电容器在使用中被破坏而导致失效。是否出现失效与电路中串联阻抗的大小有很大关系，如果试验线路的串联阻抗高，则限制了回路电流的增大，也减轻了加在介质膜上的电场应力，缓和了有缺陷的产品的老化，即对有质量问题的产品起到保护作用。

因此，对钽电解电容器做可靠性试验时，要采用阻抗小的线路，统一规定阻抗值和电容器短路时试验回路的最小电流值。国际电工委员会标准规定：由被测电容器接线端可测负荷电源内阻不大于 3 Ω，当被测电容器短路时，电源应能给出大于 1 A 的电流。

二、测量方法的问题

现行的元器件可靠性试验方法中，大都采用箱外测量的方法，即试验结束后，把样品从箱内取出，放在标准室内恢复一定时间，然后再测量其特性参数。再一般情况下，这种测量方法是可行的，但在某些特殊情况下，这种测量方法就不一定合理了。钽电解电容器高温试验和冲击、振动、离心试验中的测量问题就是一个明显的例子。

漏电流增大是电解电容器高温负荷试验中失效的主要形式，即钽电解电容器在高温负荷状态下其漏电流很大，甚至接近短路。但在常温下测量时测得的漏电流又很小。由此可见，产品停止负荷，并在室温下恢复后，再测量参数，就不能反映产品的实际质量水平。因此，采取高温负荷条件下检测漏电流的方法是合理和必要的。

又如钽电解电容器在冲击、振动、离心加速度试验中加负荷监测时，发现产品会出现断续接触、打火、开路、短路等现象，但当试验结束时再测量，上述现象又自行消失了。由此可见，若在试验结束后测量，就可能把次品作为合格品而通过。因此，在试验过程中必须进行动态监测。

三、试验设备和装置问题

试验设备本身的可靠性在很大程度上支配着试验数据的可靠性和再现性，只有采用合适的试验设备和装置才能获得正确的试验结果。

在可靠性试验中，对样品施加温度应力和负载应力，以保证受试样品能承受规定的应力。但有时出现这样的情况：在进行加速寿命试验时，相邻应力的两组样品，其特性变化非常接近，甚至互相交迭。究其原因，发现是由于温度或负荷应力控制不准确而造成的，这将对试验结果的分析带来很大的困难。这是因为烘箱的温度均匀性差，不同的区域的最大温差可达 7～8 ℃，甚至相差十几度。造成样品受热不均匀，不同样品对应不同的应力。解决这个问题的根本办法就是采用性能好的高温箱做试验。

进行可靠性试验时，要对样品施加一定负荷电压，当温度较高，试验时间又长时，样品夹具的弹性有时会减弱，样品夹具和夹具表面也会氧化，致使样本加不上负荷。因此，每次周期测量完毕，开始下一周期试验之前，都应认真检查样品是否加上规定的负荷，及时换下已经失效的夹具。

对半导体器件及集成电路做可靠性试验时，应在试验线路上采取有效的保护措施（各元器件种类相应标准的详细规范中有试验线路图）。例如，做功率晶体管时，应采用限流保护装置以避免试验时出现烧管现象。不同类型的晶体管或集成电路要采用不同的保护电路。

四、保证测量数据的准确性问题

为保证测量数据的准确性，要注意以下几个问题：

(1) 根据产品参数失效判据，应选择合适精度的仪器进行测量。一般选择测量仪器比被测量参数高 3～10 倍就可以了。如元件参数的失效判据标准为千分之五，则选用的测量仪器的精度为千分之二至万分之五之间均可。

(2) 严格执行仪器的定期校准制度。仪器在每个测量周期之前都须经过检定方可使用。在测量过程中，如遇到参数变化异常时，可用标准对仪器进行校验，在证实仪器正常，测量数据可信后，再分析造成参数变化的原因。

(3) 避免差错。差错是由于使用有故障的仪器未被发现，使用仪器的方法不正确，读错数字或记录错误等原因造成的。为了减少差错，应使用重复性好，抗干扰能力强的测量系统，并尽量使测量，记录自动化。

(4) 采用合理的测量引线，夹具。测量仪器引线应尽可能短，以避免分布参数造成的影响；为提高测量的稳定性，测量端必要时应予以屏蔽；测量夹具要符合一定的弹性要求，即不损伤样品引线，又能保证接触良好。有时在测量电容器的损耗角正切时，发现同一样品先后两次测得的损耗角正切值相差很大，究其原因，发现测量夹具的弹性不符合要求，时紧时松，随引线接触位置的不同而不同，对于试验时间较长，引线表面氧化严重的样品，这种现象更为明显。当引线与夹具接触太松时，接触损耗就明显增大，使得损耗正切值读数显著增大；当引线与夹具紧密时，引线表面的氧化层在一定程度上被破坏，接触损耗减少，因而损耗正切值读数恢复到正常值。

(5) 严格控制测量室的环境条件。某些元器件对温度变化比较敏感，如果测量室温度控制不严，就会使元器件在各个周期测得的数据不同，上下波动，很难看出其真实变化情况。

当环境相对湿度低于某一上限时，它对元器件参数影响不大；但当环境相对湿度超出一定范围后，湿度的变化对元器件参数的测量结果会产生显著的影响。例如：高温环境下非密封聚笨乙烯电容器会迅速吸潮而使电容量显著增大；非密封云母电容器由于表面吸潮而使绝缘电阻显著下降。对于刚做完试验的样品来说，上述情况的出现更为明显。因此，必须严格控制测量室的温、湿度。

第六节　工作实例

例 4—1　设产品的寿命服从指数分布，抽取 7 个产品进行无替换定时截尾试验，截尾时间 $t=700$ h，$r=6$，失效时间分别为 120，450，450，530，600，650 h。求失效率 λ 和平均寿命 θ 的点估计值。

解：已知 $n=7$；$t=700$；$r=6$；$t_i=120$ h，450 h，450 h，530 h，600 h，650 h；平均寿命

$$\begin{aligned}\hat{\theta} &= \frac{1}{r}\Big[\sum_{i=1}^{n} t_i + (n-r)t\Big]\\ &= \frac{1}{6}[(120+450+450+530+600+650)+(7-6)\times 700]\\ &= \frac{1}{6}(2800+700)\approx 583\text{ h}\end{aligned}$$

$$\lambda = \frac{1}{\hat{\theta}} = 0.0017$$

例 4—2　某型号继电器电寿命试验。

样品：参加试验的样品必须选择本产品型号中具有代表性的规格，同时，样品应在本质上是同一设计，建立了可靠性与质量管理和连续生产的产品中一次随机抽取。

样品数量：6 只（每个应力水平下的样品数量不少于 10 只，特殊产品不少于 5 只）。

检验环境：温度 15～35 ℃　相对湿度 45％～75％　气压 86～106 kPa

检验依据：GB/T 10232—94 有或无机电继电器测试程序（在一般情况下寿命试验的试验应力水平应当是元器件技术标准中规定的额定值）。

检验项目及技术要求如表 4—1 所示。

表 4—1　检验项目及技术要求

组别	检验项目	技术要求	检验样品数/只	允许不合格数/只	检验不合格数/只
1	电寿命前测量	接触电阻：100mΩ（1A，24VDC） 线圈电阻：320（1±10％）Ω 动作电压：≤9VDC 释放电压：≥0.6VDC 绝缘电阻： 线圈与触点间：≥100 MΩ（500 VDC，1 min） 断开触点间：≥100 MΩ （500 VDC，1 min）	6	0	0

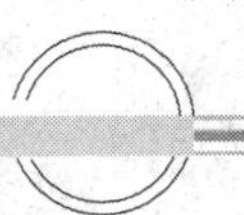

续表

组别	检验项目	技术要求	检验样品数/只	允许不合格数/只	检验不合格数/只
1	电寿命前测量	耐压： 线圈与触点间：2500 VAC，1 min 断开触点间：1000 VAC，1 min 应无飞弧和击穿	6	0	0
	电寿命	寿命次数：1×10^5 寿命速率：30 次/min 通断比：1∶1 线圈电压：12 V DC 触点负荷：5 A，250 V AC 应通断正常，无损伤			
	电寿命后测量	接触电阻：200 mΩ（1 A，24 V DC） 线圈电阻：320（1±10%）Ω 动作电压：≤10.8 V DC 释放电压：≥0.48 V DC 绝缘电阻： 线圈与触点间：≥10 MΩ（500 V DC，1 min） 断开触点间：≥10 MΩ（500 V DC，1 min） 耐压： 线圈与触点间：1875 V AC，1 min 断开触点间：750 V AC，1 min 无飞弧和击穿			

主要检验仪器及设备清单如表 4—2 所示。

表 4—2 主要检验仪器、设备清单

序号	仪器、设备清单	型号、规格	计量有效期
1	继电器综合参数测试仪	PR —Ⅲ	2000.03.25～2001.03.24
2	寿命台	103 — 32#	2000.04.28～2001.04.27
3	高阻表	HP4339A	2000.03.25～2001.03.24
4	耐压测试仪	TOS5051	2000.03.30～2001.03.29

检验结论：某型号继电器，按 GB/T 10232—1994 有或无机继电器测试程序和委托方的要求进行检验，每隔 2 h 测试记录一次，试验结束后按该产品的技术要求进行检验。6 只样品无一只失效，检验合格。

具体的数据处理可参考本节或第九章可靠性试验数据的分析与处理的相关内容。

思 考 题

1. 寿命试验的目的是什么?
2. 简述寿命试验的分类。
3. 常用的寿命试验方法有几种?
4. 指数分布寿命试验对试验样品有何要求?
5. 指数寿命试验截止时间和测试周期如何确定?
6. 指数分布寿命试验对哪些试验数据进行处理?

第五章 可靠性加速寿命试验

第一节 加速寿命试验的目的和意义

一、加速寿命试验的目的

电子元器件质量和可靠性的逐步提高，给评价电子元器件可靠性提出了十分艰巨的任务。在进行常规可靠性评价试验设计时，我们就面临一系列很难解决的问题，如试验时间长、试验样品多、试验规模大、试验经费昂贵等。

首先，常规的产品可靠性试验或失效率试验的试验时间长，一般要求试验时间为2000 h。尽管数理统计理论认为，在元件数量与试验时间的乘积相同的情况下，其试验结果是等价的，但实际上，往往由于试验时间不同，即便总的元件小时数相同，其结果也是不一样的。这是因为如果试验时间太短，很多属于磨损型失效的产品的失效模式无法暴露，试验结果不能真实反映产品的失效规律；这就是为什么通常的寿命鉴定试验或失效率试验规定要做2000 h的缘故。为了鉴定产品的长期寿命性能，许多电子元器件产品规范中C组检验都规定在2000 h寿命试验结束后，继续延长至10 000 h的长期寿命试验。可是这种试验方法对可靠性高、寿命特别长的元器件来说，就不是一种合适的方法。因为它需要花费很长的时间，甚至还来不及作完寿命试验，此种元器件早就被更新淘汰了。所以这种方法与电子工业的迅速发展是不相适应的，在客观上迫使电子工程界同行不得不另想别的办法，因此加速寿命试验方法逐步被采用。

其次，常规的产品失效率试验所需试验样品多。在 20 世纪 50～70 年代期间，由于产品的可靠性水平不高，产品对环境的适应能力差，寿命也短，抽样试验的时间一数量矛盾并不突出。例如，对失效率为五级（10^{-5}/h）的元器件进行鉴定试验，即使选取置信度为 90%，允许失效数为 1 的方案，所需的元件小时数也仅为 3.89×10^{5} h，如果试验时间为2000 h，所需试验样品为 196 件；即用 196 件样品进行2000 h试验就可以了。但随着电子元器件质量和可靠性水平的提高，70 年代后期以来，失效率试验的时间一数量矛盾越来越突出。例如，对失效率为七级（10^{-7}/h）的元器件进行鉴定试验，同样选取置信度为 90%，允许失效数为 1 的方案，所需的元件小时数为 3.89×10^{7}，如果试验时间为2000 h，所需试验样品为 19 451 件；即用 19 451 件样品进行2000 h的试验。这已是一个相当庞大的试验计划了，元器件七级失效率试验的试验样品数及试验工作量已如此庞大，更不用说八级和九级的失效率试验了。

此外，由于常规的产品失效率试验和寿命试验所需试验样品多，因而试验规模大，需要投入多台寿命试验设备同时进行试验，消耗大量的电能，试验样品费和试验费用昂贵。

为了解决常规可靠性试验的试验时间长和试验样品数量大的矛盾，人们首先就想到采用加速的方法。所谓加速寿命试验方法，就是在不改变原来试验目的的前提下，采用各种办法来减少试验时间或试验样品数量，例如在试验过程中加大试验应力强度，从而加速产品的物理化学性能劣化过程（即所谓的强制退化寿命试验），从而达到减少试验时间和样品数量的目的。

加速寿命试验的加速系数可从几十至几百，甚至几千，因而对解决常规可靠性试验的试验时间长和试验样品数量大的矛盾起到了很大的作用。现在，可靠性物理学的迅速发展已使得人们能进一步了解和掌握产品失效机理与应力的内在联系，因而能更有针对性地、更有效地选择加速寿命试验应力种类与试验应力水平，使得加速寿命试验的加速作用更为显著，并获得更广泛的应用。

二、加速寿命试验的意义

1. 节约了试验时间，为电子产品的研制、开发和升级换代赢得了时间

当今时代是信息化的时代，科学技术飞速发展，电子产品日新月异，新材料、新结构、新工艺、新产品层出不穷。时间就是金钱，效率就是生命。特别是对军用通讯系统和武器装备研制来说，时间比金钱更宝贵。

加速寿命试验方法突出的优点是可以用很短的时间结束试验并获得产品失效模式、产品寿命与试验应力关系的足够信息，经简单的统计计算就获得产品的失效率数据。这就节约了大量的试验时间，为电子产品的研制、开发和升级换代赢得了时间。

2. 为可靠性物理研究提供足够的信息和样品

电子产品的可靠性问题涉及产品设计、生产、储运及使用各个环节，而开启探索各环节可靠性问题之门的钥匙，便是可靠性物理技术。它是从原子和分子的角度探索并揭示产品失效的物理、化学过程及有关现象，即失效机理，以便为产品设计和控制、可靠性增长与评价以及产品使用、维护等各个环节提供科学依据。可以说可靠性物理研究技术是对可靠性工程起支柱作用的基础技术，从此种意义上看，也是决定产品可靠性的一门重要技术。

加速寿命试验为可靠性物理研究提供了足够的信息和实验样品，常规的失效率试验或寿命试验失效样品少，经过2000 h试验有时有一两个失效样品，有时失效率试验或寿命试验结束时没有失效样品。因此就很难开展产品失效机理的研究。而加速寿命试验不仅获得产品寿命与试验应力关系的足够信息，而且获得了各种试验应力条件下的失效样品，从而为及时进行产品可靠性物理研究提供可能。

产品的可靠性是“设计、生产”出来的。因此，提高元器件可靠性的根本途径，就是从元器件失效物理入手，取得前期同类产品在生产、试验及使用中的失效信息，分析其失效模式及失效机理，联系产品结构、材料和工艺，揭示其失效的内在原因，并根据新产品的可靠

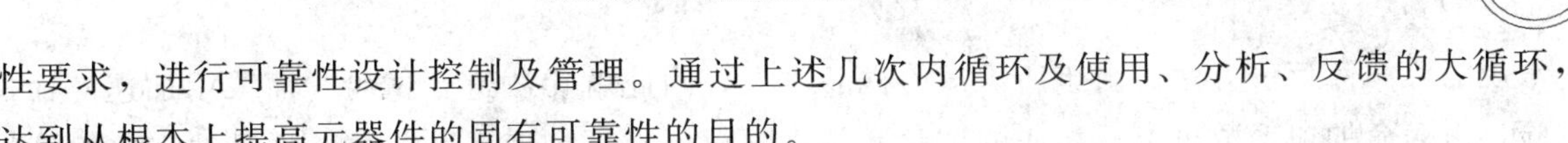

性要求，进行可靠性设计控制及管理。通过上述几次内循环及使用、分析、反馈的大循环，达到从根本上提高元器件的固有可靠性的目的。

3. 经济效益显著

采用加速寿命试验方法，与常规的寿命试验方法相比，由于试验样品少，试验时间短，这样就减少了大量的试验样品和试验设备的投入，节约了试验样品费和各项试验费用，经济效益显著。

对于六级电子元件的可靠性评价试验，采用原来的试验方案，是在额定应力条件下进行寿命试验，试验的元件小时数必须达到规范的要求。以 CAK 45 型片式钽电解电容器为例，当置信度取 60%，允许失效数 $C=1$ 时，其试验样品的元件小时数至少应为 2.02×10^6 h。如果试验时间为2000 h，则试验样品数应为 1011 件（也就是说，投入 1011 件样品试验2000 h）。试验样品费约为 2 万多元，试验费用约为 0.9 万元，总计要花费 2.9 万元左右。而采用加速寿命试验方法，只要少量试验样品（100～150 件）开展短时间（100～250 h)的加速寿命试验，就可以快速地预计元器件的可靠性水平。试验样品费约为 2500 元，试验费用大约为 2000 元，总计只要花费 4500 元左右；总费用仅为原评价试验方法的 16%左右，经济效益十分显著。

对于可靠性等级较高的电子元件，可靠性鉴定和可靠性评价是一项相当庞大的试验任务，电子元件的可靠性等级越高（失效率越低），采用加速寿命试验方法的经济效益就越显著。失效率为七级的电子元件的可靠性评价试验，采用原来的试验方案，是在额定应力条件下进行寿命试验，试验的元件小时数相当可观。以 CTK 型片式瓷介电容器为例，在额定应力条件下，置信度取 90%，允许失效数 $C=1$ 时，其试验样品的元件小时数至少应为 38.9×10^6 h，如果试验时间为2000 h，则试验样品数应为 19 451 件。也就是说，要投入 19 451 件样品试验 2000 h。如果一个试验箱放置 2000 件样品，需要 10 个试验箱，10 套试验电源和试验装置。所以七级电子元件的可靠性评价试验已是一项规模相当可观的试验计划。不仅要耗费大量的试验样品，配置大量的试验设备，还要消耗大量的人力进行试验管理和样品电参数检测工作，消耗大量的能源，试验费用相当大。以 CTK 型片式瓷介电容器为例，试验样品费约为 6.8 万元，七级可靠性评价试验费用约为 5.6 万元，总计要花费 12.4 万元。

而采用加速寿命试验方法，七级电子元件的可靠性评价试验同样只要少量试验样品(75～150 件)开展短时间的（200～300 h）加速寿命试验，就可以快速地预计产品的可靠性水平。试验样品费约为 500 元，试验费用大约为 3000 元，总计只要花费 3500 元左右，总费用仅为原方法的 3%左右，经济效益非常显著。

4. 社会效益显著

加速寿命试验方法有广泛的使用价值和普遍的指导意义。它不仅为电子元器件的研制赢得了宝贵的时间，而且使运用子样样品进行可靠性评价试验成为可能。

电子元器件失效率试验均为定数的定时截尾试验。在产品的初始研制阶段，往往产品数量少，特别是一些特殊元器件（例如使用量很少的军用电子元器件）产量不可能多，如果按常规的可靠性评价方法，由于所需试验样品量大，因此就无法进行试验。而采用加速寿命试验，由寿命加速系数可求得相应的试验元件小时数。根据加速系数、试验样品数和定时截尾时间可计算出相应的元件小时数。而由置信度、试验样品的失效数和相应的元件小时数，查国家标准电子元器件失效率试验方法（GB 1772－79），就可确定试验样品的失效率等级。

此外，加速寿命试验方法不仅适用于电子元器件的可靠性评价，它的基本原理和研究成果还将对电子元器件的可靠性筛选试验方法研究和可靠性增长有普遍的指导意义。

第二节　加速寿命试验的分类

长期寿命试验需要较长的时间，为了缩短试验周期，节省样品与费用，快速评价产品的可靠性，就要作加速寿命试验。加速寿命试验就是在既不改变产品失效机理又不增加新的失效模式的前提下，提高试验应力强度并加速产品的失效进程，再根据试验结果，预计正常应力下的产品寿命特征量。根据试验应力施加方式的不同，加速寿命试验可分为恒定应力加速寿命试验、步进应力加速寿命试验和序进应力加速寿命试验三种加速寿命试验方法。

一、恒定应力加速寿命试验

恒定应力加速寿命试验是在加速寿命试验过程中施加应力的水平 S 保持不变，如图 5—1 所示。其试验应力水平高于额定应力条件的水平，这种试验的因素单一，数据处理容易，外推的准确性高，是经常采用的一种试验方法。

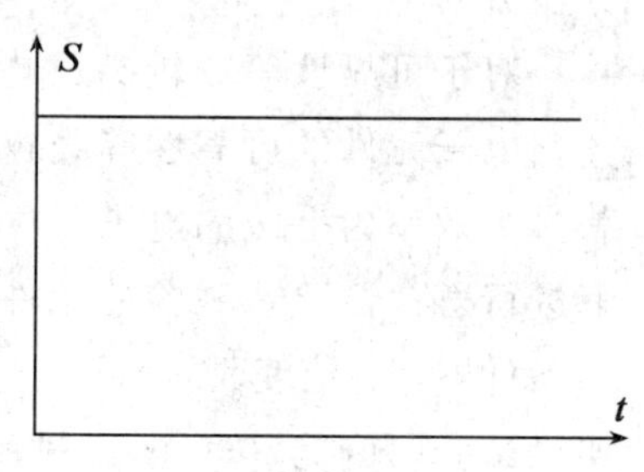

图 5—1　恒定应力加速寿命试验中试验应力和时间的关系

二、步进应力加速寿命试验

步进应力加速寿命试验施加应力的方式为按每段试验时间的顺序相应的应力水平，以阶梯形式逐步上升。图 5—2 是电压步进应力加速寿命试验示意图，如果第一步试验电压为 200 V，在200 V试验应力条件下试验 t(s)时间后试验电压升至400 V，然后在400 V试验应力条件下再试验 t(s)时间后试验电压升至600 V，依此类推。

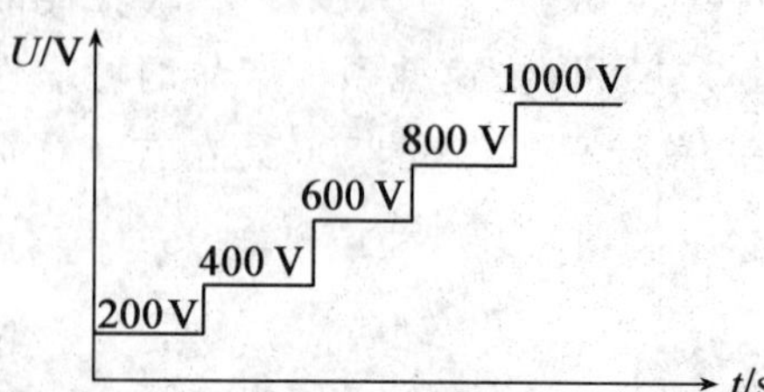

图 5—2　电压步进应力加速寿命试验示意图

在步进应力加速寿命试验中，每一步试验的试验持续时间称作步长，每一步试验应力增量称作步幅。在图 5—2 的电压步进应力加速寿命试验示意图中步幅为200 V，步长一般取8～48 h。

开展步进应力加速寿命试验可以用较短的时间了解产品承受的极限应力，快速确定产品的试验应力和失效概率的关系，从而为电子元器件的恒定应力加速寿命试验的设计和试验应力选择提供依据。

三、序进应力加速寿命试验

序进应力加速寿命试验所施加的应力随时间等速直线上升，直至样品产生足够的退化（或失效）为止。图 5—3 是序进应力加速寿命试验示意图。在序进应力加速寿命试验中，试验应力 S 的幅度和试验应力增加速率是最主要的试验条件。图 5—3 中有三个不同试验应力增加速率。

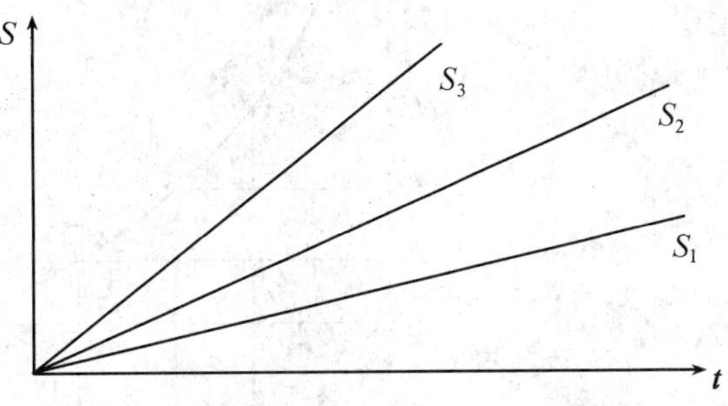

图 5—3 序进应力加速寿命试验中试验应力与时间关系示意图

开展序进应力加速寿命试验时，为了获得元器件退化程度与应力一时间的依赖关系，需要在几个不同的应力一时间变化率上重复做几次试验，这些试验结束条件与恒定应力加速寿命试验结束条件相同。序进应力加速寿命试验装置价格昂贵，试验数据处理复杂，所以国内外很少采用这种加速寿命试验方法。

以上三种加速寿命试验方法中，以恒定应力加速寿命试验更为成熟些。因此它是经常被采用的加速寿命试验方法。而步进应力加速寿命试验往往作为恒定应力加速寿命试验方案设计阶段的预备试验，快速确定产品的试验应力和失效概率的关系，从而为恒定应力加速寿命试验的试验应力水平设计提供依据。

我们在此主要介绍恒定应力加速寿命试验方法及其数学模型，恒定应力加速寿命试验的设计及其工作实例。

第三节 恒定应力加速寿命试验及其数学模型

一、概述

恒定应力加速寿命试验的想法是很直观的，比如说用电池驱动汽车，当汽车速度慢的时候，电池的输出电流就小，这组电池使用时间就长，电动汽车行走的时间就长，也就是说这组电池在较小的输出电流下寿命较长。如果电动汽车的载重保持不变，当汽车速度快的时候，电池的输出电流就大，电动汽车行走的时间就短，这组电池使用时间就短。也就是说这组电池在较大的输出电流下寿命较短。所以，这组电池的寿命长短与汽车速度或者说输出电流大小的“应力”条件有关，它们的关系可用图 5—4 表示。

图 5—4 表示这组电池在四种不同的输出电流 I_1，I_2，I_3，I_4 的条件下电池相应的使用寿命 t_1，t_2，t_3，t_4；当然也可以施加五种、六种或更多的输出电流。从图 5—4 来看，电池输出电流在 I_1 最小，电池的使用寿命最长。电流 I_2 比 I_1 大，相应的使用寿命 t_2 比 t_1 短，I_4 最大，相应的使用寿命 t_4 最短。点 A，B，C 和 D 根据实践的经验和物理上的分析，它们之间应有一定的关系，这种关系通常用经验公式或理论公式来表示。若用曲线表示（如图 5—4

所示)，在加速寿命试验中，该曲线称作加速寿命曲线，用以推算较低水平应力条件下的寿命特征量。如用图 5—4 的曲线，就可估计出在 I_0 条件下电池的使用时间 t_0。

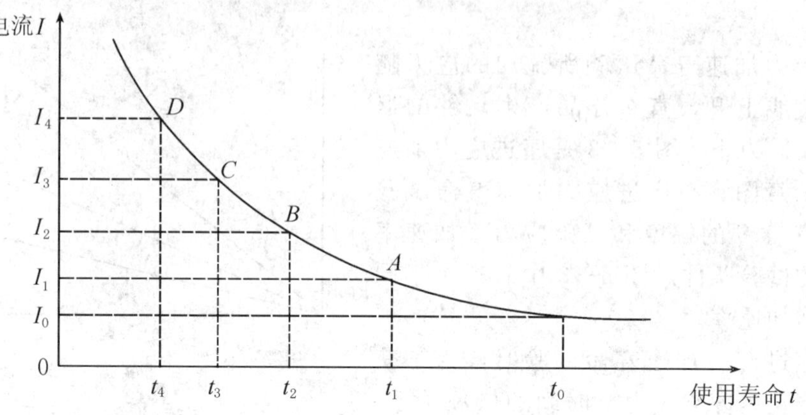

图 5—4　使用寿命与输出电流的关系

为什么不直接在输出电流 I_0 的使用条件下看看这组电池使用的寿命有多长呢？为什么还要用加速寿命试验的方法来推算呢？当然，对普通的电池来说不用加速寿命试验的方法也能达到目的，并且不会费很多时间就可以得到结果。但是，对长寿命的电子元器件来说，这是难以实现的。必须通过“加速”的办法，提高应力水平，促使元器件失效机理加速发展，缩短寿命，得到必要的寿命数据，并由此得到加速寿命曲线，用来推算出正常应力条件下的寿命特征量，这是加速寿命试验的主要目的。

在上述例子中，我们将电池的输出电流作为加速试验应力，并确定以四种应力水平(I_1，I_2，I_3，I_4)分别作寿命试验，这四组寿命试验就组成了一个完整的恒定应力加速寿命试验。但是作为加速试验应力不一定只选输出电流，也可以将温度作为加速试验应力，因为温度同样对电池的使用寿命有很大的影响，这时应将试验温度取几个不同的水平，而将输出电流保持在正常条件的水平上。选择加速试验应力的试验条件不同，其相应的加速寿命曲线亦不相同，但用它们都可以推算出电池在正常条件下的寿命特征量。不过在电子元器件中通常将温度或电压作为加速试验应力的较多，其试验方法也较成熟。也有将电流、功率或相对湿度作为加速试验应力的。在上述例子中，只谈到用一种试验应力条件作为加速试验应力，但也有用两种加速试验应力条件同时作为加速试验应力的加速寿命试验。例如对电容器作加速寿命试验时，可将直流电压作为加速试验应力，确定几种超额定应力的电压应力水平，而将温度和相对湿度保持在正常水平上。也可以将直流电压和温度同时都作为加速试验应力，而将相对湿度保持在正常水平上。或者将温度和相对湿度同时都作为加速试验应力，而将直流电压保持在正常水平上。

在恒定应力加速寿命试验设计中，作为加速试验应力的试验条件不能过多，否则会在试验技术和试验数据处理方面造成困难。

这里必须指出，在上述例子中对同组电池作四次不同输出电流的寿命试验实际上是做不到的，因为一组电池做完一次寿命试验，它就没有电能了。通常我们是从整批产品中随机抽取一定数量的电池或电子元器件进行评价试验，考核产品的可靠性水平。还以电池为例，显然不能将整批电池都用来作加速寿命试验，因为作过寿命试验的电池不再是能用的产品了，所以只能在整批生产电池中，抽取一部分具有代表性的样品作为试样进行试验。

二、常用恒定应力加速寿命试验方法类型及其数学模型

1. 温度加速寿命试验

以温度为应力作恒定应力加速寿命试验时，经常采用阿伦尼斯方程作为产品寿命与试验温度关系的模型。阿伦尼斯方程是表示化学反应与温度关系的一个经验公式，其表达式为：

$$\frac{\mathrm{d}M}{\mathrm{d}t}=\mathrm{A}\mathrm{e}^{-E/(KT)}$$

式中 E——激活能；

K——波尔兹曼常数（$8.617\times10^{-5}\mathrm{eV/K}$）；

A——常数；

T——绝对温度；

t——时间。

上述公式可化为：

$$\ln t=\mathrm{A}+\mathrm{B}(1/T) \tag{5—1}$$

由此可知，寿命 t 的对数与绝对温度的倒数之间满足直线关系，因此通过施加几组温度试验应力得到元器件在这几个温度点上的寿命后，就可以确定 A 和 B 的值，并可以利用上述方程外推正常温度下的元器件寿命。

以温度为应力作恒定应力加速寿命试验时，其加速系数为：

$$AF=\exp\left(-\frac{E}{K}\right)\left(\frac{1}{T_t}-\frac{1}{T_0}\right) \tag{5—2}$$

2. 电压加速寿命试验

以电压为试验应力作恒定应力加速寿命试验时，经常采用逆幂律作为寿命与电压关系的模型。即：

$$t=1/KV^2$$

式中 K——比例常数；

V——施加的电压。

上述式子可化为：

$$\ln t=\mathrm{A}+\mathrm{B}\ln V \tag{5—3}$$

因此，它的寿命的对数与所施加电压的对数之间满足直线关系。这样，通过施加几组不同电压加速试验应力得到元器件的几组寿命数据后，就可以确定 A 和 B 的值了，并可以利用上述方程外推额定电压下的元器件寿命。

以电压为应力作恒定应力加速寿命试验时，其加速系数为：

$$AF=\left(\frac{V_t}{V_0}\right)^n \tag{5—4}$$

式中 AF——加速系数；

n——电压加速指数；

V_t ——加速试验电压；

V_0 ——额定工作电压或基准试验电压。

3. 温度电压综合应力加速寿命试验

随着近代量子力学的发展，爱林推导出更具有理论完整性的反应率动力学的爱林模型。爱林模型是阿伦尼斯模型的发展，由于阿伦尼斯模型只描述了温度应力对电子元器件参数退化（或失效）的影响，即

$$R(T)=e^{A-B/T} \tag{5—5}$$

而爱林模型不仅描述了温度应力对电子元器件参数退化（或失效）的影响，而且还包括了对非热应力（如电压、功率、湿度等）的扩展，将式（5—5）乘以一包括非热应力参数的指数项给以修正，修正结果如下：

$$R(T,S)=e^{A-B/T}e^{S(C+D/KT)} \tag{5—6}$$

式中　S ——非热应力参数；

K——波尔兹曼常数；

C 和 D ——常数，它们和 A 与 B 类似地由加速试验数据分析决定。

产品性能退化量度 $f(Q)$对时间的关系可表示为：

$$f(Q)=R(T,S)t \tag{5—7}$$

式中　t ——产品在特定温度 T 和非热应力 S 应力水平下的工作时间；

R（T，S）——退化速率。

$$f'(Q)=R(T',S')t' \tag{5—8}$$

而式（5—8）中带撇的符号表示高应力试验条件。

$f(Q)$ 和 $f'(Q)$表示相同的退化水平。产品的加速系数由关系式 $t=\tau t'$确定，所以从式（5—7）和式（5—8）可得出加速系数 τ：

$$\tau=R(T',S')/R(T,S) \tag{5—9}$$

将式（5—6）代入式（5—9），则可得：

$$\tau=\exp\left\{-B\left[\frac{1}{T'}-\frac{1}{T}\right]+C(S'-S)+\frac{D}{K}\left[\frac{S'}{T'}-\frac{S}{T}\right]\right\} \tag{5—10}$$

式中　T'——增高的温度应力水平；

S' ——增高的非温度应力水平。

式（5—10）指出了综合应力加速寿命试验的加速因子是温度应力、非热应力（如电压）以及温度和非热应力间相互作用的函数。同时还表明综合应力加速寿命试验的加速因子由三项组成，即

$\tau_1=\exp\left\{-B\left[\frac{1}{T'}-\frac{1}{T}\right]\right\}$　（表示温度加速系数）

$\tau_2=\exp\{C(S'-S)\}$　（表示非热应力的加速系数）

$\tau_3=\exp\left\{\frac{D}{K}\left[\frac{S'}{T}-\frac{S}{T}\right]\right\}$　（表示温度和非热应力交互效应的加速系数）

如果温度的增量和非热应力的增量比率相同（或者近似相等），即$\frac{S'}{T'}=\frac{S}{T}$，则温度应力和非热应力相互作用的加速效应等于零，即 $\tau_3=0$。因此，式（5—10）可改写为：

$$\tau=\exp\left\{-B\left[\frac{1}{T'}-\frac{1}{T}\right]+C(S'-S)\right\}$$
$$=\exp\left\{-B\left[\frac{1}{T'}-\frac{1}{T}\right]\right\}\times\exp\{-C(S'-S)\}=\tau_1\times\tau_2 \quad (5—11)$$

上式表明了温度增量和非热应力增量相等的情况下，恒定应力双因子加速寿命试验的加速系数等于温度应力 T' 的温度加速系数 τ_1 和非热应力 S 加速系数 τ_2 的乘积。

如果非热应力为电压应力，对介质材料和元件的试验结果表明 S 可表示为恒定温度下的电压对数值。即：

$$S=\ln u \qquad S'=\ln u'$$

温度和电压综合试验应力加速寿命试验的加速系数为：

$$AF=\left(\frac{V_t}{V_0}\right)^n\exp\left(-\frac{E}{K}\right)\left(\frac{1}{T_t}-\frac{1}{T_0}\right) \quad (5—12)$$

式中　AF ——寿命加速系数；
V_t ——综合试验应力加速寿命试验电压值；
V_0 ——试验样品额定电压值；
n ——电压加速指数；
E ——激活能（eV）；
K ——波尔兹曼常数（8.617×10^{-5} eV）；
T_t ——综合试验应力加速寿命试验温度；
T_0 ——试验样品额定温度。

第四节　恒定应力加速寿命试验的设计

一、明确电子元器件的使用环境条件和工作状态

电子元器件使用范围广，如各类家用电器、移动通信、卫星通信、地缆通信、雷达等。电子元器件的工作状态和现场使用的环境条件很不相同，差别很大。由于电子元器件所受的应力条件不同，因而元器件的失效机理也不相同，相应的寿命分布和可靠性寿命特征量也就不相同。所以，在进行恒定应力加速寿命试验的设计时，应当根据具体工程对电子元器件的使用环境条件和工作状态的要求，使加速寿命试验能正确模拟实际使用状态寿命加速的应力条件。对于通用的电子元器件，其试验条件可参照产品标准的要求。对于特殊工程所需要的元器件，其加速试验应力应在元器件失效分析的基础上，参照元器件的实际使用环境条件和工作状态而定。

二、加速试验应力的选择

由于电子元器件的失效是由其失效机理所决定的，因此加速试验应力的选择应以产品的失效机理为基础。

加速应力促使电子元器件失效过程加速发展，其进行的快慢还受到环境条件和工作条件等应力条件的影响。但是，电子元器件所处的实际使用状态（工作状态或储存状态）的环境条件或工作条件等应力条件并不是都能产生同样的失效机理，可能有多种失效机理同时出现，在一定时期内将由起主导作用的失效机理促使失效过程的发展。在选择加速试验应力时，就要选择那种对主要的失效机理起促进作用的试验应力条件。通常对电子元器件可以选择温度、电压或功率作为加速试验应力。

如果预计半导体器件或电容器在正常温度下储存寿命特征量，可以选择温度作为加速试验应力。

如果预计半导体器件在额定条件下的工作寿命特征量，也可以选择温度作为加速试验应力，此温度不只是环境温度，而是由电应力转化成的温度和环境温度形成的结温。也可以选择电压或电流作为加速试验应力。

如果预计电容器在额定条件下的寿命特征量，可以选择直流电压作为加速应力，同时其环境温度保持在额定条件下；也可以选择温度作为加速应力，但是在作试验的同时，必须施加额定的直流工作电压，否则推算出的结果不是工作寿命，而是储存寿命。也可以将温度和直流电压（或纹波电压）同时作为加速试验应力。

如果预计电阻器在额定条件下的工作寿命特征量，可以选择功率作为加速应力，同时其环境温度保持在额定条件下；也可以选择温度作为加速应力，但是在作试验的同时，必须施加额定功率。

三、加速寿命试验应力水平个数 k 的选择

通常在作恒定应力加速寿命试验时，加速寿命试验应力水平个数不得少于 2，最好选 $K\geqslant 3$,但也不宜过多。否则就加大了试验的工作量，增加了试验样品和试验费用。

四、加速应力水平的确定

为了使加速应力起到“加速”作用，促使元器件失效机理加速发展，必须提高加速应力水平，其应力水平提高的程度，要根据元器件的物理性能来确定。

为了方便，将加速试验应力记作 S，其应力水平记作 S_1，S_2，…，S_i 并按从小到大的次序排列。例如，选择温度为加速试验应力，并确定其试验应力水平为 100 ℃，120 ℃和 135 ℃，即$S_1=100$ ℃，$S_2=120$ ℃，$S_3=135$ ℃。通常在作恒定应力加速寿命试验时，第一个应力水平 S_1 的数值应当尽量接近额定工作温度。越接近额定工作温度，由其最后试验结果推算出的额定应力条件下的可靠性寿命特征量就越精确。但最低加速寿命试验温度又不能太接近额定应力条件，否则，整个加速寿命试验的时间会很长，起不到加速寿命试验节省时间的作用。

最高应力水平 S_i 的数值应取得尽量高，但是要有一个前提，就是必须保证在 S_i 应力水平下，元器件的失效机理与元器件在正常应力水平下的失效机理是相同的，否则，此试验不是真正的“加速”。元器件的最高加速寿命试验应力水平往往受到元器件所用材料性能的限制，例如，瓷介电容器的最高温度加速应力水平不能超过175 ℃,因为如超过这个温度，焊接引线的铅锡焊料就软化了。

过于提高应力水平，不但失效机理将会改变，并且由于应力水平很高，元器件失效得很快，在试验、测试技术和数据统计等方面将发生困难，所以提高应力水平还要考虑到试验和测试的条件和能力。

我们在实际技术工作中体会到，采用步进应力加速寿命试验是确定元器件加速应力水平的好方法。当缺乏元件失效概率与试验应力关系的信息时，就很难开展电子元器件恒定应力加速寿命试验的试验设计。采用步进应力加速寿命试验，可以迅速地了解试验样品承受的极限应力和确定元件失效概率与试验应力的关系。用较短的试验时间和较少的试验样品就能获得产品失效概率与试验应力强度的关系信息，并以此作为恒定应力加速寿命试验应力范围选择的依据。

五、试验样品数量的确定

确定试验样品数是一个数理统计的问题。它牵涉到试验所需元件数应以保证能精确估计元件参数的退化率，并能区分不同应力水平下元件参数退化率在统计上的差别为原则。试验样品必须在同一生产批内随机抽取。各应力组的试验样品数可以相等，也可以不等，但要保证在最低应力水平下的寿命试验样品数是最多的，以保证它们的试验结果尽可能精确。每个试验应力组的试验样品数以 25～100 件为宜。如果样品或试验费用太贵，或者产品产量少，可减少各应力的试验样品数，但每个组的试验样品最少不得少于 5 件。否则很难保证试验数据的统计精度。

六、测试周期

最好是用自动监测设备，这样得到的结果精确度高，但在费用和技术上往往有困难。通常采用定时测量，但不是等时间隔的，其时间间隔的确定与试验样品寿命分布的形状有关。所以最好预先作一次探索性的试验。有的在开始时测试周期要短，而逐渐加长；有的在开始时测试周期较长，逐渐缩短，而后又逐渐加长。总之，要使得在任何一个测试周期内，失效的元器件数不应当过多或过于集中在几个测试周期内。否则对电子元器件的失效时间的估计将有较大的误差，影响统计的精度。所以，测试周期不宜过长，但又不宜过短，测试周期过短会影响失效机理发展的稳定性或使工作量过大。最好使得在每个测试周期内都有一两个失效的元器件。

七、确定测量参数

要弄清哪些参数能有效地反映元器件的特性变化，凡是对元器件的失效机理发展能起到指示作用的参数都应确定为测量参数。不同种类的元器件，其失效要用不同的特性参数来表征。例如，对电阻器来说，最合适的特性参数是阻值变化百分率、电阻温度系数和开路。表征电容器失效的特性参数是容量变化百分率、损耗角正切值、绝缘电阻（漏电流）值、短路和开路。表征继电器失效的特性参数是接触电阻、灵敏度、动作时间。表征接插件失效的特征参数是接触电阻、绝缘电阻、插拔力。表征晶体管失效的特性参数是电流放大系数、反向电流、击穿电压等。

八、停试时间的确定

在整个恒定应力加速寿命试验中，最费时间的是在最低应力水平 S_1 条件下的寿命试验，在较高的应力水平下的寿命试验费时较少，能够较快地得到受试元器件的失效信息。往往由于在时间上的考虑和试验经费的节省，不允许试验的时间过长。这就要决定能不能半途中止试验？可以在什么时候停止试验？如果是初次作某类元器件的恒定应力加速寿命试验，对其寿命分布又不了解，最好作到大部分样品失效时为止，因为有的元器件的寿命分布不是单独一种，而是复合分布或混合分布的情形。当确实不可能作到大部分样品失效时，则要求在较高的应力水平下的寿命试验达到这一失效概率，在最低应力水平 S_1 的寿命试验有部分样品失效就可以中止试验。如果已经知道某类元器件是某种单一的寿命分布，那么试验达到某一程度就可以中止，没有必要做到大部分样品失效。

可以在什么时候终止试验呢？通常最好要求在一次寿命试验中失效的元器件 r_1（或 r_2）与这次寿命试验的全部试样数 n_1（或 n_2）之比要达到 50%～80%以上；如果达不到 50%，也要达到 30%以上。如果在较高应力水平下的失效数据的规律性很强，并且确实知道在最低应力水平 S_1 的试验是正常的，那么在 S_1 条件下失效的比例少于 30%也可以停止试验，但不能没有一个失效的数据就停止试验。如果有的受试元器件数 n_i 较少时，即 $n<15$，那么，其失效个数至少要保证 2～5 个以上，不宜过早中止试验。

九、确认加速寿命试验的真实加速性

一般来说，在理想的加速状态下，对于单一的失效机理，其老化过程必定存在电参数随时间的退化规律。如果有多个失效机理混在一起，电参数随时间退化没有形成一定的速率，则加速是不可能实现的。

要确认加速寿命试验是否获得真正的加速，可以从下述几方面进行判断：

(1) 对加速寿命试验中各应力组的失效样品进行解剖分析，通过对失效样品的物理、化学分析，证明各应力组失效样品的失效机理是相同的；

(2) 计算和比较高应力试验状态下和低应力试验状态下的激活能数值，如果它们相同，便证明失效机理是不变的；如果不同，则说明失效机理已改变；

(3) 利用数学模型的图解曲线来判断。例如，以温度加速寿命试验为例，可以利用阿伦尼斯模型在单边对数座标纸上作加速曲线，在每一温度应力水平上画出寿命的对数与绝对温度的倒数（$1/T_i$）的关系曲线 $\lg t=a+b\ (1/T)$。如果描点在阿伦尼斯图形上排成一条直线，则可得出这样的结论：在这些试验应力等级中存在着“真实”的加速。如果只有某分段上的点能排成直线，那就表明只在某些应力水平下能获得真实的加速，而其余的应力水平可能由于老化机理变化，或由于其他因素的影响，不存在真实的加速。阿伦尼斯曲线上的两段不同斜率的直线表明，有两种老化机理同时发生。在那种得不到线性的阿伦尼斯曲线的情况下，可以认为，所选择的应力水平不能产生真实的加速，选择的试验应力范围也过大。如果把试验应力范围加以限制，就有可能得到真实的加速。

第五节　工作实例

一、名词解释

(1) 概率 p：是指在一定条件下，一个随机事件发生的可能性大小，它是一个介于 0 和 1 之间的数值，可用百分比表示；

(2) 失效率等级：按失效率大小将失效率分成几个等级，并用符号表示，如表 5—1 所示；

表 5—1　失效率等级划分表

等级	符号	要求失效率 λ 的范围/(1/h)
亚五级	Y	$1\times10^{-5}\leqslant\lambda<3\times10^{-5}$
五级	W	$1\times10^{-6}\leqslant\lambda<1\times10^{-5}$
六级	L	$1\times10^{-7}\leqslant\lambda<1\times10^{-6}$
七级	Q	$1\times10^{-8}\leqslant\lambda<1\times10^{-7}$
八级	B	$1\times10^{-9}\leqslant\lambda<1\times10^{-8}$
九级	J	$1\times10^{-10}\leqslant\lambda<1\times10^{-9}$

(3) 基本失效率 λ_b：产品在某个使用温度和工作电压条件下的失效率；

(4) 使用失效率 λ_P：产品在电路中实际使用的失效率，即考虑了元器件的使用温度、工作电压、元器件类型、质量系数、使用环境的失效率；

(5) 恒定应力试验：应力保持不变的试验；

(6) 步进应力试验：随时间逐步增强应力的试验；

(7) 序进应力试验：随时间等速增强应力的试验；

(8) 加速寿命试验：为缩短试验时间，在不改变失效机理的条件下，采用加大试验应力的方法进行的试验；

(9) 加速系数：在基准条件下的试验与某种应力条件的加速寿命试验达到相等的累积失效概率所需时间的比值；

(10) 早期失效期：产品在开始工作后的较早时间，主要发生早期失效的期间。在此期间产品失效率随时间迅速下降；

(11) 偶然失效期：产品在早期失效之后，失效主要表现为偶然失效的期间。在此期间失效率接近常数；

(12) 耗损失效期：产品在使用的后期，主要发生耗损失效的期间。在此期间失效率随时间上升。

二、精密金属膜电阻器温度加速寿命试验

1. 试验

(1) 试验样品型号规格为 RJ2—0.5 W—176 Ω±0.5%，全部试验样品均由工厂进行可

靠性筛选试验合格品中抽取；

（2）试验条件及样品数量见表 5—2，为验证温度加速寿命试验结果及推导至额定应力条件下寿命特征量的准确性，除开展温度加速寿命试验外，还进行额定应力条件下的长期寿命试验；

表 5—2　试验条件及样品数量表

组别	试验条件	样品数量	说明
1	70 ℃　P_H	500	1. 负荷形式：连续负荷； 2. 负荷电源：直流稳压电源； 3. 试验截止时间：高应力组失效数大于 60%，低应力组失效数[illegible]于 30%，额定应力条件（70℃ U_H）试验延至 10 000 h； 4. P_H 为额定功率
2	100 ℃　P_H	50	
3	125 ℃　P_H	50	
4	155 ℃　P_H	50	
5	175 ℃　P_H	50	

（3）测试参数及其失效判据如下。电参数测试项目：电阻值；失效判据：致命性失效为开路，电参数失效为电阻值变化率＞0.5％。

2. 试验结果

图 5—5 为 RJ2—0.5 W—176 Ω 金属膜电阻器在各温度加速试验应力条件下的失效分布及其寿命与试验应力的关系。

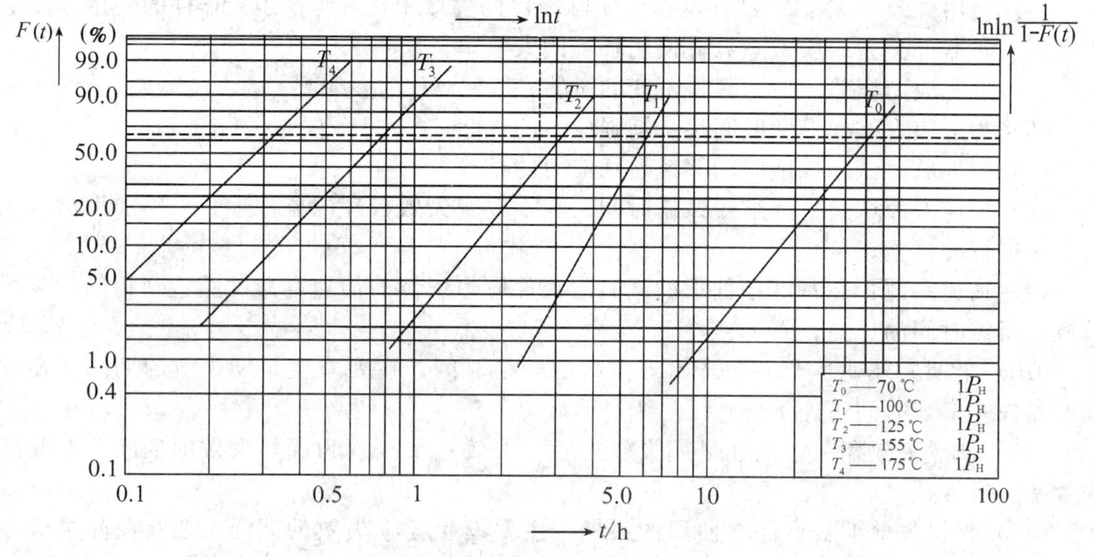

图 5—5　RJ2—0.5 W—176 Ω 金属膜电阻器在各温度加速试验应力条件下的失效分布

应用 RJ2—0.5 W—176 Ω 金属膜电阻器在各温度加速寿命试验应力条件下的累积失效概率 $F(t)$ 在对数正态概率纸上作图，各试验应力组大致都可以配置回归直线；尤其在对数正态概率纸上线性更好，可以认为金属膜电阻器的失效分布服从对数正态分布。为了方便起见，也可以近似地认为服从威布尔分布。用图估法和简单线性无偏估计法求得的形状参数 m 接近于 3。实际上两种分布分别求出的分布参数和寿命特征量都很接近。表 5—3 为统计结果。

表 5—3　施加 $1P_H$ 时温度加速寿命试验分布参数估计

数据处理方法		参数	100 ℃	125 ℃	155 ℃	175 ℃	70 ℃
对数正态分布	图估法	σ	0.16	0.19	0.22	0.23	0.20
		$t_{(0.5)}$/h	5820	2730	683	272	35 000
		μ/h	6231	2995	775	312	38 856
威布尔分布	图估法	m	4.7	3.3	2.7	2.5	$\overline{M}=3.3$
		t_0	5.6×10^{17}	2.8×10^{17}	7.4×10^{7}	2.3×10^{6}	9.9×10^{14}
		η/h	6210	3150	780	325	35 000
	无偏估计法	m	5.2	3.4	2.6	2.2	$\overline{M}=2.9$
		t_0	2.4×10^{20}	3.5×10^{11}	3.9×10^{7}	5.5×10^{6}	2.0×10^{13}
		η/h	8674	2797	855	423	42 073

3. 试验结果的讨论

(1) 由表 5—4 所示的 RJ2—0.5 W—176 Ω 金属膜电阻器温度加速寿命试验寿命特征量统计结果可知，用对数正态分布和威布尔分布求得的中位寿命、平均寿命、加速系数和激活能等寿命特征量比较接近。因此，金属膜电阻器的失效分布为对数正态分布，也可以认为是形状参数 $m=3$ 的威布尔分布。

表 5—4　施加 $1P_H$ 时温度加速寿命试验寿命特征量及其常数的统计

数据处理方法		寿命特征量						
		寿命加速系数				E/eV	a	b
		70～100 ℃	70～125 ℃	70～155 ℃	70～175 ℃			
对数正态分布	图估法	5.0	16.0	53.7	110.1	0.59	−4.1755	2988
威布尔分布	图估法	4.8	14.7	47.5	99.2	0.57	−3.8944	2896
	无偏估计法	4.8	14.8	49.0	99.0	0.58	−3.8955	2922

(2) 阻值平均变化率与温度关系的加速方程式的求法是，根据 RJ2—0.5W—176Ω 金属膜电阻器温度加速寿命试验数据，通过统计分析阻值偏移的试验数据，用最小二乘法求出阿伦尼斯方程式中的 a 和 b 常数，得出下列的加速方程经验式：

$$\lg\left(\frac{\Delta R}{R_0}\right)=a_1+b_1\frac{1}{T}$$

式中　$a_1=3.3899$；$b_1=-1408$。

(3)特征寿命与温度关系的加速寿命方程的求法是，根据 RJ2—0.5 W—176 Ω 金属膜电阻器温度加速寿命试验数据，通过对其累积失效概率的统计分析，用简单线性无偏估计法求得的金属膜电阻器特征寿命加速寿命方程如下：

$$\ln\eta=A+B(1/T) \tag{5—13}$$

求得 $A=-3.8955$，$B=2922$。代入上式得：

$$\ln\eta=-3.8955+2922(1/T) \tag{5—14}$$

(4) 对额定应力条件下寿命特征量的外推值及长期寿命试验验证结果的分析为，由金属膜电阻器温度加速寿命方程外推至额定应力条件（70 ℃，$1P_H$）的寿命特征量估算值为：特征寿命 η=42 073 h，可靠度 99% 的可靠寿命 ϕ_r=8517 h，10 000 h的瞬时失效率 $\lambda(t)$=4.6×10^{-6}/h，平均失效率 $\lambda(t)$=1.6×10^{-6}/h。

500 件 RJ2—0.5 W—176 Ω 金属膜电阻器在额定应力条件下（70 ℃，1 P_H）连续试验了10 000 h，已累积了 500 万元件小时，无一件电阻器失效（仅有一件电阻器试验10 000 h后电阻值变化率为 0.46%）。如果按置信度 90%的抽样方案、考虑到形状参数 m=2.9，则金属膜电阻器在额定应力条件下的可靠性仍未达到六级水平。由温度加速寿命方程推导至额定应力条件的失效率数据额定应力条件长期寿命试验实际试验结果是一致的，差别是很小的。由此可见，金属膜电阻器温度加速寿命方程是有效的。

三、固体钽电解电容器双因子加速寿命试验

1. 试验

（1）试验样品型号规格为 CA—40 V—15 μF，全部试验样品均由工厂进行可靠性筛选试验合格品中抽取；

（2）试验条件及样品数量见表 5—5，为验证温度和电压双因子加速寿命试验结果及推导至额定应力条件下寿命特征量的准确性，除开展加速寿命试验外，还进行额定应力条件下的长期寿命试验；

表 5—5　试验条件及样品数量表

组别	试验条件	样品数量	说明
1	85 ℃　U_H	150	1. 负荷形式：连续负荷； 2. 负荷电源：直流稳压电源； 3. 负荷回路串联电阻：1 Ω/V
2	115 ℃　U_H	30	
3	85 ℃　1.2 U_H	50	
4	115 ℃　1.2 U_H	50	

（3）测试参数及其失效判据如下。电参数测试项目：电容量，损耗角正切值，漏电流；失效判据：致命性失效为击穿、开路，电参数失效范围为 $\Delta C/C_0\geqslant15\%$，$\mathrm{tg}\delta>0.12$，$I_1>24$ μA。

2. 试验结果

试验结果见表 5—6。

表 5—6　试验结果

试验条件	样品数量	试验时间/h	失效数	$F(t)$(%)
85 ℃　U_H　1 Ω/V	150	12 000	52	34.7
115 ℃　U_H　1 Ω/V	30	5 000	22	71.4
85 ℃　1.2 U_H　1 Ω/V	50	12 000	34	66.9
115 ℃　1.2 U_H　1 Ω/V	50	1100	27	87.9

图 5—6 是固体钽电解电容器在温度及电压双因子加速寿命试验条件（115 ℃，1.2 U_H，1 Ω/V）、额定应力条件（85℃，U_H，1 Ω/V）、温度加速应力条件（115 ℃，U_H，1 Ω/V）以及电压加速应力条件（85 ℃，1.2 U_H，1 Ω/V）下的失效分布图。

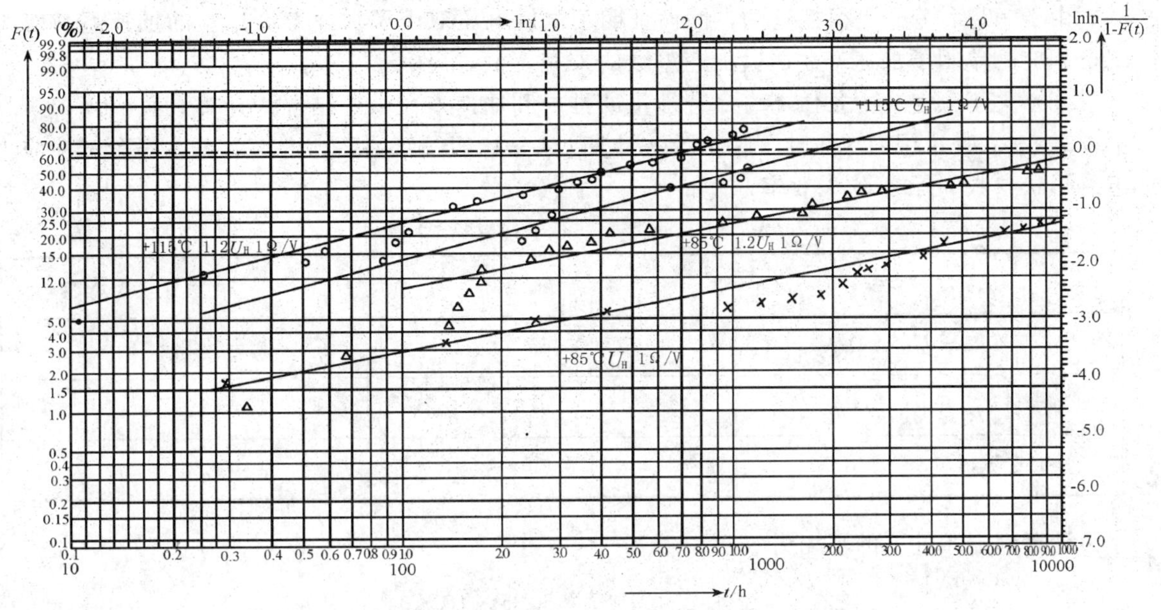

图 5—6　固体钽电解电容器的失效分布

表 5—7 是以上几种应力条件采用图估法计算的寿命特征量。

表 5—7　图估法计算的寿命特征量表

试 验 条 件	寿命特征量			
	m	η	$t_{0.5}$	$\bar{\lambda}$
85 ℃，U_H，1 Ω/V	0.6	1.4×10^5	4×10^4	2.7×10^{-5}
115 ℃，U_H，1 Ω/V	0.7	1.5×10^3	9×10^2	6.5×10^{-4}
85 ℃，1.2 U_H，1 Ω/V	0.5	1.3×10^4	6×10^3	1.2×10^{-4}
115 ℃，1.2 U_H，1 Ω/V	0.75	5.7×10^2	3.5×10^2	2.9×10^{-3}

3. 试验结果的讨论

从图 5—6 可以明显地看出双因子加速寿命试验条件的失效分布和温度加速寿命试验、电压加速寿命试验及额定应力条件寿命试验失效分布的规律性。它们的寿命分布在威布尔概率纸上呈现近似相互平行的直线，由此清楚地表明了固体钽电解电容器温度和电压双因子加速寿命试验对于额定应力条件和单因子加速寿命试验的加速性和相关性。

（1）首先进行加速系数的计算。表 5—7 中 $t_{0.5}$ 表示中位寿命，其数值是根据图 5—5 的威布尔失效分布图回归直线确定的。各应力组的平均失效率是按照累积失效概率 $F(t)$ 达到 50％的时间内（$t_{0.5}$）的平均失效率计算的，即：

$$\bar{\lambda}=t_{0.5}{}^{m-1}/\eta^{m}$$

各试验应力组的平均失效率如表 5—4 所示。由此可得出失效率加速系数为：

$AF_1=4.61$，$AF_2=24.4$，$AF=AF_1\times AF_2=112$，$AF'=108$

这里 AF' 为 115 ℃，1.2 U_H，1 Ω/V 试验条件对应于额定应力条件（85 ℃，U_H，1 Ω/V）的失效率加速系数。

由于 AF 和 AF' 是很接近的，因而证明了温度电压双因子加速寿命试验的加速系数等于二个相应的单因子加速寿命试验加速系数的乘积。

（2）关于额定应力条件下寿命特征量的推导和加速寿命试验结果的计算，我们现分析如下，表 5—8 是采用简单线性无偏估计法计算 CA—40 V—15 μF 上述三个加速寿命试验应力组的形状参数 m 和平均失效率 $\bar{\lambda}$。

表 5—8　形状参数和平均失效率计算表

试验条件	形状参数 m	平均失效率 $\bar{\lambda}$
85 ℃，1.2 U_H，1 Ω/V	0.55	$\lambda_2=1.23\times10^{-4}$
115 ℃，U_H，1 Ω/V	0.57	$\lambda_3=6.25\times10^{-4}$
115 ℃，1.2 U_H，1 Ω/V	0.75	$\lambda_4=2.89\times10^{-3}$

计算额定条件下的平均失效率 λ_1：

$$\lambda_1=\frac{\lambda_2\times\lambda_3}{\lambda_4}=\frac{1.23\times10^{-4}\times6.25\times10^{-4}}{2.89\times10^{-3}}=2.77\times10^{-5}$$

温度加速系数为：

$$AF_{115\ ℃\sim85\ ℃}=\frac{\lambda_3}{\lambda_1}=\frac{6.25\times10^{-4}}{2.77\times10^{-5}}=23.5$$

电压加速系数为：

$$AF_{1.2\,U_H\sim U_H}=\frac{\lambda_2}{\lambda_1}=\frac{1.23\times10^{-4}}{2.77\times10^{-5}}=4.4$$

形状参数 m 的加权平均值为：

$$m=\frac{\lambda_2}{\lambda_1}=\frac{m_1n_1+m_2n_2+m_3n_3}{n_1+n_2+n_3}=0.61$$

计算额定应力条件的中位寿命 $t_{0.5}$，特征寿命 η，平均寿命 μ：

$$\begin{aligned}t_{0.5}&=\lg^{-1}\ (-\lg\lambda_1+\lg\ln2)\\&=\lg^{-1}\ [-\lg\ (2.77\times10^{-5})\ +\ (-0.1591)]\\&=\lg^{-1}\ (4.3984)\\&=2.5\times10^4\end{aligned}$$

$$\eta=\frac{t_{0.5}}{(\ln 2)^{1/m}}=\frac{2.5\times10^4}{0.537}=4.66\times10^4$$

$$\mu=\eta\Gamma\ [1+\ (1/m)]\ =\ \eta\Gamma\ [1+\ (1/0.59)]\ =7.17\times10^4$$

（3）再进行额定应力条件下寿命特征量推导值的验证。我们在开展加速寿命试验时，同时进行了 150 件样品12 600 h在额定应力条件下的长期寿命试验。表 5—9 是额定应力条件下长期寿命试验实际试验结果和根据双因子加速寿命试验及二个相应的单因子加速寿命试验结果推导出的额定应力条件下寿命特征量的比较，以此来验证采用本加速寿命试验方法推导额定应力条件寿命特征量的准确性和使用价值。

表 5—9　额定应力条件下寿命特征量的对比表

方　法	寿　命　特　征　量				
	m	$t_{0.5}$	η	μ	$\bar{\lambda}$
推导值	0.61	2.5×10^4	4.66×10^4	7.17×10^4	2.77×10^{-5}
实际试验结果	0.61	2.6×10^4	4.8×10^4	7.0×10^4	2.67×10^{-5}

按照本文提出的方法推导至额定应力条件的寿命特征量和额定应力条件长期寿命试验实际试验结果是基本上相同的，差别很小。因此，采用温度电压双因子加速寿命试验和两个相应的温度、电压单因子加速寿命试验结果可以相当准确地（或预计）推导额定应力条件的寿命特征量以及温度、电压失效率加速系数。同时还表明，本文提出的试验数据处理步骤和推导方法是可行的。

4. 集成电路金属化可靠性评价技术

(1) 评价方法有多种，首先应注意的是，影响集成电路可靠性的因素很多，从芯片本身来说主要的可靠性问题来自端口、内部互连和氧化层，在集成电路中金属内部互连包括金属半导体接触、多层金属通孔和多层金属布线，无论器件特征尺寸是3 μm还是0.18 μm，也无论采用了什么样的金属化工艺，金属化系统的可靠性问题始终存在并影响到整个集成电路的可靠性。

集成电路金属化系统可靠性评价的方法很多，如标准的晶片级电迁移评价试验 SWEAT 方法，金属能量击穿 BEM 方法，高温大电流加速试验方法等，这些方法都是直接针对集成电路金属化的加速应力试验方法，在 EIA 的 JEDEC 标准和 ASTM 标准中都有相应的标准给出。

我们采用高温大电流加速试验方法评价集成电路金属布线的抗电迁移能力，并预计了工作应力条件下的电迁移寿命。该试验方法通用、简便、可靠，是标准的集成电路工艺线金属化可靠性评价和保证的重要方法。

(2) 关于试验样品和电迁移试验，我们分别加以讨论。首先试验样品结构设计采用四端电阻，材料是 Al 和 AlSi。对电迁移试验样品进行高温恒定电流试验，试验温度200 ℃，电流密度 1×10^6 A/cm^2，恒流源提供恒定电流，无外接电阻，失效判据为电阻值超过初始值10%。样品宽度4 μm和8 μm。试验设备采用比利时进口的电迁移与互连试验专用设备系统，应力电流范围30 μA～300 mA，电流精度 2.5×10^{-4}，应力温度 100～250 ℃，温度稳定性0.02 ℃。试验时间 504 h。

(3) 电迁移试验数据分析和寿命预计的方法如下。

①首先进行温度系数和焦耳热的确定。在 100 μA 的小电流下测定电阻条的温度系数 *TCR*，参考温度25 ℃。金属条电阻随温度的变化符合下式：

$$R=R_{ref}(1+TCR\cdot(T-T_{ref}))\qquad(5—15)$$

式中 R ——温度为 T 时的样品电阻，单位为 Ω；

R_{ref} ——参考温度时的样品电阻，单位为 Ω；

TCR——温度系数，单位为 1/K；

T ——测试时环境温度，单位为 K；

T_{ref} ——参考环境温度，单位为 K。

在［$(R-R_{ref})/R_{ref}$］－$(T-T_{ref})$坐标上描绘出测试点，计算得到 TCR 值，如图 5—7 所示，TCR＝0.0037。

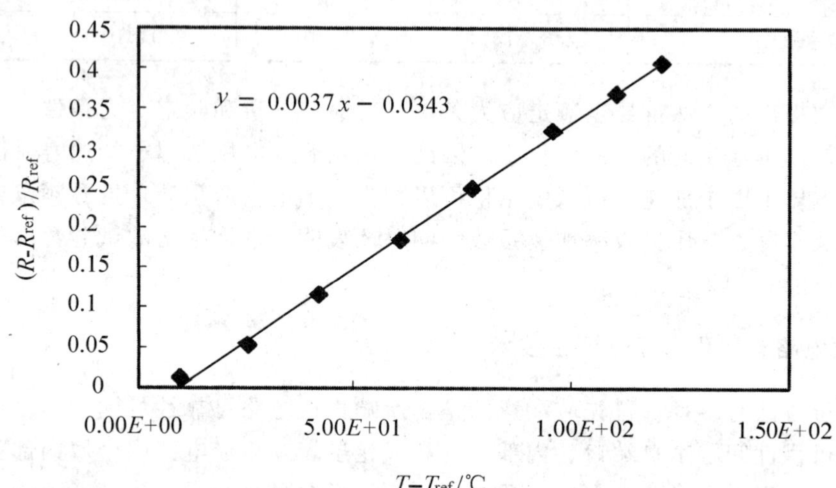

图 5—7 ［$(R-R_{ref})/R_{ref}$］－$(T-T_{ref})$关系曲线

根据式（5—15）和样品在 200 ℃，1×10^6 A/cm² 应力下的电阻测量值计算得到焦耳热温度计算结果如表 5—10 所示；

表 5—10 焦耳热温度

R_{ref}/Ω	T_{ref}/℃	R/Ω	TCR	T/℃	焦耳热温度/℃
6.0048	25	10.165 57	0.0037	212.2723	12.2723

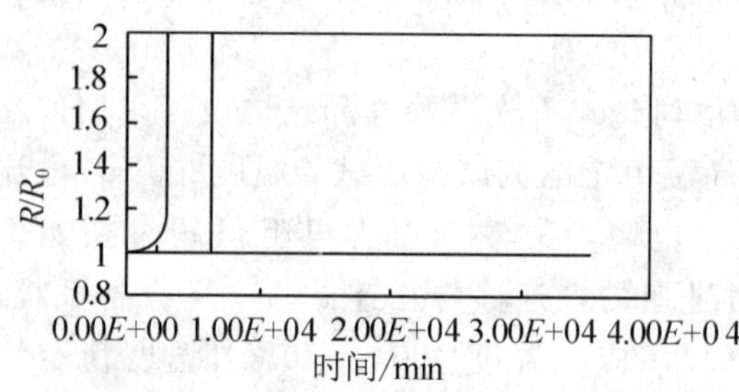

图 5—8 AlSi 样品电阻随应力时间的变化

②再进行电迁移试验数据分析。电迁移试验分四组，其温度系数和焦耳热温度在表 5—11 中给出。图 5—8 和图 5—9 分别是试验结果；

③进行寿命预计。描述电迁移失效的可靠性模型采用 Black 方程，

$$\tau=AJ^{-n}\exp\left(\frac{E_a}{KT}\right) \tag{5—16}$$

式中 τ ——电迁移寿命，单位为 s；

A——与工艺相关的参数；

J ——电流密度，单位为 A/cm²；

E_a——电迁移激活能，单位为 eV；

K ——波尔兹曼常数，1.38×10^{-23} J/K；

T ——试验温度，单位为K。

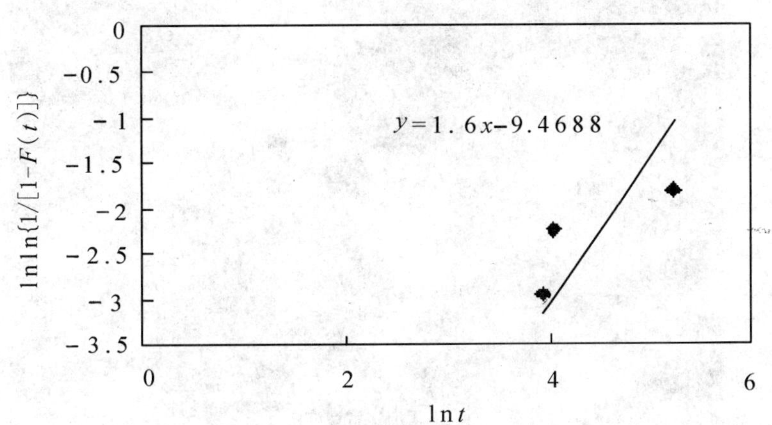

图 5—9　AlSi 累计失效概率威布尔分布图

激活能 E_a 选择在 0.5～0.7 eV 之间，工作条件应力电流密度 1×10^4 A/cm²，表 5—12 是 4 组试验的寿命预计结果；

表 5—11　温度系数及焦耳热温度

组　别	*TCR*	焦耳热温度/℃	实际样品温度/℃
1	0.0037	12.2723	212.2723
2	0.0034	21.3414	221.3414
3	0.0036	5.7400	205.7400
4	0.0036	9.9130	209.9130

表 5—12　电迁移试验寿命预计

样品批次	失效概率	试验寿命/h	工作寿命/h
1 组	0.1%	6.18	9.37×10^4
2 组		5.38	1.01×10^5
3 组		4.95	6.38×10^4
4 组		4.67	6.68×10^4

④下面进行失效样品分析，对出现断条的电迁移试验样品，进行开封和扫描电子显微镜（SEM）观察，发现键合完好，无明显的断裂失效，在 Al 条上分布着多处空洞和小丘，部分地方出现断裂，如图 5—10 所示，小丘的能谱分析显示为 AlSi 的堆积。

样品的失效时间在威布尔图上分布离散，且早期失效（60 h 以内样品失效）严重，说明这批样品的质量一致性较差。

5. 试验结果的讨论

(1) 在预计工作条件下样品的寿命时要考虑焦耳热后的样品温度，这样更接近样品的实

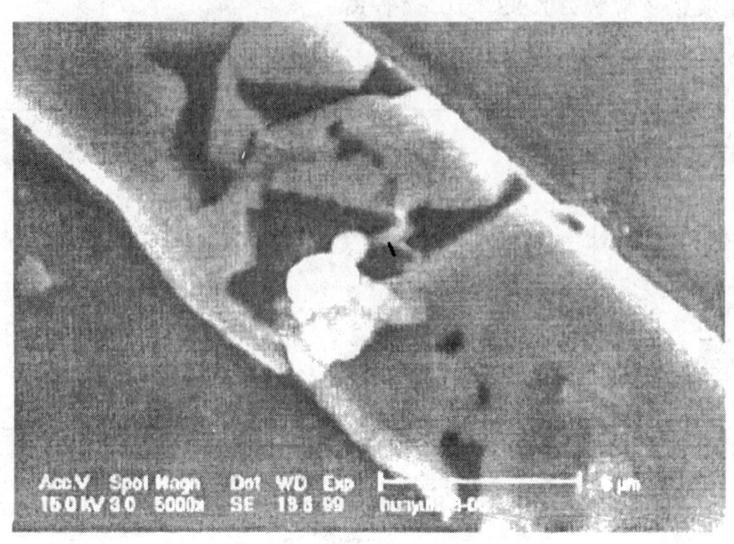

图 5—10　电迁移失效后的 SEM 像

际温度，减小了计算误差；

（2）在预计样品的工作寿命时采用失效概率为 0.1%时的时间，保证了产品的工艺一致性和高可靠性；

（3）集成电路金属化系统可靠性是影响和制约集成电路可靠性的重要因素之一，采用高温和电流应力下的试验是目前国际上通用的可靠性评价方法。我们采用这种方法和技术对某集成电路制造公司的金属化进行了抗电迁移能力的可靠性评价，从试验数据和结果反映可以看到该方法通用，其方法和模型符合国际规范和标准，使用简便，试验设备专用、控制方便，试验结果可信有效，可以在较短的时间里完成评价试验，提供可靠的数据；

（4）该方法还可以用来对集成电路内部接触和内外键合点的可靠性进行评价，是标准的集成电路工艺线金属化可靠性评价和封装键合可靠性评价的重要方法。

思　考　题

1. 简述加速寿命试验的目的和意义。
2. 加速寿命试验有哪几种基本类型？
3. 进行恒定应力加速寿命试验时试验应力应如何选择？
4. 如何选择恒定应力加速寿命试验应力水平个数 K？
5. 进行恒定应力加速寿命试验时应力水平如何确定？
6. 如何确定加速寿命试验样品的数量？
7. 如何确定加速寿命试验时的测试周期和停机时间？

第六章　电子元器件失效率鉴定试验

第一节　失效率试验的目的与分类

一、失效率试验的目的

电子元器件的可靠性可以从不同的角度来衡量，通常用失效率来定量表征元器件的可靠性，所以电子元器件失效率的定义为单位时间内失效的元器件数同该段时间内正常工作的元器件总数之比，即：

$$\lambda=\frac{n_i}{(N_0-n_{i-1})\Delta t}=\frac{n_i}{T_n} \tag{6—1}$$

式中　n_i——由 t 到（$t+\Delta t$）一段时间内失效的元器件数；

n_{i-1}——在时间 t 时已失效的元器件总数；

N_0——起始受试元器件总数（在试验过程中失效元器件不予调换，且 $N_0>>n_i$）；

T_n——元器件总工作时间（单元小时数）。

失效率 λ 的单位为 h^{-1}。寿命试验的失效率常用%/1000 h 为单位。工作的失效率常用 fit（10^{-9}/h）为单位。

失效率是工作时间的函数，一般电子元器件的失效率与工作时间的关系曲线如图 6—1 所示，它分为三个阶段：

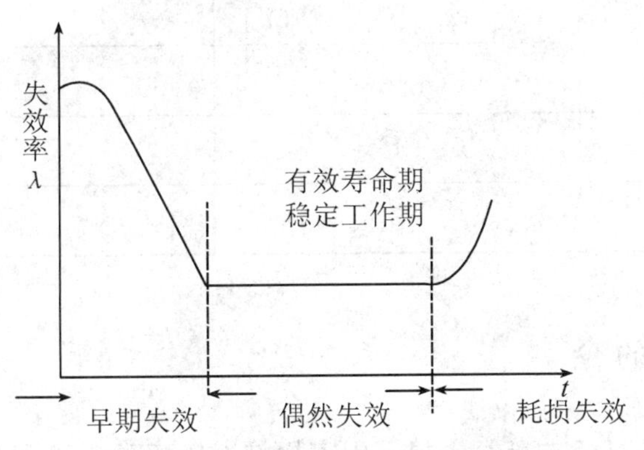

图 6—1　电子元器件的失效率与工作时间 t 的关系曲线

（1）早期失效阶段，这个阶段的特点是失效率很高，并随工作时间的增加失效率降低，该阶段失效的主要原因是原材料的缺陷和元器件制造工艺因素；

（2）偶然失效阶段，又称随机失效阶段或稳定工作阶段，此阶段的特点是失效低，几乎为一常数。偶然失效原因是由于某一时刻元件中积累的应力超过了缺陷的强度所引起的应力；

（3）耗损失效阶段，又称为磨损、老化失效阶段，该阶段的特点是失效率随工作时间的增长而增大，大量元件到此阶段开始失效，出现耗损阶段是因材料老化或机械零件磨损而造成的。

应该注意的是：半导体器件和一般电子元件不同，不存在明显的材料老化及损耗问题。而一般半导体器件又是全密封器件，因此半导体器件没有老化失效阶段。

半导体器件的早期失效阶段和一般电子元件相同。失效率随工作时间增加而快速地下降，早期失效是由于材料缺陷和工艺因素等引起的。

半导体器件的偶然失效阶段，失效率低，而且随工作时间增长稍有下降，该阶段的失效方式也是多种多样的。例如晶体管元件键合处生成金属间化合物导致接触电阻大或开路，发射结退化，电流放大系减小或增大，反向电流增大等。其失效后果就是一个元件失效造成整机工作系统失效。所以失效率试验的目的就是指出电子元器件在其规定的额定条件下能否正常工作。如国家标准将电子元器件失效率分成了 37 个等级，其失效率的单位用%h，%kh，1/h（或 1/10 次）。

菲特（fit）是失效率的基本单位，1 fit=10^{-9}/h 它表示 1000 个产品工作 100 万小时后，只有一个失效，电子元器件失效率等级如表 6—1 所示，通过此种试验对电子元器件进行级别评定。

表 6—1　电子元器件失效率等级表

名称	符号	最大失效率/(1/h 或 1/10 次)
亚五级	Y	3×10^{-5}
五级	W	1×10^{-5}
六级	L	1×10^{-6}
七级	Q	1×10^{-7}
八级	B	1×10^{-8}
九级	J	1×10^{-9}
十级	S	1×10^{-10}

二、失效率试验的分类

电子元器件失效率试验的分类，根据国家标准 GB 1772—79 可以分为：定级试验、维持试验、升级试验三种。

（1）定级试验为首次确定产品的失效率等级而作的试验或在某一失效率等级的维持和升级试验失败后，对产品重新确定其失效率等级而进行的试验；

（2）维持试验为证明产品的失效率等级仍不低于定级试验或升级试验后所确定的失效率等级所进行的试验；

(3) 升级试验为证明产品的失效率等级比原定的失效率等级更高而进行的试验。

在抽样试验中的一个非常重要的概念就是置信度，它的含义是指产品真实失效率等于被定等级的最大失效率而被判定为不合格的概率。一般定级试验和升级试验置信度取90%，维持试验置信度为10%。

第二节　失效率鉴定试验抽样方案

一、失效率鉴定试验

失效率鉴定试验是通过抽样进行的，有全数检验和抽样检验两种，全数检验是对批中每一个产品逐一进行检验，抽样检验是依据统计方法，从一批产品中抽取适当数量的样品组成样本 n 对其进行检验。根据判定规则，在试验时间 t 内元件允许失效数 Ac 和失效数 d 之间的关系为 $d \leqslant Ac$ 时，判该批为不合格而拒收。

抽样检验的目的是要保证被接收试验批的产品质量。电子系统可靠工作的基础是电子元器件能否可靠的工作，电子元器件的可靠性的好坏，又与设计和制造工艺及工艺质量控制密切相关，可靠性差的元器件装入电子系统不但使电子系统的可靠性不能满足要求，还要付出极大的经济损失和代价来维修。表6—2是国外的一个统计资料，它充分表明了元器件失效造成的经济损失及选用和失效率试验的必要性。

表6—2　元器件失效造成的损失

单位：美元

设备类型	失效阶段			
	元器件购进时	装在印刷板电路上	系统试验时	现场使用时
消费者产品	2	5	5	50
工业用设备	4	25	45	215
军用设备	7	50	120	1000
航天设备	15	75	300	2×10^6

二、抽样原理及特性曲线（OC曲线）

抽样检验的方法很多，有计量抽验检验、计数抽样检验、计量标准型序贯抽样检验等等，结合失效率的试验方法，仅介绍计量标准型抽样方法。这种方法以判断产品质量是否合格，以保证供需双方的利益为目的。

设批量产品总数为 N，不合格品率为 P，显然，当 $P=0$ 时，即整批产品都是合格品，肯定被接收，用接收概率表示为 $L(0)=1$。当 $P=1$ 时即整批产品都是不合格品，肯定会被拒收，用接收概率表示为 $L(1)=0$，而当 $0<P<1$ 时，整批产品可能被接收，也可能不被接收，显然 P 值越接近零，被接收的可能越大，P 值越接近 1 时，被接收的可能性越小，接收一批产品的可能性的大小，是用接收概率 $L(P)$ 表示的，只要抽样方案确定了，接收概率只依赖于 P，显然 $L(P)$ 是不合格品率 P 的函数，因此由给定的抽样方案所确定的批合格概率（接收概率）$L(P)$ 与批不合格品率 P 之间的关系曲线，称为抽查特性曲线，亦称 OC 曲线，OC 曲线可以表明抽样方案的理想程度。

1. 理想的抽样曲线

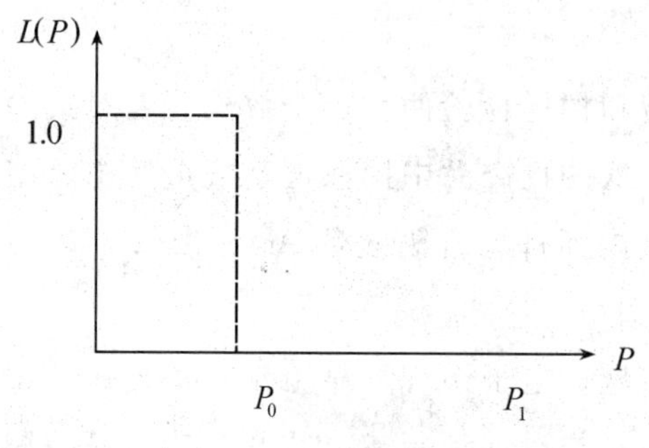

图 6—2 理想的 OC 曲线

如规定 P 作为某产品的批质量标准，则当批实际不合格率 $P_1 \leqslant P_0$ 时，该批是合格的，应百分之百地接收，即 $L(P)=1$；若 $P>P_0$ 时，该批不合格，被拒收，即有 $L(P)=0$，能够反映这种理想效果的抽查特性曲线是两条直线，如图 6—2 所示。

显然，对抽样检验来说，是不可能达到这样理想的状态的，即这样的抽样方案并不存在。

2. 最不理想的抽样曲线

如批不合格率 $P=0$ 时，$L(P)=1$；$P=1$ 时，$L(P)=0$；当 $O<P<1$ 时，如批不合格率 $P=0.5$，$L(P)=0.5$，即仍要接收一半（50%），由此形成的特性曲线如图 6—3 所示。

故此方案区分好、坏的能力很差。

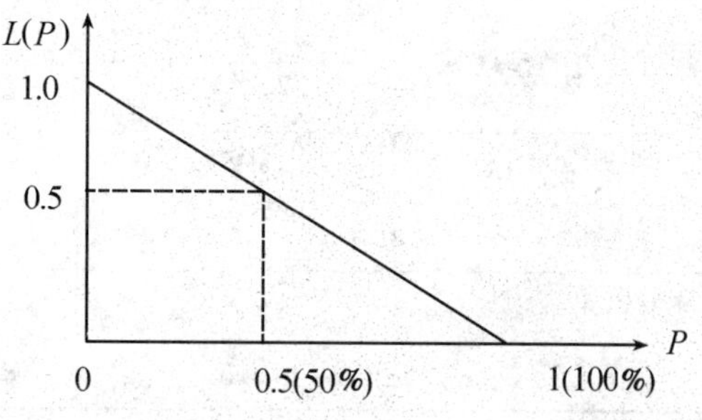

图 6—3 最不理想的 OC 曲线

3. 实际的抽样特性曲线

理想的抽样方案不存在，上述的抽样方案区分能力又很差，实际中所要求的抽样方案应具有以下特点：当批质量较好时，以高概率接收，当质量变坏时，以高概率拒收，其抽样特性曲线如图 6—4 所示，如规定批不合格率为 P_0 时，其质量是好的，当批不合格率超过 P_1 时，其质量是坏的，在 P_0 与 P_1 之间是过渡区。样本 n 越大，P_0 与 P_1 间的距离越小，曲线的倾斜度越大，区分好坏的能力也越强，说明抽样方案越好，P_0 与 P_1 之间相差不能过大，也不能太小，一般取 $P_1/P_0 \geqslant 3 \sim 10$。由图 6—4 可知：在曲线上有两个特定点 A 和 B，表示两个不同的抽样方案，其中 A 点表示 AQL（可接收质量标准）方案，B 点表示 LTPD（批量允许不合格率）方案，在 AQL 方案中 P_0 点表示不合格率，α 表示 A 点的拒收概率（$\alpha=$

$1-P_A$）。即将合格批判为不合格而拒收，这种方法要求不同的抽样方案所代表的OC曲线必须通过A点，以保证拒收具有P_0不合格率的产品的风险率不能超过α。

在LTPD方案中，以P_1表示不合格率，以β表示接收概率，即将不合格批判为合格并接收，这种方法要求代表不同抽样方案的OC曲线必须通过B点，以保证接收具有P_1不合格率的产品风险率不超过β。

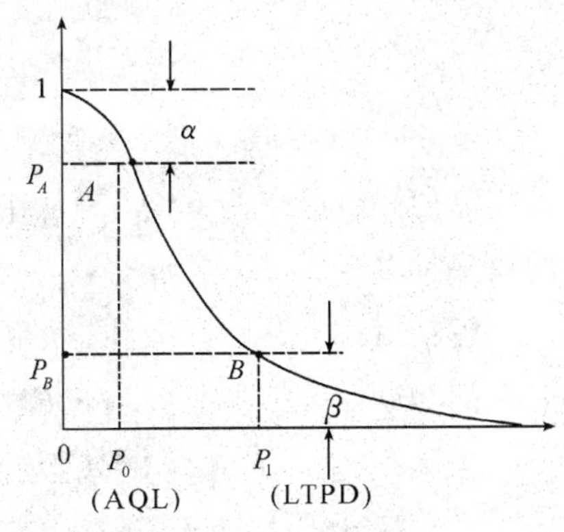

图6—4　实际抽样特性曲线（OC曲线）

三、抽样方案的制定

抽样方案是抽样检验中规定样本量和有关接收准则的一个具体方案，其有关参数有：批量N，样本量n，判定批合格标准——合格判定数（或称接收数），判定批不合格标准——不合格判定数（或称拒收数），合格判定数与不合格判定数统称为判定数组。样本量n与判定数组结合在一起称为抽样方案。如用A_c表示合格判定数，抽样方案用（n，c）表示。即从批中抽n个样品检验，若其中不合格数小于或等于c，则判定该批为不合格。

如有一批量为N，废品率为D的产品，要求从中抽取n个，样本量n中取到的次品数为x（$x=1$，2…，D）则x出现的概率服从超几何分布，其概率分布为：

$$P=\frac{C_D^x \cdot C_{N-D}^{n-x}}{C_N^n}(x=0,1,\cdots,D) \tag{6—2}$$

例6—1　有100只晶体管，其中有5%的次品，今从中随机抽取15只，求其中恰有2件次品的概率。

解：100只晶体管中有次品$D=100\times5\%=5$只，样品中出现次品数x（$x=1$，2，3，4，5，…）是一随机变量，$N=100$只，$n=15$只，恰好出现2个次品的概率为：

$$P(x=2)=\frac{C_5^2 \cdot C_{100-5}^{15-2}}{C_{100}^{15}}=0.1377$$

它是抽样接收概率的精确计算公式。

由式（6—2）可以看出：若令$x=0$，1，2，3，…，c

那么，取法的总概率为：

$$L(P)=P(x\leqslant c)=\sum_{x=0}^{c}C_D^x \cdot C_{N-D}^{n-x}=\sum_{x=0}^{c}f(x,n,N,P) \tag{6—3}$$

上式中，如果当N很大，样本量n相对N很小时（$N\geqslant10n$），$P\leqslant0.1$时，可用二项分布来近似计算概率：

$$L(P) \approx \sum_{x=0}^{c} C_n^x \cdot P^x(1-P)^{n-x} = \sum_{x=0}^{c} f(x,n,P) \tag{6—4}$$

例 6—2 按照规定，某种型号电子管的使用寿命超过 5000 h 的为一次品，已知某一大批产品的一级品率为 0.2，现从中随机抽查 20 只，问这 20 只管子中恰有 2 只管子为一级品的概率是多少？

解：由式（6—4）可知，$n=20$，$P=0.2$，一级品的概率为：

$L(P)=P(x)=C_{20}^x \cdot P^x(1-P)^{20-x}$，$x=0, 1, 2, \cdots, 20$

当 $x=2$ 时，$P(2)=C_{20}^2 \cdot 0.2^2(1-0.2)^{20-2}$，$=0.137$

在实际计算中，当 $n \geqslant 10$，$N \geqslant 10n$，$P \leqslant 0.1$ 同时成立时，可用泊松分布来近似计算出现的概率为：

$$L(P) = P(x) = \sum_{x=0}^{c} C_n^x \cdot P^x(1-P)^{n-x} \approx \sum_{x=0}^{c} \frac{\lambda^x}{x!} e^{-\lambda} (\lambda = nP = 常数)$$

$$= \sum_{x=0}^{c} f(x,\lambda) \tag{6—5}$$

由上述讨论及图 6—4 可知，若给定了 α，β，P_2，P_1 就可解：

$$L(P_1,n,c)=1-\alpha$$
$$L(P_2,n,c)=\beta \tag{6—6}$$

然后确定出 n，c，抽样方案就可确定。

在属于指数分布的 LTPD 方案中，通常鉴定试验的批量 N 是比较大的，所以抽样方案可采用二项分布来做近似计算：

$$L(P) = \sum_{r=0}^{c} C_n^x \cdot P^x(1-P)^{n-x} \tag{6—7}$$

式中　　P——失效概率；

$(1-P)$——可靠的概率。

当试验进行到 t 时，得：

$$L(P) = \sum_{x=0}^{c} C_n^x F(t) R(t)^{n-x} \tag{6—8}$$

对于指数分布，$F(t)=1-e^{-\lambda t}$，$R(t)=e^{-\lambda t}$

当 λt 较小时，$F(t)=\lambda t$，$R(t)=1-\lambda t$，因此有：

$$L(P) = L(\lambda) = \sum_{x=0}^{c} C_n^x (\lambda t)^x \cdot (1-\lambda t)^{n-x} \tag{6—9}$$

如果用泊松分布来近似计算，则：

$$L(\lambda) = \sum_{x=0}^{c} \frac{(\lambda T)^x}{x!} e^{-\lambda T}, 其中\ T = n \cdot t \tag{6—10}$$

通过逐次分部积分及变换最后得到

$$L(\lambda) = \int_{2\lambda T}^{\infty} \frac{1}{2^{c+1}\Gamma(c+1)} \cdot x^c \cdot e^{-\frac{x}{2}} \cdot dx$$

其中　$\Gamma(1+c)=c!$。而$\frac{1}{2^{c+1}\Gamma(c+1)}x^c \cdot e^{-\frac{x}{2}}$就是自由度为2（$c+1$）的 x^2 分布密度函数。由于是LTPD方案，所以：

$$L(\lambda)=\int_{2\lambda T}^{\infty}\frac{1}{2^{c+1}\Gamma(1+c)}\cdot x^c\cdot e^{\frac{x}{2}},dx=\beta \quad (6—11)$$

解此积分可得：

$$T=\frac{1}{2\lambda}x^2(1-\beta),[2(c+1)] \quad (6—12)$$

此式为定数截止试验平均寿命下限估计式。用 x^2 分布表可求出一定自由度下的抽样方案。

例6—3　对于失效率等级为五级的试验，若取 $C=1$，置信度 $1-\beta=90\%$，求所需的试验元件小时数。

解：试验元件小时数为：

$$T=\frac{1}{2\times10^{-5}}x^2\ 0.9,[2(1+1)]$$

查 x^2 分布表，$x^2_{0.9,4}=7.78$，所以

$$T=\frac{1}{2\times10^{-5}}\times7.78=3.89\times10^{-5}$$

第三节　失效率鉴定试验的一般要求

一、鉴定试验计划的制定

对有可靠性指标的产品进行鉴定试验时，首先要制定出试验计划，计划的内容根据GB 1772—79包括：

（1）试验内容及试验条件；

（2）测试项目、测试条件（包括测试环境）及测试周期；

（3）失效判据标准；

（4）规定置信度，失效率等级及允许失效数；

（5）试验时间（包括进行延长试验的时间）及所需的样品数量；

（6）加速试验的加速条件及加速系数；

（7）维持试验的维持周期。

二、对试验样品、试验时间的确定，对失效率试验的一般要求

（1）失效率试验所用的试验样品，必须从经过产品标准规定的筛选条件筛选过的产品中抽取；

（2）失效率试验应在产品标准规定的额定条件或加速条件下进行。对于六级和低于六级的试验，额定条件下的元件小时数应不少于总元件小时数的1/3；对于高于六级的试验，额

定条件下的元件小时数应不少于总元件小时数的 1/10；

（3）加速试验的元件小时数为元件小时数乘以该条件的加速系数；

（4）失效率试验的时间（或动作次数），可以从表 6—3 和表 6—4 中选取，表中给出的 48,96,240 h原则上只适用于加速寿命试验。定级试验所需试验时间应不少于1000 h；

表 6—3　失效率试验时间表

试验时间/h	允许偏差
	＋4
48	－0
	＋8
96	－0
240	－0
500	＋24
1000	－0
2000	＋48
5000	
10 000	－0
20 000	

表 6—4　失效率试验动作次数表

动作次数	允许偏差
10 000	
20 000	
50 000	
1 000 000	
2 000 000	
5 000 000	＋10％
10 000 000	
20 000 000	－0
50 000 000	
100 000 000	
200 000 000	
500 000 000	
1 000 000 000	

（5）如果在试验过程中需要进行测试，测试中观测到的失效产品其失效时间应按上次测试时间（次数）计算；

(6) 为进行升级试验而将定级试验和维持试验的样品进行延长试验时，延长后的试验时间应不超过其预期寿命的 2/3。对预期寿命较长的产品，延长试验时间一般不应超过 20 000 h；

(7) 按额定条件进行试验时，其样品数量一般不得少于 10 个；

(8) 试验中由于非产品本身的原因（如设备原因、人为原因、意外事故等）造成的失效不应计入失效数内，其失效前的试验时间计入总元件小时数内。对失效的产品允许用同批产品予以替换而继续试验；

(9) 在某一失效率等级的维持和升级试验失效后，需对产品重新定级。

第四节　失效率鉴定试验的程序

一、定级试验程序

在进行定级试验时，根据 GB 1772—79 规定的程序进行。

(1) 确定失效率等级，置信度（取 60%或 90%），允许失效数 C；

(2) 根据失效率等级，置信度和允许失效数，确定所需的总试验元件小时数 T，由表 6—5 和表 6—6 查出；

(3) 根据总试验元件小时数，确定试验时间 t 及试验样品数 n；

(4) 按规定条件（额定或加速）进行试验，直到累积的元件小时数等于 T 为止；

(5) 将试验中出现的失效数 x 与允许失效数 C 比较，若 $x \leqslant C$，则定级试验合格，若 $x > C$ 则定级试验不合格。

表 6—5　置信度为 60%的失效率试验抽样表

级　别	允许失效数 C								
	0	1	2	3	4	5	6	7	8
	$T/(10^6$ h 或 10^7 次)								
Y	0.0306	0.0674	0.104	0.139	0.174	0.210	0.245	0.280	0.314
W	0.0916	0.202	0.311	0.418	0.524	0.629	0.734	0.839	0.943
L	0.916	2.02	3.11	4.18	5.24	6.29	7.34	8.39	9.43
Q	9.16	20.2	31.1	41.8	52.4	62.9	73.4	83.9	94.3
B	9.16	202	311	418	524	629	734	839	943
J	916	2020	3110	418	524	629	734	839	943
S	916	20 200	31 100	41 800	52 400	62 900	73 400	83 900	94 300

表 6—6 置信度为 90％的失效率试验抽样表

级别	允许失效数 C								
	0	1	2	3	4	5	6	7	8
	T/(10^6 h 或 10^7 次)								
Y	0.0768	0.130	0.177	0.223	0.266	0.309	0.351	0.392	0.433
W	0.23	0.389	0.532	0.668	0.799	0.927	1.05	1.18	1.30
L	2.30	3.89	5.32	6.68	79.9	92.7	10.5	11.8	13.0
Q	23	38.9	53.2	66.8	79.9	92.7	105	118	130
B	230	389	532	668	799	927	1050	1180	1300
J	2300	3890	5320	6680	7990	9270	10 500	11 800	13 000
S	23 000	38 900	53 200	66 800	79 900	92 700	105 000	118 000	130 000

二、维持试验

定级试验合格的产品，应按产品标准规定的维持周期进行该等级的维持试验，维持周期分为Ⅰ，Ⅱ组。如表 6—7 所示。

表 6—7 维持试验抽样表（置信度 10％）

级别	维持周期/月		T/（10^6 h 或 10^7 次）				
	Ⅰ	Ⅱ	C=1	C=2	C=3	C=4	C=5
Y	3	6	0.0177	0.0367	0.0582	0.0811	0.105
W	3	6	0.0532	0.11	0.175	0.243	0.315
L	6	9	0.532	1.1	1.75	2.43	3.15
Q	9	18	5.32	11	17.5	24.3	31.5
B	15	24	53.2	110	175	243	315

维持试验的步骤为：

（1）确定允许失效数 C；

（2）根据已试验合格的失效率等级及允许失效数，由表 6—7 查所需要的总试验元件小时数 T；

（3）根据总试验元件小时数确定试验时间 t 及试验样品数 n；

（4）按规定条件（额定和加速）进行试验，查到累积的元件小时数等于 T 为止；

(5) 将试验中出现的失效数 x 和允许失效数 C 比较，若 $x \leqslant C$，则维持试验合格，若 $x > C$ 则不合格，不合格时，应重新进行定级试验，确定失效率等级。

三、升级试验

定级试验合格的产品可继续进行升级试验。升级试验的数据可从定级和维持试验的样品进行延长试验以及为升级试验投入的样品的试验得出。升级试验按下列步骤进行。

(1) 确定待升的失效率等级（一般比原定的等级高一级）、置信度（60%或 90%）、失效数 C，置信度和允许失效数 C 确定后，在试验过程中不能更换；

(2) 根据失效率等级、置信度和允许失效数，由表 6—5 或表 6—6 查出所需的总试验元件小时数 T；

(3) 根据总试验元件小时数确定延长试验时间及为升级试验投入的样品数和试验时间；

(4) 按规定条件（额定或加速）进行试验，查到累积的元件小时数等于 T 为止；

(5) 将试验中出现的失效数 x 和允许失效数 C 进行比较，若 $x \leqslant C$，则升级试验合格，若 $x > C$ 则升级试验不合格，不合格时则应重新进行定级试验，确定其失效率等级。

第五节　工作实例

例 6—4　某型号电阻器进行五级定级试验，在额定条件下，规定其置信度为 60%，失效数 $C=1$，如何确定试验时间 t 及试验样品数 n？

解：根据要求和所给出的条件（失效率五级，置信度 60%，失效数 $C=1$），根据抽样表 6—5 可查出

$$T = n \cdot t = 0.202 \times 10^6 = 202\ 000$$

又因为一般定级试验所需试验时间不少于 1000 h，所以取 $t=2000$ h 的试验时间，因此试验样品数为：$n = \dfrac{T}{t} = \dfrac{202\ 000}{2000} = 101$ 个。考虑允许失效数 $C=1$，所以试验样品数为 $n = 101+1 = 102$ 个。

例 6—5　某型号二极管已通过置信度 60%，$C=1$ 的五级试验。实际情况为 102 个试验样品试验了2000 h,其中 1 个是在 1000 h 时失效，现转入五级维持试验，维持周期为三个月，采用失效数 $C=1$ 的方案，问试验如何安排？

解：(1) 按要求，维持试验置信度 10%，$C=1$。查表得知：$T = n \cdot t = 0.0532 \times 10^6 = 53\ 200$ 元件小时；

(2) 设每个月抽取 k 样品投入试验，每个月按 720 h 计，故三个月可累计得：

$$720k(1+2+3) = 4320k \text{ 元件小时}$$

(3) 由前述可知每月抽取的元件数为

$$4320k=53\ 200$$

所以 $$k=13\text{ 个}$$

思 考 题

1. 早期失效，偶然失效，耗损失效各阶段的含义是什么？如何理解？

2. 失效率实验如何划分类别？

3. 实际的抽样方案包括哪些内容？

4. 失效率试验的程序如何确定？

5. 某型号电阻器已通过五级定级试验，置信度 60%，$C=1$，用 102 个样品进行 2000 h 试验无一失效，现进行六级升级试验，准备将五级试验的 102 个样品继续试验到 10 000 h，另外，每月抽取若干个样品投入试验，要求与原来的 102 个样品一起到 10 000 h 时结束试验。问该试验如何安排？

第七章　设备可靠性试验

第一节　设备可靠性试验的特点及分类

一、设备可靠性试验的特点

对于一台设备，无论是军品还是民品，都希望不但要有高性能、多功能，而更重要的要求应有高的可靠性和良好的维修性。为了验证可靠性指标，应通过可靠性试验一项花经费高、试验时间长、特别当设备可靠性指标较长时考核更难，加上要模拟设备实际使用要求，试验程序十分复杂，从而对试验设备也提出了很高要求，概括起来有如下几个特点：

（1）试验条件要求特别复杂（需要加各种应力，程序复杂，要完成试验工作必须有综合环境试验设备及外围支持设备和仪表）；

（2）试验时间长（试验时间由选取的可靠性试验方案而定）；

（3）试验采用统计学方法，因此试验有判错概率。

综上所述，要完成设备可靠性试验要花费很大的人力物力，因此需要进行可靠性试验的设备应有充足经费支持才能购置，并且还要有明确的综合环境应力要求。承制方与使用方要通过合同规定双方认可的可靠性指标，又有能满足综合应力试验要求的设备支持，才能完成这一试验工作。

二、设备可靠性试验的分类

设备可靠性试验一般可分为如下几种类型：

1. 可靠性研制试验

试验的目的是通过对产品施加一定的环境应力或工作载荷，寻找产品中的潜在缺陷，促进产品改进设计，以提高产品的固有可靠性水平。这种试验是承制方在研制阶段早期开展的可靠性研制试验，并通过试验—分析—改进（TAAF）来提高产品的可靠性。

要完成这项试验，承制方应根据产品结构特性、环境应力影响分析和可用试验设备及其他资源情况制定一项可靠性研制试验计划并付诸实施。

2. 可靠性增长试验

试验目的是通过对产品施加模拟任务环境的综合环境应力，以暴露产品中的潜在缺陷并采取纠正措施，使产品的可靠性达到要求的水平。

3. 可靠性鉴定试验

试验的目的是验证产品的设计是否达到了规定的可靠性要求。

产品应按 GJB 899 及其他有关标准要求进行可靠性鉴定试验，产品必须具备以下条件才能完成：

（1）试验样机应是用于产品鉴定或定型的产品；

（2）产品应完成所有的环境试验；

（3）进行鉴定试验的使用环境条件是根据产品寿命期内各任务剖面转换得出的各种环境剖面经工程处理和合并后导出合成的综合环境应力条件或真实的使用环境条件；

（4）按有关标准制定产品的可靠性鉴定试验方案。该方案在试验前必须经订购方批准。

4. 可靠性验收试验

试验目的是为了验证产品的可靠性未随生产期间工艺、工装、工作流程和元部件质量的变化而降低。

验收试验是针对定型后批量生产的产品，订购方根据需要而进行试验，要完成该项试验应注意以下几个问题：

（1）试验样品是在批生产中经验收合格的产品中随机抽取的；

（2）试验要求按有关试验和抽样标准提出；

（3）试验方案的制定应按有关标准进行，制定产品可靠性验收试验方案，在试验前必须经订购方批准；

（4）试验前、后均应进行评审。

5. 可靠性测定试验

试验的目的是估价设备所具有的可靠性水平。一般采用统计试验方法进行测定。

这项试验是为了解设备当前的可靠性水平而进行的一种试验。

三、引用标准

GJB 899—90　可靠性鉴定和验收试验

GJB 150—86　军用设备环境试验方法

GJB 450—87　装备研制与生产的可靠性通用大纲

GJB 451—90　可靠性和维修性术语

GJB 841—90　故障报告、分析和纠正措施系统

GJB 1032—90　电子产品环境应力筛选方法

GJB 179A—96　计数抽样检验程序和表

第二节　设备可靠性试验的要求及试验条件

一、可靠性验证试验的要求

1. 可靠性验证试验的基本要求

（1）试验场所选取原则

可靠性验证试验地点按下列顺序选取和相应的条件进行，并经订购方认可。

a. 在独立于承制方的试验室进行试验；

b. 在订购方监督下，委托承制方对其转承制方的设备进行试验；

c. 在订购方严格监督下，允许在承制方的试验室中对其产品进行试验。

（2）可靠性试验的计划、方案和程序

①可靠性验证试验计划

依据产品可靠性大纲的要求制定可靠性验证试验计划。制定试验计划时，应充分利用研制和生产中的其他试验提供的信息，避免试验工作重复。试验计划应包括下列内容：

a. 试验的对象及其数量；

b. 试验的目的和进度；

c. 试验时应具备的条件；

d. 确定试验场所；

e. 设置评审点；

f. 其他项目。

②制定可靠性验证试验方案

根据可靠性试验计划制定可靠性验证试验方案，可靠性验证试验方案文件中应包括如下内容：

a. 选用的统计试验方案；

b. 判决风险；

c. 综合环境试验条件；

d. 从合同要求的其他试验中获取可靠性信息的程序。

③可靠性验证试验程序

根据可靠性验证试验方案制定相应的可靠性鉴定试验和验收试验程序，以保证可靠性验证试验方案的实施。可靠性验证试验程序要求详见第 2 条。

（3）综合环境试验条件

依据受试设备现场使用和任务环境特征确定可靠性验证试验的综合环境条件以及对应的时间关系（任务剖面）。任务剖面应包括环境应力、电应力及设备的工作循环。

①试验条件确定准则

订购方应在合同中规定可靠性验证试验过程中所要施加的应力类型及量值。可靠性试验的环境条件应不同于环境试验的极值条件，它应按时序模拟受试设备在现场使用中经历的最主要应力，确定应力的优选次序如下：

a. 实测应力

根据设备在现场使用中执行典型任务剖面时在其安装位置测得的数据，经过分析处理后确定的应力；

b. 估计应力

根据相似位置，具有相似用途的设备在执行相似任务剖面时测得的数据，经过分析处理后确定的应力。这种应力只有在无法得到实测应力的情况下才能使用估计应力；

c. 参考应力

GJB 899 或其他相应标准给出的应力或按相应标准提供的数据、公式和方法导出的应力。只有在无法得到实测应力或估计应力的情况下才能使用参考应力。详见 GJB 899 附录 B 提供的应力。

②综合环境试验条件

如果订购方没有其他特殊规定，则应将以下规定的各种应力综合在一起。按 GJB 899 附录 B（补充件）提供的方法制定综合环境试验剖面、应力量值及其变化率。

a. 电应力

电应力包括设备的通断电循环，规定的工作模式及工作周期，规定的输入标称电压及其最大允许偏差；

b. 振动应力

振动应力量值和剖面应按设备的现场使用类别、设备的安装位置和预期使用而确定。在确定实际振动应力时应考虑如下几个因素：振动类型（定频正弦、正弦扫描或随机）、频率范围、振动量值、施加振动的方向和方式；

之所以要考虑上列诸因素，是要使受试设备所产生的振动响应在振动特性、量值大小、频率范围和持续时间等方面均类似于现场使用环境和任务剖面条件下的振动响应。确定每一项振动应力时，应考虑机械阻抗效应（受试设备、安装架、辅助机构和振动台的交互作用）。因为这种效应可能会影响实验室内模拟振动环境的效果。至少应使用 GJB 150.16 中规定的重量衰减准则；

c. 温度应力

温度应力剖面应真实地模拟受试设备在使用中经历的实际环境。在确定温度应力时，应考虑如下几方面：起始温度（冷浸、热浸）和接通电源预热时间、工作温度（范围、变化率和变化频率）、每一任务剖面中的温度循环次数、冷气流（速度和波动）；

d. 湿度应力

试验循环期间一般不加控制，只有预计到现场使用中经历的实际环境会出现冷凝和结霜以及模拟使用中经历的条件；

e. 设备工作循环

设备工作循环应模拟现场工作情况，根据实际使用要求而定。

③综合环境应力是指几种应力同时作用于受试设备。如：温度、振动、湿度同时作用于受试设备时称为三综合环境应力。

（4）试验环境条件容差

如果设备规范中没有规定，温度和振动应力容差应分别符合以下规定：

a. 温度：温度稳定后达±2 ℃；

b. 振动：按 GJB 150.16 规定；

c. 电应力：按 GJB 899 或有关规定。

（5）试验设备和仪器

试验设备和仪器应能保证产生和保持试验所需的综合环境试验条件，并按照有关规定进行定期校核和检定。仪器应满足以下要求：

a. 其精度至少应为被测参数容差的三分之一；

b. 其标定应能追溯到国家最高计量标准。

（6）受试设备

为了保证可靠性验证试验的顺利进行和结果的准确性，试验前受试设备应进行环境应力筛选，消除早期故障。

为了保证设备能以高概率通过鉴定试验，进行鉴定试验设备的 MTBF 预计值 θ_p 必须大于θ。

（7）性能测量和比较基准

试验前和试验后的性能测量均应在 GJB 150.1 中 3.1.2 条或合同规定的大气条件下进行。无论哪种情况均应记录实际的大气条件。

①试验前的性能测量

试验前的性能测量应在受试设备装入试验设备后进行。测得的性能应符合受试设备规范要求，并作为与试验期间和试验结束时测得的性能进行比较的基准。

②试验期间性能的测量

在每一个试验循环期间，应测量和记录受试设备的性能，确定受试设备性能是否符合其规范的要求，并将测得的性能数据与试验前和试验期间测得的性能数据进行比较，确定受试设备性能变化的趋势。

③试验结束时性能的测量

试验结束时，应测量和记录受试设备的性能，以确定受试设备性能是否符合其规范的要求，并将测得的性能数据与试验前和试验期间测得的性能数据进行比较，以确定受试设备性能变化趋势。

（8）故障报告、分析和纠正措施系统(FRACAS)

试验过程中出现故障应使用 FRACAS 闭环系统进行修正，并作好详细记录。承制方的 FRACAS 应符合 GJB 450 和 GJB 841 的规定。

（9）故障分类（见图 7—1）

故障是指产品原来是合格的，但在规定的条件下，其一个或几个功能丧失，或其参数超出了允许范围，也包括影响设备功能的机械部件、结

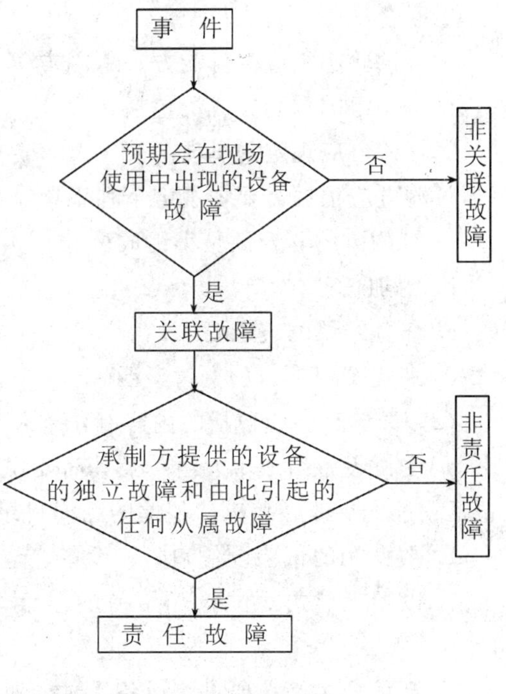

图 7—1　故障分类示例

构部件或允许的破裂、断裂或损坏。

如果订购方没有另行规定，则可靠性验证试验期间出现的所有故障应按 GJB 451 分为关联故障和非关联故障。关联故障又可分为责任故障和非责任故障。

①责任故障

承制方提供的设备在试验中出现的关联的独立故障以及由此引起的任何从属故障只算作一次责任故障，是判决受试设备合格与否的依据。

②非责任故障

由于非承制方提供的设备所引起的承制方受试设备故障称为非责任故障。非责任故障不应作为判决受试设备合格与否的依据。

2. 可靠性验证试验程序要求

在可靠性验证试验方案批准后，承制方或各独立试验室应对方案文件规定的每项试验制定相应的试验程序

（1）成立联合试验小组

①联合试验小组任务

成立联合试验小组，负责可靠性验证试验计划实施过程中的协调工作，执行规定的任务。具体任务如下：

a. 定期评审试验数据，包括转承制方的可靠性鉴定试验和验收试验数据；

b. 负责批准对已批准的预防性维修计划和具体的试验程序所作的临时修改；

c. 负责审批试验完成时接收判决，并在试验结束时负责审核所有文件，以证实是否符合合同要求。

②联合试验小组成员

联合试验小组应由订购方、承制方等方面的代表组成，一般应由订购方代表担任组长。联合试验小组的承制方成员包括：设计、生产、可靠性、试验、质量保证等方面的代表。

③订购方应规定的事项

订购方应根据需要，规定下列事项：

a. 订购方的联合试验小组成员；

b. 附加任务；

c. 任务结果的记录要求；

d. 所需资料项目的交付说明。

（2）试验程序应包括的内容有：

a. 受试设备组成单元清单及其简要说明。拟定安排试验的单元清单及其最近的技术状态（包括获准的更改、偏离、超差的图样目录）；

b. 要使用的试验设备和监控设备，包括其制造厂、型号和对计时仪表的要求；

c. 以图表形式对试验开始前的温度测定要求的说明，对建立监控的温度稳定的说明分析；

d. 环境应力筛选要求，设备受试前所处的环境；

e. 时间、温度和综合应力环境周期及其他方面的量值与容差，包括加载周期、湿度、振

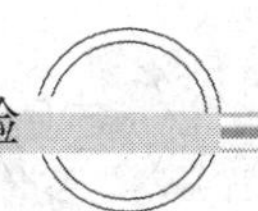

动应力与持续时间、输入电压；

f. 受试设备所允许的调整和正常检查程序；

g. 试验进行期间的预防性维修措施（这种维修应限制在设备规范所允许的维修范围之内）；

h. 要测量的性能参数，测量的频率，要使用的方法；

i. 测量性能参数时的环境条件；

j. 用于确定故障是否发生的性能参数的极限值；

k. 非关联故障的类型；

l. 试验期间要记录的数据，所要使用的报告格式或试验日志的格式；

m. 试验中要使用的计算机软件；

n. 遇到拒收判决时所要采取的措施，包括纠正措施方案和重新试验的规定；

o. 全套试验装置，包括受试设备和试验监控设备在内的接线图。

(3) 试验记录

试验程序中应包括承制方所建议的试验记录格式。推荐的记录格式见 GJB 899 附录中表 C5—1～C5—5 或其他有关标准。以下推荐的表格代号均为 GJB 899 附录。

a. 试验日志和数据记录

试验日志和数据记录应完整地记录受试单元所要求的试验数据，并应在整个试验过程中加以妥善保管。试验日志和数据记录的推荐格式见表 C5—1；

b. 设备故障记录

设备故障记录的格式设计应能在单面纸上反映每台试验设备的整个试验过程，故障记录可按表 C5—2 的格式进行；

c. 故障摘要记录

故障摘要记录对试验样件作出接收或拒收判决所需要的全部信息。故障摘要记录可按表 C5—3 进行；

d. 故障标签

故障标签应挂在每个故障单元上，其推荐格式见表 C5—4；

e. 故障报告

故障报告应记录设备的故障、故障分析、纠正措施的有关资料，其推荐格式见表 C5—5。

3. 可靠性验证试验计划评审要求

为了保证可靠性试验能按合同要求的进度进行，承制方应制定一个可靠性验证试验计划的评审计划。评审计划的内容应包括试验过程中评审点的设置、评审的内容和要求。试验评审的安排要同有关的转承制方和供应方协商，并应事先通知订购方。在每个试验评审点上应按合同要求对试验情况进行审查和评价。承制方应按订购方的规定，将每次评审情况整理成文。

(1) 试验前准备工作评审

可靠性验证试验程序批准后到试验开始前这段时间内，应在承包试验的部门组织一次试验前准备工作的评审（包括受试设备备用的原、部件准备情况）。以确定试验条件是否具备，确保已批准的试验方案及试验程序中规定的所有试验要求得到满足，并为各方所理解。承制方应在进行该评审前的规定日期内将审查内容和安排通知订购方。评审结论由承制方整理成文并于试验开始前的规定日期内交给购方。

（2）过程评审

在可靠性验证试验期间，按评审计划设置评审点进行评审工作，以便及时审查试验的进展情况和最新的试验结果。过程评审应考虑如下内容：

a. 根据试验结果估计受试设备已达到的可靠性水平；

b. 对当时出现的可靠性问题，应及时进行故障分析，并作出结论；

c. 因进行本项评审需要做的其他工作项目及其计划完成的情况。

（3）试验完成情况评审

在试验结束时应对试验完成情况进行评审，评价试验结果评审应考虑如下方面：

a. 尚未解决的问题和故障的情况；

b. 有关预防和纠正措施的情况；

c. 因进行本项评审需做的其他工作项目及计划完成情况；

d. 评审结论。

（4）订购方应规定的事项

订购方根据实际需要，应规定以下事项，其中 a 和 b 两项是必不可少的。

a. 每项评审结果的记录要求；

b. 规定试验前准备工作评审时应予提前的天数；

c. 安排其他评审项目时应事先通知的有关事宜；

d. 规定订购方和承制方对有遗留问题的产品继续进行跟踪评审的方法；

e. 所需资料项目的交付说明。

4. 可靠性验证试验要求

（1）可靠性鉴定试验

可靠性鉴定试验是 GJB 450 工作项目中的 301，目的是验证设备设计是否符合规定的可靠性要求，选用能代表经批准的技术状态的设备，在规定的综合环境条件下进行可靠性鉴定试验。试验样机一般至少选取两台。统计试验方案应是订购方规定或同意的。

①试验要求

可靠性鉴定试验应有经批准的可靠性试验程序，试验开始直到作出接收或拒收为止才结束试验。

a. 综合环境试验条件

可靠性鉴定试验期间采用的综合环境试验条件应由订购方规定或同意。综合环境条件一般是指温度、湿度、振动、气压，大多数试验设备为三综合试验箱（无保证气压的条件）；

b. 受试设备在试验设施上的安装和连接

受试设备在试验设施上的安装方式应能反映其典型的现场安装特征，其周围的气流方式应尽量模拟预期的工作环境条件。同时应具有能监测受试设备及试验设施的设备。试验期间受试设备的调整和校准按试验程序中规定的范围进行。

②性能参数测量记录

所需测量的性能参数及测量的时间间隔均应按试验程序的规定，如果任一性能参数超出规定的范围，则应记一次故障。若不能确定故障发生的准确时间，则应认为故障是上一次记录时发生的。整个试验过程中应在规定的时间间隔点上进行观察和测量，并加于记录。受试设备在任一规定的停机周期后至第一次通电时至少应记录一组测试结果。

③故障处理记录

故障处理按试验程序中的规定进行。

a. 发生故障时，应记录在案；

b. 发生故障后尽量不影响仍在继续试验的受试设备的运行方式，从试验中撤出有故障的受试设备进行修理；

c. 更换所有有故障的零部件，其中包括由其他零部件故障引起应力超出允许额定值的零部件，但不能更换性能虽已恶化但未超出允许容限的零件；

d. 经修理恢复到可工作状态的受试设备，在证实其修理有效后，应以尽量不影响仍在试验的受试设备的方式，重新投入试验；

e. 在取出有故障的受试设备进行修理期间，试验数据仍应连续记录；

f. 除已确定为非常关联故障外，对故障检测过程中受试设备或其部件发生的故障，若不能确定是由原有故障引起，则应进行分类和记录，并作为与原有故障同时发生的多重关联故障处理；

g. 除非事先规定或经订购方批准，否则，不应随意更换未出故障的模块或部件；

h. 在故障检测和修理期间，为保证试验的连续性，必要时经订购方批准，可临时更换插件；

i. 如从质量保证和工艺实践证明，在修理过程中拆下的零部件可能会降低设备的可靠性时，则不应将它再装入受试设备。

④故障分类

对于在试验期间出现的故障，承制方应按 GJB 899 的分类方法进行分类，并送交订购方批准。对于已划定的责任故障，不应因为采取推荐的纠正措施进行了纠正而列入非责任故障。

⑤总试验时间

总试验时间是指所有受试设备承受试验应力的累计时间或总的工作时间（根据具体情况而定），并用所有的受试设备台时数表示。

⑥合格与否的判决

可靠性鉴定试验合格与否的判决应在对所有受试设备的故障进行分类后或在其他适当时刻进行。判决的是总试验时间和总的责任故障数以及所用统计试验方案中的判决标准。通过试验结果与所用统计试验方案中的接收或拒收标准相比较来确定可靠性鉴定试验是否合格。

a. 接收判决

受试设备通过可靠性鉴定试验作出了接收判决，该设备就可靠性而言其设计通过了鉴定。只要有一台设备的累计试验时间少于全部受试设备的平均试验时间的一半则不应作出接收判决；

b. 拒收判决

如果受试设备可靠性鉴定试验的结果作出了拒收判决，则该设备就可靠性而言设计未通过鉴定。一旦作出拒收判决，就应按第⑥条的要求，对试验期间发生的所有故障制定相应的纠正措施方案。在有关的纠正措施经过批准和实施后，应采用相同的样本量或经订购方同意的其他样本量重新进行试验。当采取的纠正措施会影响受试设备的热条件和振动条件时，除非订购方另有规定，否则应对设备重新进行温度和振动的测定试验。

⑦纠正措施

如果作出拒收判决或发生了在同样的等效的使用方式中出现两次或两次以上的故障，且引起的这些故障的基本机理相同时，承制方应立即通知订购方，并制定相应的纠正措施方案。方案中应推荐所要采取的纠正措施，并说明其对试验计划和设计可靠性的影响，应对有缺陷的零部件和因重新设计而不能再用的零部件提出处理意见，以确保在该设备的生产中不再采用。纠正措施方案应按合同要求送订购方审批。

⑧预防性维修

受试设备在可靠性鉴定试验期间，只能进行设备在现场使用期间规定的和已列入批准的试验程序中的预防性维修措施。除经订购方特殊批准的以外，可靠性鉴定试验期间或修理过程中不应采取任何其他的预防性维修措施。

⑨整修

如果订购方无其他规定，则承制方在可靠性鉴定试验结束时应对受试设备进行整修，使其恢复到规定的技术状态，并更换有故障的零部件以及性能虽未超出规定容限但已出现降级的零部件。所有经过整修的设备在交货前均应通过有关的验收试验程序。

⑩订购方应规定的事项

a. 采用的统计试验方案；

b. 受试设备的样机；

c. 综合环境试验条件；

d. 试验期间应测量的性能参数及测量的频率；

e. 有关可靠性验证试验程序的要求；

f. 有关 FRACAS 的要求。

可靠性验证试验报告、设备故障分析报告、纠正措施方案以及故障摘要和分析报告可按 GJB 899 附录 C 或其他有关标准编写，用作交付的资料项目。

（2）可靠性验收试验

为了确定生产的设备是否符合规定的可靠性要求。应按规定的批量大小和抽样方法，原则从各生产批次中抽取设备在与可靠性鉴定试验期间相同的综合环境试验条件下进行可靠性验收试验。这些受试设备在统计规律上应能代表其所属批次的特征。验收试验方案应从 GJB 899附录 A 中给出的概率比序贯试验方案、定时截尾试验方案和全数试验方案中选取或从其他有关标准选取。所有用来进行可靠性验收试验的受试设备均应经过与生产批次相同的预处理，并通过生产试验规范中规定的各项试验。

可靠性验收试验过程中的具体条款要求可参考（1）可靠性鉴定试验的有关条款中的要求进行。

二、产品可靠性测定试验要求

可靠性测定试验一般是在产品没有定量地规定可靠性指标要求时进行。进行可靠性试验的目的是估价一台设备所具有的可靠性，这个程序就是用统计方法分析所获得的数据，为了估计这个可靠性特征，如果需要时，还要确定一个在这个点估计周围的置信区间。这个置信区间包括未知的具有一定概率（置信度）的真实的可靠性特征值。

假定失效服从指数分布，失效率是常数，以时间为变量的可靠性测定试验可以在经过规定的相关时间之后结束，或是在达到规定的相关失效数后结束。无论失效有替换还是无替换，试验都可以获得失效前平均时间或平均故障间隔时间的点估计和置信区间。

如果可靠性测定试验是将大量产品投入时没有规定预定截尾程序的试验，则可以在累加试验时间和失效数为基础的任何时刻估计可靠性。

1. 可靠性测定指标

（1）指标项目的选定

可供选择的指标项目有 MTBF、MTTF、失效率、可靠度、成功率等，指标项目由承制方与使用方商定。

（2）指标量值的确定

指标量值可按设备性能、任务和使用环境条件等的要求，参考国内外同类设备规定的数据或摸底的结果。同时考虑到我国工业生产可能达到的实际水平，从满足使用要求出发经过充分论证后，由承制方与使用方协商确定可靠性指标的初始值范围，列入研制任务书中。

2. 试验方案的选择和实施

可参照新产品有可靠性定量指标要求的试验的有关要求进行。

3. 可靠性测定试验前应具备的条件

（1）制定可靠性试验方案与程序

应按研制任务书、设备技术条件或合同要求制定可靠性试验方案与试验程序，并征得使用方同意，最后按规定上报批准后才能实施。可靠性试验方案与程序一般包括如下内容：

a. 试验目的与适用范围；

b. 承制方与使用方协商确定的可靠性指标的初始值范围；

c. 受试设备的数量及抽样方法；

d. 试验批次及相关试验时间的规定；

e. 试验环境应力条件及试验周期设计；

f. 受试设备预处理和预防性维护要求；

g. 受试设备的性能、功能的监测项目与方法；

h. 失效判决；

i. 统计试验方案的选择；

j. 接收与拒收的判定；

k. 试验设施、仪器及仪表要求；

l. 受试设备复原的说明；

m. 试验记录与报告要求。

（2）进行可靠性预计

在试验前对受试的老产品进行可靠性预计有着重要意义。因为老产品没有定量的可靠性指标，未进行过系统的可靠性设计。往往只掌握一部分现场使用数据。因此必须通过可靠性预计取得产品的预计值 θ_p，然后才能去确定其他有关参数。预计应采用应力分析进行，尽可能反映出老产品固有的可靠性水平。

(3) 进行热检查

受试设备按要求进行温度循环与工作循环的热检查。找出设备中具有最大热惯性的部件并确定设备在试验中达到热稳定所需的时间。

通常作可靠性测定试验的样品不用来作热检查。对于生产质量正常的同类设备，可对其代表设备仅作一次热检查。

(4) 进行预处理

进行可靠性测定试验的受试设备，应进行相应的预处理，即老炼、筛选、试运行等，以便剔除早期失效，使设备进入稳定的正常状态。

受试设备的预处理与同类设备相同，不得进行特别的预处理，预处理时的环境应力不必准确模拟设备所遇到的工作环境，而应能使设备在最短时间内暴露最多的隐患或失效，但不应产生现场使用中不会出现的失效模拟或留下残余应力。

(5) 试验前准备工作的审查

审查进行试验的必要条件是否满足试验方案和程序中所规定的试验要求。具体审查内容有：试验用文件、资料及表格是否齐全；试验设施和仪器、仪表性能否符合要求；受试设备应有代表性和规定的预处理要求；检查操作人员和试验有关人员是否熟悉试验内容和要求。

4. 试验条件及组织实施

试验条件应包括工作条件、环境条件及维修保障条件。

(1) 工作条件的确定

a. 根据设备的使用场合，确定试验时的工作循环、循环顺序、循环周期、各循环段上的操作及相应操作应力水平；

b. 根据技术条件规定输入信号的特征、量值及容差；

c. 根据技术条件规定各种电气、机械负载的特征、量值及容差；

d. 根据技术条件规定能源（电源、气源、液压源等）的特性、量值及容差。

(2) 环境条件的确定

①环境因素的分析

对设备所使用的场合，出现的环境因素概率、应力水平、环境应力变化情况及设备对这些环境应力的敏感程度，从这些因素中选取一些主要环境因素作为考核可靠性特征量的环境因素。

②几种主要环境应力

a. 振动应力

振动应力的类型、频率范围、振幅、各种不同强度的振动时间比、施加振动的方式及方向；

b. 热应力

根据执行任务时间状态谱及设备自身的温度特性，确定温度循环的周期及相应的应力水

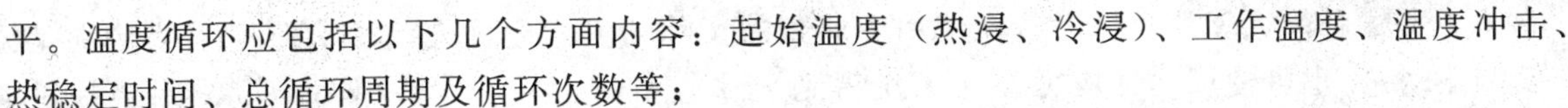

平。温度循环应包括以下几个方面内容：起始温度（热浸、冷浸）、工作温度、温度冲击、热稳定时间、总循环周期及循环次数等；

c. 潮湿应力

根据设备使用的环境及设备的特性确定在温度循环环境中是否需要施加潮湿应力的时机。加入的潮湿应力应是以产生在现场环境中可能出现的凝露、霜冻现象为依据；

d. 低气压应力

根据设备使用环境可能出现的低气压条件而确定。

（3）维修保障条件

根据设备的特性及使用情况，参照设备的维修保障要求制定试验中的维修保障条件。如规定性能参数的调整，易损件的更换、加油、擦试、复位等，可靠性试验中允许按照产品在外场使用中的维修保养工作进行预防性维护。

三、设备可靠性验证试验的试验条件要求

设备进行可靠性验证试验的试验条件采用模拟现场使用的综合环境，这种条件适用于可靠鉴定和验收试验。也同时适用于老产品的可靠性测定试验。

1. 剖面

（1）寿命剖面

寿命剖面是对设备在从其接收到其寿命终结或退出使用这段时间内所要经历的各种事件和状态的一种时序描述。

（2）任务剖面

任务剖面是指设备在完成规定任务这段时间内所要经历的全部重要事件和状态的一种时序描述。它仅是寿命剖面的一部分。任务剖面可以有一个，也可以有许多个。任务剖面是决定设备在使用中将会遇到的主要环境条件的基础，它取决于设备的使用要求。

（3）环境剖面

环境剖面是设备在贮存、运输、使用中将会遇到的各种主要环境参数和时间的关系图。它主要根据任务剖面绘制。每一个任务剖面对应于一个环境剖面，因此环境剖面可以是一个，也可以有许多个。

（4）试验剖面

试验剖面是直接供试验用的环境参数与时间的关系图。是按照一定规则对环境剖面进行处理后得到的。试验剖面还考虑到任务剖面以外的环境条件，例如飞机起飞前地面停机和开机温度环境。对于设计用于执行多项任务的设备，则应按照一定的规则将多个试验剖面合并为一个综合试验剖面。

2. 综合环境条件

若订购方无其他规定，则可靠性验证试验应在电应力输入、温度、振动、湿度和其他有关试验条件的综合作用下进行。这些试验条件的量值应根据设备的任务剖面和环境剖面确定，确定的依据可采用相关标准。

为了尽可能逼真地模拟设备在使用中遇到的实际环境，应优先使用实测应力（特别是温度和振动），也可使用估计应力。在无法得到上述应力时，可参考使用 GJB 899 附录提供的应力或按该标准附录中的方法确定的应力。根据使用场合也可按其他有关标准。

（1）地面固定设备

地面固定设备不进行循环试验。但在可靠性验证试验开始前每台设备应在不通电状态下进行一次振动试验。在试验方案和试验程序中使用合同规定的工作条件和环境。地面固定设备的典型综合环境剖面可见 GJB 899 图 B3.1—1 地面固定设备的综合环境试验剖面或其他相关标准，试验剖面的持续时间一般为 24 h。

①电应力

设备工作状态的电应力变化如下，按 50％的时间输入电压为设计的标称电压；25％的时间输入为设计标称电压的上限，25％的时间输入电压为设计的标称电压的下限。输入电压变化范围为标称电压的±10％。按设备使用情况确定工作循环时间。

②振动应力

试验期间一般不加振动应力，但设备在可靠性验证试验开始前应进行运输过程中预期的振动环境试验。如果设备运输时不采用特别包装时，应按有关标准中未包装的运输环境要求的振动条件进行试验。

③温度应力

应根据规定的设备工作环境条件来确定温度应力。若无其他规定，应采用下列条件：

a. 冷浸温度：－54 ℃；

b. 热浸温度：＋85 ℃；

c. 如果设备在有自动控制的空调和加温的建筑物内，则工作环境温度取为 20 ℃；

d. 如果设备装在无空调的建筑物内，而且那里的夏季又可能温度很高时，则 50％试验时间的工作环境温度取 40 ℃；

e. 如果设备装在无空调的建筑物内，而又地处亚热带或热带时，则 50％试验时间的工作环境温度为 60 ℃，25％试验时间为 40 ℃，其余 25％试验时间内为 20 ℃。

④湿度

合同中若无规定，则不必进行湿度试验。

（2）喷气式飞机设备

喷气式飞机用设备采用综合环境循环进行试验。具体试验条件则应根据安装设备的飞机种类，飞机的任务剖面，设备在机内的位置，设备的类别和安装段的冷却方式等因素确定。

①确定试验剖面的基本原则和步骤

a. 确定任务剖面

每一种飞机的设计都有其特定的飞行包线及其特有的飞行任务剖面。飞机的任务剖面特性参数图应按以下空间状态分阶段给出：阶段高度、阶段马赫数、阶段持续时间及各稳定状态之间的转换速率；

b. 确定环境剖面

依据飞机的任务特性参数图拟定飞机的环境剖面。环境剖面中主要的环境参数是温度、振动、湿度和输入电压及它们相应的持续时间；

c. 确定试验剖面

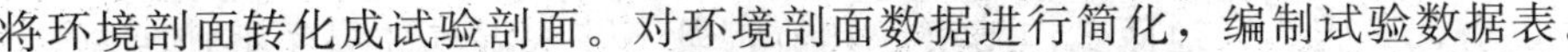

将环境剖面转化成试验剖面。对环境剖面数据进行简化，编制试验数据表。

②确定各项参数的基本方法，首先应列出其项目和参数

a. 任务阶段；

b. 持续时间，单位为 min；

c. 高度，单位为 km；

d. 马赫数，单位为 M；

e. 机舱温度，单位为℃；

f. 温度变化率，单位为℃/min；

g. 动压（q），单位为 Pa；

h. 振动应力（W_0），单位为（m/s^2）^{2}/Hz；

i. 振动应力（W_1），单位为（m/s^2）^{2}/Hz；

j. 相对湿度（露点温度），单位为℃；

k. 受试设备状态（工作或不工作）；

l. 输入电压，单位为 V。

③确定受试设备的状态

受试设备在整个试验循环中，只在地面的冷浸和热浸阶段，不全部工作。这个阶段模拟飞机现场停放条件。冷浸和热浸一段时间后，接着起动工作至少 2 次，以考核设备在极端温度下的起动能力。起动后还须在冷、热温度下工作。整个试验循环的其他阶段，设备均处于工作状态。

a. 电应力

受试设备工作状态电应力按以下要求变化：第一试验循环的输入电压为标称电压的 110%，第二试验循环输入电压为标准电压；第三试验循环的输入电压为标称电压的 90%。三个试验循环的输入电压变化构成一个完整的电应力循环。整个试验期间重复这一电应力循环。如设备规范中另有规定，经使用方同意可按规范中规定执行；

b. 振动应力

安装在喷气式飞机上的设备应进行随机振动试验。振动试验频谱、振动量的确定按 GJB 899 有关规定，或安装机种实测的频率谱要求；

c. 温度应力

热天地面阶段温度和持续时间的确定方式如下：Ⅰ类设备为 55 ℃；Ⅱ类设备为 70 ℃；持续时间取工作和不工作均为 30 min；

热天空中各飞行阶段温度和持续时间的确定方式如下：空中各飞行阶段温度应根据任务剖面给出的各飞行阶段的高度、设备的类别及其冷却方式确定，机舱的冷却方式等可查表确定。见 GJB 899 表 B 3.4—7，B 3.4—8，B 3.4—9；

冷天地面阶段温度和持续时间确定如下：Ⅰ类和Ⅱ类设备均为－55 ℃；

冷天空中各飞行阶段温度和持续时间的确定方式为：空中各飞行阶段的温度应根据任务剖面给出的各阶段的飞行高度、马赫数、设备类别及其冷却方式确定，机舱冷却方式等可查表确定（见 GJB 899 中表 B 3.6）；

d. 湿度应力

仅在每一循环中的热天地面阶段期间注入湿气，从地面不工作阶段开始即保持露点温度

31 ℃或 31 ℃以上，直到热天地面工作结束。其他阶段不注入湿气。湿度不加控制，试验箱空气不应烘干；

e. 绘制试验剖面

根据环境试验数据表，绘制完整的试验剖面。

(3) 地面移动设备、舰船设备、空中发射武器和组合式外挂及其他设备见 GJB 899 附录 B 的有关要求。

第三节　设备可靠性试验方案

一、可靠性验证试验方案

可靠性鉴定试验和验收试验简称为可靠性验证试验，其试验选用可靠性统计试验方案。

1. 试验方案分类

a. 概率比序贯试验方案（GJB 899 中方案 1～8）；

b. 定时截尾试验方案（GJB 899 中方案 9～17 及方案 19～21）；

c. 全数试验方案（GJB 899 中方案 18）；

d. 其他可靠性试验标准规定的方案。

2. 统计试验方案的选择

(1) 方案类型的选择

可靠性验证试验中所采用的统计试验方案从 GJB 899 附录 A 提供的方案中选取。选用哪一种验证方案一般应在合同中或在设备规范中规定，在可靠性验证试验方案中详细规定。

a. 如合同或设备规范中要求进行可靠性鉴定试验，提供 MTBF 的验证值，并且有固定截止时间时，必须选定时截尾试验方案；

b. 如事先未规定可靠性验证时间，并希望尽早对 MTBF 作出接收或拒收判决时，可选用序贯试验方案；

c. 如要求在可靠性验证试验选择统计试验方案时，应选用全数试验方案。

(2) 选择统计试验方案时应注意的几个方面

a. 设备的成熟程序及预期的寿命；

b. 经费；

c. 设备的进度要求及可做试验时间；

d. 试验设施的准备程度；

e. 决策风险；

f. 鉴别比对 MTBF 检验上限 θ_0 的影响；

g. 类似设备的 MTBF 预计值或验证值；

h. 费用一时间权衡。

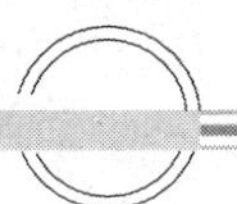

（3）统计试验方案参数的选择

①样本数量

受试设备的数量应按 GJB 899 等相关标准或合同规定确定。

a. 可靠性鉴定试验的样本数量

可靠性鉴定试验方案所需样品数量应按合同规定，或由承制方与订购方商定，若无具体规定时，至少应有 2 台设备接受试验；

b. 可靠性验收试验样本数量

若订购方无其他规定，每批产品至少 2 台接受试验。推荐数量为每批产品的 10%，但最多不超过 20 台。只有在特殊情况下才采用全数试验。

②试验时间

序贯试验的持续时间，应根据选用的方案中最长的试验时间（截尾时间）来设计，不能按平均决点来设计，这样才能保证试验时间及责任故障数达到试验方案可以作出接收或拒收的程度。

定时截尾的试验时间应在合同或设备的规范中规定。

全数试验的持续时间应进行到可以作出拒收判决或合同要求的所有设备都进行到合同要求的试验时间为止。

对试验进行监测，以便能准确地记录故障前的试验时间。监测仪器、监测方法及估算 MTBF 的方法应在可靠性验证方案中规定。每台设备的试验时间至少应为所有试验设备平均试验时间的一半以上。

③决策风险

使用方风险 β 是 MTBF 的真值与 MTBF 的检验下限 θ_1 相等时设备被接收的概率，生产方风险 α 是 MTBF 的真值与检验上限 θ_0 相等时设备被拒收的概率。一般选择决策风险较小的试验方案时双方都比较踏实，但是试验总时间较长。

全数试验方案的决策风险随总试验时间的变化而变化，决策风险对方案不起作用。试验时间增加，使用方风险 β 越来越小。

④鉴别比

鉴别比 d 是 MTBF 的检验上限 θ_0 与 MTBF 检验下限 θ_1 的比值，它与使用方风险 β 和生产方风险 α 一同构成统计试验方案的基本参数。鉴别比越大，试验作出判决就越快。

⑤设备性能及评定判决

设备的性能测试应按合同要求或设备规范要求进行，同时将参数合格标准纳入试验方案。根据批准的试验方案来评价受试设备性能的试验数据，责任故障数及总试验时间。

3. 序贯试验方案

该方案分为标准型试验方案及短时高风险方案，标准型序贯试验方案简表见表 7—1 或其他有关标准。当采用正常的生产方风险和使用风险（10%～20%）时，应选用标准型序贯试验方案。若采用短时高风险方案，则试验时间可以缩短，但生产方和使用方都要求承担较高的决策风险。序贯试验方案与定时截尾比较通常能较快地对 MTBF 接近 θ_0 或 θ_1 的设备作出接收或拒收判决。

表 7—1　标准型序贯试验方案简表

方案号	决策风险 %				鉴别比 $\alpha=\theta_0/\theta_1$	判决标准 GJB 899
	名义值		实际值			
	α	β	α'	β'		
1	10	10	11.1	12.0	1.5	见图 A1
2	20	20	22.7	23.2	1.5	见图 A2
3	10	10	12.8	12.8	2.0	见图 A3
4	20	20	22.3	22.5	2.0	见图 A4
5	10	10	11.1	10.9	3.0	见图 A5
6	20	20	18.2	19.2	3.0	见图 A6

（1）序贯试验方案及其抽样特性

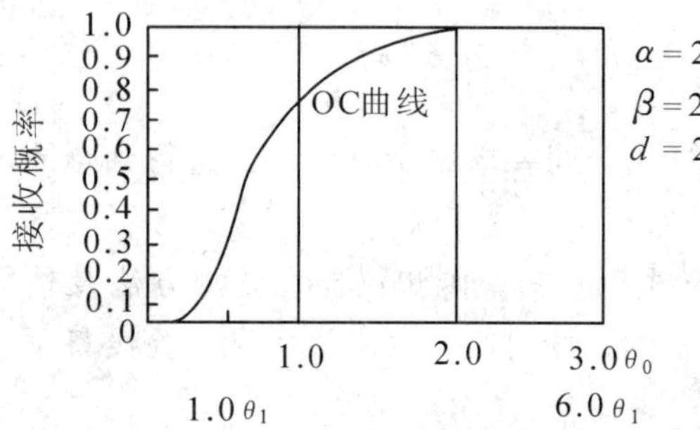

MTBF 的真值 θ（θ_0 或 θ_1 的倍数）

图 7—2　OC 曲线

标准试验方案，其标准判决时间 t 以 θ_1 的倍数表示。使用时应将方案中判决时间乘以 θ_1，得到实际的接收判决时间 T_A 及拒收判决时间 T_R。试验时将受试设备的实际总试验时间 T（总台时数）、责任故障降数及判决值 T_A 和 T_R 进行比较，若 $T>T_A$，则作出接收判决；若 $T<T_R$，则作出拒收判决；若 T 介于两判决值 T_A 和 T_R 之间则继续试验到下一个判决值时再作比较，直到可以作出判决时才停止试验。

抽样特性曲线（OC 曲线）和平均试验 ETT 曲线可参见 GJB 899 图 A1a～图 A8a。OC 曲线表示相应方案中 MTBF 的真值 θ 与接收概率的关系。ETT 曲线表示相应方案中 MTBF 的真值 θ 与所需平均试验时间的关系。它们是选择试验方案、判定试验计划的依据，图 7—2 及图 7—3 为 GJB 899 图 A4a 方案 4 抽样特性（OC）曲线及平均试验时间（ETT）曲线。

例 7—1　某产品进行可靠性验收试验，其条件是 $\theta_1=50$ h，若以 $1-\beta=80\%$ 概率接收，若 $\theta_0=100$ h 时，以 $1-\alpha=80\%$ 的概率接收时，采用序贯试验方案，要求最少试验 3 台。

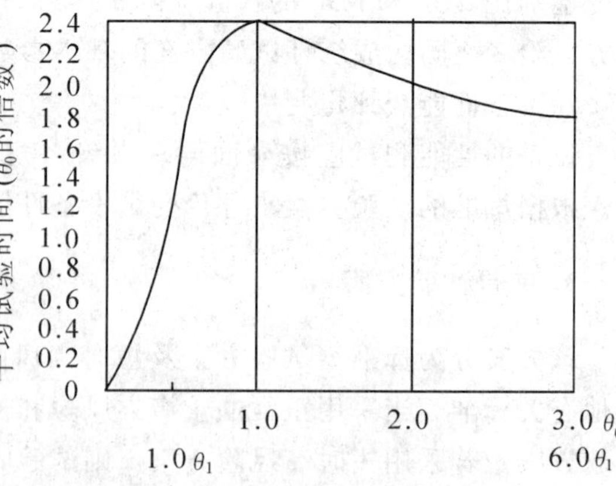

图 7—3　平均试验时间（ETT）曲线

解：从验收条件可知 $\alpha=\beta=0.2$，鉴别比 $d=100/50=2$。查表 7—1，可知采用方案 4，判决标准是将标准化判决时间 t（表 7—2）乘以 θ_1（50 h），得出接收判决时间 T_A 和拒收判决时间 T_R，并将其与实际总试验时间 T 列表

7—3 比较，由于 T 均介于 T_A 与 T_R 之间，因此作出继续试验的判决。试验进行到 487 台时未出现新的责任故障，从而作出接收判决，停止试验。

表 7—2　接收－拒收判决标准

故障数	标准化判决时间 t	
	拒收 $T_R \leqslant$	接收 $T_A \leqslant$
0	——	2.80
1	——	4.18
2	0.7	5.58
3	2.08	6.96
4	3.46	8.34
5	4.86	9.74
6	6.24	9.74
7	7.62	9.74
8	9.74	——

注：1. 总试验时间是所有受试设备工作时间总和；

2. 实际试验时间等于标准化判决时间 t 乘以 MTBF 的检验下限。

表 7—3　某产品序贯试验判决表

责任故障数	拒收判决时间 T_R	接收判决时间 T_A	实际总试验时间 T	判决结果
0	——	140	——	继续试验
1	——	209	50	继续试验
2	35	279	90	继续试验
3	104	348	120	继续试验
4	173	417	250	继续试验
5	243	487	390	继续试验
			487	接收并停止试验

（2）序贯试验的置信限

采用序贯试验方案时，试验结束后应计算产品 MTBF 的置信限。当接收判决时，计算 MTBF 置信限所用的置信限系数见 GJB 899 表 A6a 和 A6b，根据序贯试验的判决法则，接收判决只有在总试验时间等于接收判决时间 T_A 时才能作出，而拒收判决则在试验过程中的任何时间都可能发生，因此接收置信限和拒收置信限的计算公式不同。

①接收置信限

如果规定 MTBF 的置信区间或验证区间的置信度为 C，则 MTBF 置信下限及置信上限的置信度为 $C'=(1+C)/2$。

C' 为单边置信限的置信度的情况是：当序贯试验达到接收判决时，MTBF 的置信区间的置信度 $C'=(1+C)/2$ 的置信下限 θ_1 和置信上限 θ_0 按公式计算：

$$\theta_L=\theta_L\ (C',\ t_i)\theta_1$$
$$\theta_U=\theta_U\ (C',\ t_i)\theta_0 \tag{7—1}$$

式中　i ——达到接收判决时的责任故障数；

C' ——置信度，$C'=(1+C)/2$；

θ_L（C'，t_i）——置信度为 C'，责任故障数为 i 时的置信下限系数从表 A5a 查出；

θ_U（C'，t_i）——置信度为 C'，责任故障数为 i 时的置信下限系数从表 A5b 查出。

MTBF 的双边保守置信区间则为（θ_L，θ_U）（置信度 C）。

例 7—2 求例 7—1 中 MTBF 的置信度 $C'=80\%$的 MTBF 的置信下限、置信上限及置信度 $C=60\%$的 MTBF 的保守验证区间。

解：在例 7—1 中可知某产品试验过程责任故障 $i=5$，采用方案 4（GJB 899 的 $\alpha=\beta=20\%$，$d=2$）；$\theta_1=50$ h，查表 A5a 方案 4 中与 $i=5$，$C'=80\%$相对应的置信下限系数得 θ_L（0.80，t_5）=1.0459；查表 A5b 方案 4 中与 $i=5$，$C'=80\%$相对应的置信上限系数得 θ_U（0.80，t_5）=2.5225。故$C'=80\%$的 MTBF 的置信下限 θ_L 和置信上限 θ_U 分别为：

$$\theta_L=1.0459\times50=52.3\text{ h}$$

$$\theta_U=2.5225\times50=126.5\text{ h}$$

置信度 $C=60\%$的 MTBF 验证区间为（52.3 h，126.5 h）（置信度 $C=60\%$）。

②拒收置信限

序贯试验过程中任何时刻发生的故障都可能导致拒收，因此拒收判决不一定在标准化判决时间 t_i 发生。各方案拒收判决的标准化判决时间 t_i 及其所对应的拒收置信下限系数 θ_L（C'，t_i）和拒收置信上限系数 θ_U（C'，t_i）分别见表 A6a 中所用方案的标准化判决时间 t_i 和 t_I 之间，即 $t_i<t<t_{i+1}$（t_i 的下标 i 为表 A6a 和表 A6b 中责任故障数），而 t_{i+1} 只表示表 A6a 和表 A6b 中在次序上紧跟在 t_I 之后的下一个数值，则序贯试验达到拒收判决时置信度为 C' 的 MTBF 的拒收置信下限 θ_L 和拒收置信上限 θ_U 按公式（7—2）计算：

$$\begin{aligned}\theta_L&=\theta_L(C',t)\theta_1\\ \theta_U&=\theta_U(C',t)\theta_1\end{aligned}\qquad(7\text{—}2)$$

式中 C'——置信度，$C'=(1+C)/2$；

θ_L（C'，t）——t 时刻置信度为 C'的拒收置信下限系数；

θ_U（C'，t）——t 时刻置信度为 C'的拒收置信上限系数。

θ_L（C'，t）和 θ_U（C'，t）按公式（7—3）线性内插算出：

$$\begin{aligned}\theta_L(C',t)&=\theta_L(C',t_i)+[\theta_L(C',t_I+1)-\theta_L(C',t_i)](t-t_I)/(t_{i+1}-t_I)\\ \theta_U(C',t)&=\theta_U(C',t_i)+[\theta_U(C',t_I+1)-\theta_U(C',t_i)](t-t_I)/(t_{i+1}-t_I)\end{aligned}\qquad(7\text{—}3)$$

式中 θ_L（C'，t_i）——置信度为 C'，标准化判决时间为 t_i 时的拒收置信下限系数，从表 A6a 中查出；

θ_U（C'，t_i）——置信度为 C'，标准化判决时间为 t_i 时的拒收置信上限系数，从表 A6b 中查出。

凡故障数低于表中的最小值时，则拒收置信下限系数和拒收置信上限系数按公式(7—4)计算。

凡故障数低于表中的最小值时，则拒收置信下限系数和拒收置信上限系数按公式(7—4)计算。

$$\begin{aligned}\theta_L(c',t)&=2t/x^2\,\frac{1-C}{2}(2i)\\ \theta_U(c',t)&=2t/x^2\,\frac{1-C}{2}(2i)\end{aligned}\qquad(7\text{—}4)$$

式中 $x^2\frac{1-C}{2}(2i)$——自由度为 $2i$ 的 x^2 分布的 $(1-C)/2$ 的上侧分位点；

$x^2\frac{1+C}{2}(2i)$——自由度为 $2i$ 的 x^2 分布的 $(1+C)/2$ 的上侧分位点。

说明：拒收时置信下限 θ_L 和置信上限 θ_U 仍按公式（7—2）计算，当序贯试验进行到 $t\times\theta_L$（台时）时，拒收时置信度为 C 的 MTBF 的验证区间或置信区间为（θ_L，θ_U）（置信度 C)。

例 7—3 如果某产品的试验方案仍按例 7—1 参数，只是在试验到 50，90，120，150 台时各发生一个责任故障。因为在总试验时间 $T=150$ 台时已出现 4 个责任故障，而与之对应的拒收判决时间 $T_R=173$ 台时，即 $T<T_R$，作出拒收判决，停止试验。

解：计算 $C'=80\%$的 MTBF 的置信下限 θ_L 和置信上限 θ_U 步骤为：

a. 计算标准化试验时间 t：$t=T/\theta_1=150/50=3$；

b. 查表 A6a 方案 4 知道 t 介于 $t_3=2.80$ 与 $t_4=3.46$ 之间，并从表 A6a 的 $C'=0.80$ 时查出 t_3 和 t_4 相对应的拒收置信下限系数分别为：θ_L（0.80，2.80）＝0.5646，θ_L（0.80，3.46）＝0.6644；

c. 按式（7—3）求出 t 时刻的拒收置信下限系数：

$$\theta_L(0.80,3)=0.5646+(0.6644-0.5646)(3-2.80)/(3.46-2.80)=0.595$$

d. 从表 A6a 方案 4 的 $C'=0.80$ 时查出 t_3 和 t_4 相对应的拒收置信上限系数，分别为：

$$\theta_U(0.80,2.80)=1.5571，\theta_U(0.80,3.46)=1.7379$$

e. 按式（7—3）求出 t 时刻的拒收置信上限系数：

$$\theta_U(0.80,3)=1.5571+(1.7379-1.5571)(3-2.80)/(3.46-2.80)=1.608$$

f. 按公式（7—2）算出置信度 $C'=0.80$ 的拒收置信下限 θ_L 和拒收置信上限 θ_U；

$$\theta_L=\theta_L(0.8,3)\theta_1=0.595\times50=29.7\text{ h}$$

$$\theta_U=\theta_U(0.8,3)\theta_1=1.608\times50=80.4\text{ h}$$

g. 拒收时置信度 $C=60\%$的 MTBF 的验证区间或置信区间为：(29.7 h，80.4 h)（置信度 $C=60\%$）。

4. 定时试验方案

定时试验方案分为标准型方案和短时高风险方案两种。标准型试验方案采用正常的生产方风险和使用方风险，为 10%～20%。短时高风险试验方案所采用的生产方风险和使用方风险为 30%。定时试验方案可以估计 MTBF 的观测值（点估计值）及验证区间或置信区间。

(1) 定时试验方案及其抽样特性

定时试验各方案的生产方风险、使用方风险、鉴别比和判决标准见 GJB 899 表 A3 和表 A4。当总试验时间 T（台时）达到表中选定方案所对应的试验时间时，若试验出现的责任故障大于或等于拒收的判决故障时，则作出拒收判决；若试验中所出现的责任故障数小于或等于接收故障数，则作出接收判决。

定时试验的抽样特性曲线（OC 曲线）表示相应方案中 MTBF 的真值 θ 与接收概率 $P(\theta)$的关系，可用泊松公式表示为：

$$P(\theta)=\sum_{i=0}^{r}\frac{(T/\theta)^k}{k!}\exp(-T/\theta) \tag{7—5}$$

式中　r——相应方案接收时所对应的判决故障数；

T——相应方案接收时所对应的判决总试验时间（台时）。

显然，OC 曲线应当满足：

$$P(\theta_0)=1-\alpha \qquad \qquad (7—6)$$
$$P(\theta_1)=\beta$$

由于制定方案时 r 只能取整数，因此 $P(\theta_0)$ 和 $P(\theta_1)$ 只能分别尽量接近 $1-\alpha$ 和 β。

（2）其他定时试验方案

GJB 899 附录 A 还提供了一套供选用的定时试验方案（见图 A21～A23）。其使用方风险 β 分别为 10%，20%和 30%三个等级。对每一个等级的使用方风险 β，定时试验所需的试验时间可以在 θ_1 的 1～2 倍到 20 多倍的范围内选取。选取这套定时试验方案的程序是先选定所需的使用方风险 β，根据所选定的 β 找到相应的图，再根据允许的试验时间选择合适的试验方案，然后查算出该方案的 α 和 d 等其他参数。

（3）定时试验 MTBF 的验证值

订购方不仅需要检验产品的 MTBF 值是否达到规定的指标，而且还需要根据试验数据或现场数据估计 MTBF 值。如果订购方提出该项要求，所有按本标准进行可靠性验证试验的单位都应向订购方提交 MTBF 的最新验证区间（θ_L，θ_U）和观测值（点估计值）θ，并将这些数据作为试验报告的一部分。

①检验参数的作用

试验方案中的参数（θ_0，θ_1，d，α 和 β）仅仅是作为估计 MTBF 验证值的背景资料。MTBF 的检验下限 θ_1 和检验上限 θ_0 只是合同中事先规定的值，不是试验的结果，不能用来估计 MTBF 的验证值。MTBF 的验证值必须由试验结果来计算，生产方风险 α 和使用方风险 β 只代表试验通过与否的概率，不代表试验验证的 MTBF 的真值范围。对于试验参数值，应在报告中说明。

②置信度（C）

订购方必须规定 MTBF 的验证区间或置信区间（θ_L，θ_U）的置信度 C，建议采用置信度 $C=(1-2\beta)\times100\%$，即当使用方风险 $\beta=10\%$时，置信度 $C=80\%$；当使用方风险 $\beta=20\%$时，置信度 $C=60\%$；当使用方风险 $\beta=30\%$时，置信度 $C=40\%$。

③定时试验的验证区间

MTBF 的验证区间按第②条的置信度要求进行计算，试验单位在提交报告时，应按①和平共处②规定程序给出 MTBF 的观测值（点估计值）θ 及验证区间（置信度为 C 的置信区间）（θ_L，θ_U）。

④定时试验接收时 MTBF 的估计

产品进行定时试验的结果作出接收判决时，在试验结束前出现的责任故障数一定小于或等于接收判决的故障数，试验是在达到规定的试验时间终止。此时对 MTBF 的估计程序按如下方法进行：

a. 按式（7—7）计算 MTBF 的观测值（点估计）θ：

$$\theta=T/r \qquad (7—7)$$

式中　T——产品的总试验时间；

r——责任故障数。

b. 依据责任故障数 r 及置信度 C，查定时试验接收时 MTBF 验证区间的置信限系数 $\theta(C', r)$表，查出置信下限数 $\theta_L(C', r)$和置信上限系数 $\theta_U(C', r)$，其中 $C'=(1+C)/2$；

c. 按式（7—8）计算出 MTBF 的置信下限 θ_L 和置信上限 θ_U：

$$\theta_L=\theta_L(C', r)\times\theta,\ \theta_U=\theta_U(C', r)\times\theta \tag{7—8}$$

d. 按式（7—9）写出 MTBF 的验证区间；

MTBF 的验证区间为：(θ_L, θ_U)（置信度） （7—9）

e. 如果表中数据不够用，可按式（7—10）计算置信下限系数 $\theta_L(C', r)$和置信上限系数 $\theta_U(C', r)$：

$$\begin{aligned}\theta_L(C',r)&=2r/x^2_{\frac{1-C}{2}}(2r)\\ \theta_U(C',r)&=2r/x^2_{\frac{1+C}{2}}(2r)\end{aligned} \tag{7—10}$$

式中 r——责任故障数；

C——置信度，$C'=(1+C)/2$。

$x_r^2(i)$为自由度为 i 的 x^2 分布的 r 上侧分散点。

例 7—4 规定的置信度 $C=80\%$，试验到 920 台时达到接收判决，试验出现 7 个责任故障，按以上程序对 MTBF 进行估计。

解：具体程序如下：

a. 按式（7—7）计算 MTBF 的观测值：

$$\theta=920/7=131.43\text{ h}$$

b. 从表中查出置信度 $C=80\%$，故障数 $r=7$ 的置信下限系数 $\theta_L(0.90, 7)$ 和置信上限系数 $\theta_U(0.90, 7)$：

$$\theta_L(0.90, 7)=0.595$$

$$\theta_U(0.90, 7)=1.797$$

c. 按式（7—8）计算出置信下限 θ_L 和置信上限 θ_U：

$$\theta_L=0.595\times131.43=78.2\text{ h}$$

$$\theta_U=1.797\times131.43=236.2\text{ h}$$

d. 按式（7—9）写出 MTBF 的验证区间。MTBF 的验证区间为：（78.2 h，236.2 h）（置信度 $C=80\%$）。

试验结果表明 MTBF 的真值落在这个区间里的概率至少为 80%。或者说 MTBF 的真值大于或等于 78.2 h 的概率为 90%，而 MTBF 的真值小于或等于 236.2 h 的概率亦为 90%。

⑤定时试验拒收时 MTBF 的估计

试验过程中若责任故障数达到拒收的判决故障数时试验即可终止，并作出拒收判决。

a. 按式（7—11）计算 MTBF 观测值（点估计值）：

$$\theta=T/r \tag{7—11}$$

式中 T——最后一个责任故障发生时产品的总试验时间；

r——责任故障数。

b. 依据责任故障数 r 及置信度 C 查定时试验拒收时 MTBF 验证区间的置信限系数 $\theta(C', r)$表，查出置信下限数 $\theta_L(C', r)$ 和置信上限系数 $\theta_U(C', r)$，其中 $C'=(1+C)/2$；

c. 按式（7—12）计算 MTBF 的验证值的置信下限 θ_L 和置信上限 θ_U：

$$\begin{aligned}\theta_L&=\theta_L(C',r)\times\hat{\theta}\\ \theta_U&=\theta_U(C',r)\times\hat{\theta}\end{aligned}\qquad(7—12)$$

d. 按式（7—13）写出 MTBF 的验证区间。

MTBF 的验证区间为：　　　$(\theta_L，\theta_U)$（置信度 C）　　　(7—13)

e. 如果表中数据不够用，可按式（7—14）计算置信下限系数 θ_L（C'，r）和置信上限系数 θ_U（C'，r）：

$$\begin{aligned}\theta_L(C',r)&=2r/x^2\ \frac{1+C}{2}(2r)\\ \theta_U(C',r)&=2r/x^2\ \frac{1-C}{2}(2r)\end{aligned}\qquad(7—14)$$

例 7—5　规定的置信度 $C=80\%$，试验到 820 台时因出现第 7 个责任故障而作出拒收判决，终止试验，按以上程序对 MTBF 进行估计。

解：具体程序如下：

a. MTBF 的观测值为：

$$\theta=T/r=820/7=117.4\ \text{h}$$

b. 从表中查出当 $r=7$，$C=80\%$ 时的置信下限系数 θ_L（0.90，7）和置信上限系数 θ_U（0.90，7）为：

$$\theta_L(0.90，7)=0.665$$

$$\theta_U(0.90，7)=1.797$$

c. 按式（7—12）计算出置信下限 θ_L 和置信上限 θ_U：

$$\theta_L=0.665\times117.4=77.9\ \text{h}$$

$$\theta_U=1.797\times117.4=210.5\ \text{h}$$

d. 按式（7—13）写出 MTBF 的验证区间。

MTBF 的验证区间为：(77.9 h，210.5 h)（置信度 $C=80\%$）

以上各步分析说明，MTBF 的真值落在这个区间里的概率至少为 80%，或者说 MTBF 的真值大于或等于 77.9 h 的概率为 90%，而 MTBF 的真值小于 210.5 h 的概率亦为 90%。

5. 全数试验方案

如果订购方要求对批产品每台都进行可靠性验收试验，则应采用全数试验方案。如 GJB 899 中方案 18，它由一条拒收线和一条边界线组成。拒收线和边界线是根据序贯试验方案 3 的生产方风险 α 和使用方风险 β 及鉴别比 d 按瓦尔德概率比序贯试验的拒收线和接收线的近似公式略加调整后算出的，即：

拒收线：$r=0.72\times t+2.50$，边界线：$r=0.72\times t-3.17$

其中横坐标 t 是标准化总试验时间，以 θ_1 的倍数表示，纵坐标 r 是故障数，如 GJB 899 图 A27 所示。

(1) 全数试验时间

每台设备的试验时间应在订购方批准的试验程序中规定。最长试验 50 h，最短试验 20 h。实际时间应根据试验条件及一个试验周期所需的时间在这个范围内进行设计和调整。若在试验的最后一个周期出现了故障，则应对受试产品进行维修，并重做完该周期试验，以验证维修是否正确。

(2) 全数试验方案的接收及拒收

a. 接收判决

每台产品按第 (1) 条规定的时间进行试验后，如性能正常或绘制在判决图上的阶梯状曲线没有超出拒收线，则对该批产品应作出接收判决；

b. 拒收判决

如试验中按累积试验时间与累积故障数绘制在判决图上的阶梯状曲线达到或超出拒收线，则该批产品不可接收。对该批产品应作出拒收判决。试验停止后承制方应采取纠正措施。

(3) 全数试验备用方案

为使鉴定试验阶段所采用的序贯试验方案与生产验收阶段所采用的全数试验方案相统一，可根据概率比序贯方案相应的全数试验备用方案来代替，进行生产验收试验。

序贯试验方案中的接收线和拒收线是在瓦尔德序贯试验近似公式的基础上，考虑到截尾对生产方风险 α 和使用方风险 β 的影响加以调整得到的。但是在确定全数试验备用方案的拒收和边界线时，是直接利用瓦尔德的近似公式算出的。

二、可靠性测定试验方案

可靠性测定试验以模拟使用现场实际应力对设备进行考验，从而尽可能使设备在现场使用与试验室得到的可靠特征量值的差异较小。

试验方案的选择

方案的选择应按试验目的、设备寿命服从的分布确定的可靠性指标和试验参数进行选择。

(1) 对寿命服从指数分布的设备，可采用以平均故障间隔时间 MTBF 为指标的统计试验方案。

具体的试验方案从 GJB 899 中推荐的有关方案中选择，或遵照其有关可靠性试验标准进行选择。

(2) 对寿命服从非指数分布的设备，因目前尚未有完善的试验方案，可考虑选择以可靠度为指标的成功率验证。

(3) 选择试验方案时应考虑的内容有：

a. 产品的战术技术指标；

b. 能用于试验的时间；

c. 试验设备的情况；

d. 希望的风险率；

e. 鉴别比 D_m 对 θ_0 的数值的影响；

f. 产品的质量状态；

g. 受试产品的批量和参与试验的样机数量；

h. 计划资金；

i. 在选取定时截尾试验方案时，要考虑试验时间与经费的折衷；

j. 当希望通过试验对 MTBF 的真值进行估计或需要预先知道准确的总试验费用时，则应选用定时截尾试验方案，对于可靠性测定试验和验证应选用定时截尾试验方案；

k. 如需以 α 和 β 对预计的平均无故障工作时间 θ_0 或 θ_1 作判决，并且与预定的总试验时间关系不大，则可以选用序贯试验方案，因此，设备的可靠性测定试验既可以选择定时截尾试验方案，也可以选择序贯试验方案；

l. 对于设备寿命服从非指数分布时，若用成功率验证时，则可选用截尾序贯或定时试验方案。

(4) 受试设备的数量

进行可靠性测定试验的设备数量应在合同中规定或由承制方与使用方商定。一般为 2 台，特殊情况可允许 1 台（经与使用方协商）。

(5) 试验参数的选取原则

试验参数应慎重选取，它将影响使用质量、生产效益、试验时间长短和周转及试验费用等。

选取参数时应根据设备任务的重要程度，可靠性要求技术的成熟性、计划的费用、批量的大小、允许的试验时间、试验设施情况、双方愿承担的风险率以及设计的局限性等因素综合考虑商定。

a. 风险率

生产方风险率 α 取值范围（10%～30%）；使用方风险率 β 取值范围（10%～30%）。试验方案中的二个风险率的取值，一般采用相等原则，即 $\alpha=\beta$;

b. 鉴别比 d 的取值范围

一般鉴别比取值范围为 1.5～3.0，试验方案中鉴别比是对试验能否迅速作出判决能力的一种度量。鉴别比越大，试验时间越短。但是在一定的 θ_1 下，当鉴别比越大，则要 θ_0 值越高，这样要求预计值 θ_p 也越大；

c. 平均故障间隔时间（MTBF）假设值（θ_1，θ_0）或可靠度假设值（R_1，R_0）

平均故障间隔时间的假设值或可靠度的假设值确定以后，要求在设备协议书或设备技术协议书中写明 MTBF 假设值（θ_1，θ_0）（或可靠度 R_1，R_0）。

(6) 平均无故障工作时间验证值（θ）的计算

在进行可靠性试验时，MTBF 的验证值 θ 不能用试验参数来估计，因为这些参数都是假设的，不是实际试验结果，所以任何试验方案的（θ_1，θ_0）参数都不能用来估计平均无故障工作时间的验证值，而必须由试验结果来计算。

①区间估计的置信度

为了获得 MTBF 验证值 θ 的区间估计值，必须规定选用的置信度。建议选择（$1-\beta$）作为置信区间的下限，即使用方风险率为 10%时，选用 80%的置信区间；使用方风险率为

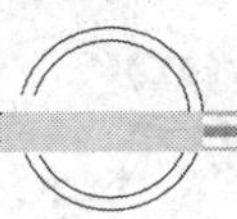

20%时，选用60%的置信区间；使用方风险率为30%时，选用40%的置信区间置信度为(1−2β)。

②采用定时截尾方案时，MTBF验证值θ的计算

当采用定时截尾方案时，按第①条的原则选用恰当的区间置信度，计算MTBF验证值θ。

③采用定时截尾方案时，在失效发生时估计平均无故障工作时间

这种估计是在试验进行过程中或试验截止作出拒收判决时进行的。估计方法如下：

a. 用最近一个关联失效发生时受试设备受应力的全部时间除以关联失效数，求出平均无故障工作时间的观测值θ；

b. 根据总的关联失效数以及选定的置信度，查GJB 899表A6a，查出对应的下限因子和上限因子；

c. 用查得的下限因子和上限因子分别乘以MTBF的观察值θ。则得出MTBF验证值的下限值和上限值；

d. 将MTBF验证值的下限值和上限值记在括号里，放在规定的区间置信度后面，按下列格式记录MTBF的验证值：

$$\theta = XX\%\ (\text{MTBF下限值}/\text{MTBF上限值})$$

e. 对于GJB 899表A中没有列出的那些数值，可按下式计算：

$$\text{MTBF的下限因子} = \frac{2r}{x^2\left(\frac{1-C}{2},\ 2r\right)}$$

$$\text{MTBF的上限因子} = \frac{2r}{x^2\left(\frac{1+C}{2},\ 2r\right)}$$

式中　r——关联失效数；

x^2 (XX，XX)——x^2分布的分位点；

C——区间置信度。

④定时试验MTBF验证值实例

a. 当试验达到接收MTBF的估计时，见本章第三节设备可靠性试验方案中的第④条定时试验接收时MTBF的估计例4；

b. 当试验被拒收时MTBF的估计，见本章第三节设备可靠性试验方案中的第⑤条定时试验拒收时MTBF的估计例5。

第四节　设备可靠性试验报告

一、说明

可靠性试验报告适用于有可靠性试验要求的合同。是承制方进行可靠性试验的正式记录，报告应证实合同最终项目及合同要求的最终组成部分所达到的可靠性水平。它应记录各

项试验结果或采取其他措施的结果。可靠性试验报告供订购方用来评价可靠性要求得到满足的程度。

二、可靠性试验报告编写要求

1. 报告的内容要求

a. 受试产品的标识、对试样的描述、试验方案中规定的技术状态的容差要求等；

b. 试验或评估的日期及地点；

c. 试验或评估的目的说明，包括类型、测试单位和要验证的定量指标或要求；

d. 使用的试验方案、环境量值、试验剖面、所得数据的评定方法、试验条件与临界使用情况下所预期的条件比较、合同项目的用途；

e. 所取得的结果，包括明确说明和讨论所要验证的目标是否得到满足的验证；

f. 承制单位根据试验、验证结果的评定所做出的结论和建议；

g. 在拒收判决情况下重新试验的要求和结果；

h. 其他，如统计的置信度计算或预定的纠正措施等。

2. 摘要报告

定期试验摘要报告包括该报告所指周期中正在进行的各种可靠性试验的进展情况或状况摘要。

a. 正在试验的单元的类型及数量、试验类型；

b. 在报告所指周期内单元的试验时间（总持续小时）；

c. 设备在加载周期所规定的各种工作方式下的故障总次数；

d. 每个故障问题的范围，有关故障分析和纠正措施的说明；

e. 试验条件和偏离规定试验条件的分析；

f. 拒收和接收情况；

g. 绘制从试验开始的整个报告周期内 MTBF 的观测值（点估计值）θ 和预计值 θ_p 的曲线，以供比较；

h. 按顺序号和计时器的读数绘制每个单元的详细履历图，应描述从环境应力筛选到交付这一阶段的所有活动；

i. 现行合同中上月和这月所作试验的累计结果；

j. 每种纠正措施的状况和说明；

k. 预计的完成日期和时间。

3. 最终报告

可靠性试验最终试验报告应包括 2 中 a 到 j 所要求的信息，为验证产品为可靠性水平而进行的可靠性试验结果或进行其他活动的结果。最终报告可分为两个部分，即可靠性鉴定试验和可靠性验收试验。试验报告应包括故障摘要和分析。

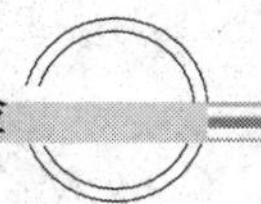

第五节 设备可靠性试验实例

本节介绍的电子设备可靠性试验方面的二个实例，可靠性鉴定试验工作在X所进行。试验方案及程序均通过评审。

例7—6 XX电子设备的可靠性增长与鉴定试验工作介绍了其可靠性鉴定试验方案及试验程序。

例7—7 XXX电子设备的可靠性增长与鉴定试验工作，本节介绍其可靠性鉴定试验方案。

一、XX电子设备可靠性鉴定试验

1. XX电子设备可靠性鉴定试验方案

(1) 主题内容与适用范围

本方案规定了XX电子设备的可靠性鉴定试验方案。本方案适用于XX电子设备的可靠性鉴定试验。

(2) 引用标准

GJB 450 装备研制与生产的可靠性通用大纲

GJB 899 可靠性鉴定和验收试验

(3) 受试设备的名称、用途、功能的说明

a. 名称

受试设备的名称为：XX电子设备；

b. 用途

作为保护载机安全用；

c. 功能（略）

(4) 验证的可靠性指标

验证指标 $\theta_1=30$ h，XX电子设备可靠性预计值 $\theta_p=75$ h。

(5) 试验目的和类型

试验目的：为了验证电子设备经过可靠性增长工作后，其试验样机在规定的环境条件下，能否满足合同规定的可靠性指标；试验类型：可靠性鉴定试验。

(6) 统计试验方案

本方案采用定时截尾试验方案，即GJB 899的方案14，$\alpha=\beta=20\%$鉴别比 $D_m=2$ 的试验方案，其截尾时间为 $7.8\theta_1$，判决标准（失效次数）为：接收≤5次失效，拒收≥6次失效；总试验时间（截尾时间）为 $7.8\theta_1=234$ h。

(7) 试验剖面中各应力详述

a. 综合环境应力的施加方法

每一个循环应使温度、振动、湿度、输入电压和通断按试验剖面的各量值的大小和变化率在试验箱内同时施加到受试设备上；

b. 各应力说明

按 XX 使用场合的综合试验曲线及综合试验数据表进行。电应力：交流 400 Hz 115 V，上限值为 116.5 V，下限值为 109 V；直流 27 V，上限值为 30 V，下限值为 25 V。

(8) MTBF 的置信区间估计

a. 在失效时估计 MTBF

这种估计是在试验过程中或作出拒收判决后进行的：

$$\hat{\theta}=\text{总工作时间}/r$$

$$\underline{\overline{\theta}}=XX\%(\text{下限值,上限值})$$

$$\theta_L=\frac{2r\times\hat{\theta}}{x^2[(1+C)/2,2r]}$$

$$\theta_U=\frac{2r\times\hat{\theta}}{x^2[(1-C)/2,2r]}$$

式中 r——总失效次数；

θ——MTBF 的观测值；

θ——MTBF 的验证值；

C——置信水平，取 60%；

x^2 (XX)——x^2 分布的分位点；

θ_L——MTBF 的下限值；

θ_U——MTBF 的上限值。

b. 接收时 MTBF 的估计

这种估计是在试验截止作出接收判决时进行的：

$$\theta_L=\frac{2r\times\hat{\theta}}{x[(1+C)/2,2r+2]}$$

$$\theta_U=\frac{2r\times\hat{\theta}}{x[(1-C)/2,2r]}$$

根据试验过程观测到数据估计 MTBF 的观测值及置信区间。按 GJB 899 附录 A 的有关公式、图表计算，统一规定取置信度 $C=(1-2\beta)100\%$，即 $C=60\%$或按其他有关标准中的规定进行计算。

(9) 综合环境应力可靠性试验准备

a. 受试样机

可靠性鉴定试验的受试样机应满足可靠性增长后的要求，样机的测向精度、天线试验前和试验后的测试指标满足产品标准的要求；

b. 环境应力筛选预处理

对可靠性鉴定试验的样机应进行环境应力筛选，以保证可靠性鉴定试验样机的早期失效和工艺缺陷有效剔除。

(10) 故障判据与故障分类

①故障的规定

凡原先为合格的产品，在规定的条件下，某一个或几个功能丧失，或其性能参数超出本方案允许范围，或出现影响设备功能的机械部件、结构部件或元件的破裂、断裂或损坏，均判为故障。

②失效判据

a. 灵敏度

灵敏度比产品标准规定值下降 5 dB 以上判为失效；

b. 工作频率范围

当测试的工作频带的端点的频率向带内漂移大于 100 MHz 时为失效；

c. 测频精度

测频精度的均方根误差大于 15 MHz 为失效；

d. 定频时间

有 20%以上的频率点贮频时间大于 2 μs 而小于 5 μs 为失效，有任意的频率点贮频时间小于 2 μs 为失效；

e. 瞄频功能、阻塞功能

发射机输出功率谱不能复盖时为失效；

f. 功率

前向发射功率小于 *XX*（W）时为失效，

后向发射功率小于 *XX*（W）时为失效；

g. 功能失效

h. 其他失效

低温启动超过 15 min 为失效，减振器未超出使用寿命损坏为失效；

i. 虚警

超过连续 2 s 假信号显示，计为虚警。

③故障分类

故障分为关联故障和非关联故障，关联故障可分为责任故障和非责任故障。

a. 责任故障

受试设备在可靠性鉴定试验中出现的关联的独立的故障以及由此引起的从属故障记为一次责任故障，它包括：设备的设计故障、设备制造工艺故障、零部件设计故障、零部件制造工艺故障、软件错误（试验期间若软件错误已纠正并证实无误，该软件误差可不计为责任故障）、由承制方提供的操作、维护、修理程序引起的故障；

根据 GJB 899 第 5.3 条规定，对于已划定的责任故障，不应因为采取推荐的纠正措施进行了纠正而列入非责任故障；

b. 非责任故障

不是受试设备自身引起的故障，其中包括下列几项：

非关联故障；由独立故障引起的从属故障；确认试验室提供的设备、操作、维护引起的故障；有规定使用期限的产品，超过规定更换期限而未更换所引起的故障；对于故障原因明显并易纠正的恒定性（非随机性）故障，经使用方同意，在受试设备中均采取有效的纠正措施，经过验证后，可作为非责任故障。

（11）试验的基本规则

①试验样品的数量

可靠性鉴定试验样品的数量为一台。

②试验时间

可靠性鉴定试验的时间应持续到总的试验小时及总的故障数均能按规定的统计试验方案作出合格与否判决时截止。

③受试设备的安装

受试设备应按模拟现场安装方式进行安装，应附有必要的仪器进行监测以满足试验要求，并保证受试设备、试验设备及人员的安全。

④故障的处理与报告

试验过程中出现故障时，应按FRACAS系统（故障报告、分析与纠正措施系统）规定的故障报告要求填写，把有故障的参试样品从试验设备中撤出时应设法使其对继续试验的样品影响最小，任何有故障的零部件均应更换，任何已经恶化但尚未超出其额定值的除外，出现故障后在试验现场采取措施，换上替换件继续试验或者故障件经修理、改进恢复了工作能力使其重新投入试验。这时应在FRACAS系统故障报告表的现场分析与措施栏登记，修复后有故障样品重新投入试验后，应设法使其对其他样品影响最小，并在试验中证实改进措施的有效性。在寻找故障和修理期间，如有必要继续进行试验，经使用方同意，可临时换上备用的组合件，除非预先规定为故障处理的一种方法，否则组合件不得永久性更换。

⑤检测要求

按受试设备的技术条件规定的功能检查和性能测试项目中选择能代表产品基本功能和技术性能的参数制定参数检测表，在试验剖面规定的阶段，对参试样品进行检测和记录。参试样品第一次通电开机时至少要有一次测量记录。若任一项规定的性能参数超出允许容差，应计一次故障，并填入FRACAS报告表内。若不能确定准确的故障时间时，就假定故障是在上一次观察记录时刻或该参数的上一次测量时刻发生的。

⑥检测项目及检测方法

a. 功能及性能检测项目及测试方法

性能检测项目——工作频率范围、工作灵敏度、干扰功率及其他指标按技术条件列出；

功能检测项目——告警控制功能和信号处理能力；

功率管理能力；

加卸载能力检查；

b. 检测频率点

c. 试验检测点及检测内容的设置

试验检测点的设置要求是，在综合试验过程中每一个循环中共设四个检测点，这四个试验检测点是：地面−45℃工作，空中−26.4℃工作，地面+60℃工作，空中+60℃工作，在每个检测点测试时间不超过15 min；

关于检测内容的规定是，所有检测内容共分为四组，在每个检测点上的检测内容的设置为：所有功能检测项目；ESM分系统的性能检测项目；ECM分系统的检测项目；

对于检测内容循环，进行每一个试验循环的四个测试点上对应了四组测试项目，每一个试验循环需测试完四组内容；对四组测试项目在四个测试点上进行循环需测试的方法，即在第一个试验循环的第一个测试点上测试第一个测试项目的内容，在第一个试验循环的第二个测试点上测试第二个测试项目的内容，依此类推；在第二个试验循环的第一个测试点上测试第二个测试项目的内容，在第二个循环的第二个测试点上测试第三个测试项目的内容，依此类推。

记录检测内容

（12）合格与否的判决

a. 判定的基本准则

合格与否应根据统计试验方案中的判决标准判定，判定的依据是试验样品总的责任故障数、试验时间及所用的判决标准；

b. 可靠性鉴定试验结果的接收与拒收

可靠性鉴定试验作出接收判决，受试设备的可靠性设计已通过鉴定，意味着有很高的概率保证超过 θ_1；反之，如被拒收说明受试设备可靠性设计还存在不足之处，在认真分析的基础上采取有效的改进措施后，重做鉴定试验。

（13）试验样品的复原

可靠性试验结束后，承制方应将试验样品恢复到产品标准规定的工作状态下，更换有故障的零部件，性能退化，但未超出允许容限或已达到使用期限的 2/3（或 3/4）的零件也要更换，可靠性试验后复原的样机应在使用方监控下，通过性能检测和验收程序后，才能交付使用。

（14）纠正措施和预防性措施

a. 纠正措施

对所有的故障都要制定纠正措施并纳入 FRACAS 系统，填写 FRACAS 的故障报告以及分析与纠正措施表。纠正措施应对可靠性试验中出现的故障进行处理，可靠性试验现场为继续试验采取的修理不计入可靠性增长的纠正措施；

b. 预防性措施

可靠性试验中应执行设备使用所规定的预防性维护程序，为了保证可靠性试验顺利进行，对试验设施也进行预防性维护。

在可靠性试验中，允许对受试设备中的到期寿命器件进行更换处理，对难以准确预料寿命的部分元器件可以在试验过程中更换处理，对难以准确预料寿命的部分元器件可以在试验过程中出现失效时做具体分析，可通过各种分析方法确认其寿命期，对失效件做更换处理，对于这一类元器件可在维护手册进行完善和修改后，失效不列入责任故障，预期列入有寿命期的寿命件，具体规定如下：

国产行波管　寿命≥500 h
进口行波管　寿命≥1000 h
国产电子管　寿命 500 h
风　　　机　寿命≥250 h
继　电　器　寿命（0.4～5）×10^5 次

2. XX 电子设备可靠性鉴定试验程序

（1）目的

为了确保 XX 电子设备进行综合环境应力可靠性试验，应按使用要求制定可靠性增长与鉴定试验实施大纲，本程序依据该大纲拟制。

（2）联合试验小组

联合试验小组成员受各方项目负责人的委托，负责联合试验小组的日常工作。试验开始前，联合试验小组人员应在表7—4中签名登记，联合试验小组对本次鉴定的有效性负有重要责任。

表7—4　XX电子设备可靠性鉴定试验联合试验小组签名表

<table>
<tr><td rowspan="2">序号</td><td>试验名称</td><td colspan="3">XX电子设备可靠性鉴定试验</td><td colspan="3">工作起止日期</td><td></td></tr>
<tr><td colspan="2">试验各方项目负责人</td><td>姓　名</td><td colspan="2">职务/职称</td><td>日期</td><td colspan="2">联系电话</td></tr>
<tr><td>1</td><td colspan="2"></td><td></td><td colspan="2"></td><td></td><td colspan="2"></td></tr>
<tr><td>2</td><td colspan="2"></td><td></td><td colspan="2"></td><td></td><td colspan="2"></td></tr>
<tr><td>3</td><td colspan="2"></td><td></td><td colspan="2"></td><td></td><td colspan="2"></td></tr>
<tr><td>4</td><td colspan="2"></td><td></td><td colspan="2"></td><td></td><td colspan="2"></td></tr>
<tr><td>5</td><td colspan="2"></td><td></td><td colspan="2"></td><td></td><td colspan="2"></td></tr>
<tr><td rowspan="2"></td><td colspan="8">试验现场联合试验小组成员名单</td></tr>
<tr><td>职　务</td><td>姓　名</td><td>职务/职称</td><td colspan="5">工　作　单　位</td></tr>
<tr><td>6</td><td>组长</td><td></td><td></td><td colspan="5"></td></tr>
<tr><td>7</td><td>副组长</td><td></td><td></td><td colspan="5"></td></tr>
<tr><td>8</td><td>副组长</td><td></td><td></td><td colspan="5"></td></tr>
<tr><td>9</td><td>副组长</td><td></td><td></td><td colspan="5"></td></tr>
<tr><td>10</td><td>成员</td><td></td><td></td><td colspan="5"></td></tr>
<tr><td>11</td><td>成员</td><td></td><td></td><td colspan="5"></td></tr>
<tr><td>12</td><td>成员</td><td></td><td></td><td colspan="5"></td></tr>
<tr><td>13</td><td>成员</td><td></td><td></td><td colspan="5"></td></tr>
<tr><td>14</td><td>成员</td><td></td><td></td><td colspan="5"></td></tr>
<tr><td>15</td><td>成员</td><td></td><td></td><td colspan="5"></td></tr>
<tr><td>16</td><td>成员</td><td></td><td></td><td colspan="5"></td></tr>
<tr><td>17</td><td>成员</td><td></td><td></td><td colspan="5"></td></tr>
<tr><td>18</td><td>成员</td><td></td><td></td><td colspan="5"></td></tr>
</table>

联合试验小组负责可靠性试验方案的实施，分别向各方项目负责人报告试验中重大事件，接受有关指令，负责试验执行过程中的协调工作。具体职责规定如下：

a. 确认提交可靠性鉴定试验样机的技术状态和相关资料，提出认证的意见；

b. 检查试验前的各项准备工作（试验设备、样机、参试试验人员等），确认开始试验的

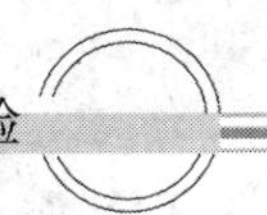

条件是否具备，向各方项目负责人报告，并给出正式开始试验的指令；

c. 审核试验过程中试验条件保证情况和所有试验数据记录；

d. 检查按试验大纲规定的预防性维修项目及维修程序；

e. 审核试验实施中根据试验现场需要对试验程序所作的临时性调整是否符合“实施大纲”和试验方案书的要求；

f. 确认并报告试验现场故障及故障情况；

g. 对可靠性试验期间发生的故障提出故障分类意见；

h. 提出试验完成或试验终止的报告，申请结束或停止试验；

i. 试验结束时审核所有文件，以保证“实施大纲”和试验方案书的要求；

j. 试验结束后，向本项目课题组提交所有试验原始数据记录；

k. 试验过程中联合试验小组正副组长职权所能决定的事项或联合试验小组内意见不能取得一致时，应按相应程序报各单位项目负责人或上级领导机关裁决。

(3) 试验样机情况

提交试验的XX电子设备的技术状态，应符合签订的设备可靠性增长与鉴定技术经济合同中的有关规定，在厂、所内完成了可靠性摸底与增长工作，并贯彻了增长措施，且在经过检验合格的成批产品中随机抽取。受试的组合数量按1∶1备份，同时还应有足够的维修条件。备份组合和维修条件的技术状态应与投试所使用的技术状态保持一致。XX电子设备组成情况如表7—5所示。

表7—5　XX电子设备组成

组　成	A1	A2	A3
分机01	天线	控制盒	天线
分机02		管理分机	
分机03		转接盒	微波分机
分机04	接收	滤波器	中频分机
分机05	接收	隔离器	产生器
分机06	接收	分线盒	
分机07	处理机		低压电源
分机08	显示器		发射
分机09	加/卸载器		风机
分机10	接收机		

注：表中显示器和控制盒在试验箱外，作为观察和检测用，不参与试验。

(4) 试验设备及证书

试验设备采用电子部五所的 Y78A—1/BD 综合环境试验箱。试验设备应具备由国家环境试验设备检测中心颁发的有效计量合格证书。试验监测仪器见 XX 电子设备总技术条件规定，并具有有效计量合格证书。

（5）试验应力施加与受试样机监测

①试验应力施加

试验应力施加的时机、量值和持续时间按电子设备可靠性增长与鉴定试验实施大纲相应规定执行。控制误差为温度稳定后≤±2℃，加速度谱密度控制容差，在安装台面上控制应满足控制容差≤±3dB 的要求。

②受试样机的监测

在 XX 电子设备可靠性鉴定试验的整个过程中，对受试样机应进行全面的电性能和功能监测，功能监测和性能测试项目与 XX 电子设备可靠性鉴定试验方案书一致，并保证在每一个试验周期中使其功能和性能受到全面均匀监测和检查。同时受试样机的测试时机也应满足要求。

（6）试验前的准备工作

①批复的试验方案中功能检查和性能测试的有关要求，由受试方代表与承试方共同制定详细的试验测试记录表，表中应包括检测时机，检测项目和指标要求。

②检查综合环境试验设备及其他配套设备的运行情况，协调水、电、气的供应。按试验剖面设置振动、温度和湿度控制程序，试运行试验设备保证达到控制精度要求。检查所用的设备是否具有计量合格证。

③对试验样机的外观、结构和电性能进行初检，防止因运输等意外原因影响样机的技术状态。

④以尽量接近设备在现场使用的安装方式，将试验样机安装在综合试验箱内，样机周围的环境气流尽量模拟样品预定的工作条件。试验样品及夹具的重心应尽量与振动台的中轴线重合。搭接好各种监控和测试设备、仪器、连接，密封好有关线缆和引线。

⑤受试样机安装好以后，应作一次全面的检查，检查电气连接情况以及试验现场有无妨碍试验进行的多余物。安装振动传感器后，先从小量级对试验样机进行短时间试振，然后按试验剖面要求的振动量级逐步升级，以进一步检查样机安装效果和动态特性。如有不妥之处，应重安装振动传感器，寻找最佳控制点或采取经联合试验小组认可的措施。只有在一切情况正常后，才能进入正式试验。

⑥在室外温下按产品技术条件对试验样机进行一次全面的机械和电性能检测，并按要求作测量记录。

⑦提交的 XX 电子设备试验样机，经评审后，确认可以到 XX 单位进行可靠性鉴定试验，除非另有特别规定，在正式可靠性鉴定之前不得对样机作任何可靠性预处理试验。

（7）试验记录表与填写责任

①功能检查与性能测试见标准的 1. 1. 11. 6a，测试时机见 1. 1. 11. bc，1 由受试方试验现场值班测试并记录，承试方可靠性值班监测并会签确认。

②如下试验日志表 7—6，由承试方可靠性值班记录，受试方试验负责人、使用方代表会签。

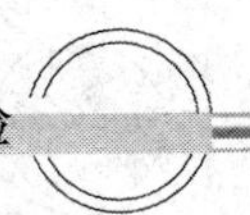

表 7—6　XX 电子设备可靠性试验日志

<table>
<tr><td>日　期</td><td colspan="3">年　　月　　日　星期</td><td colspan="2">记事人</td><td></td></tr>
<tr><td colspan="7">正常情况记录：
1. ________点________分开机，剖面时间________点________分，温度________℃开始做第________循环，电压________V 至________点________分第________循环结束。本循环试验设备开机时间________min，受试样机试验时间________min，通电试验时间________min。
2. ________点________分试验进入第________循环，电压________V，至________点________分第________循环结束。本循环试验设备开机时间________min，受试样机试验时间________min，通电试验时间________min。
3. ________点________分试验进入第________循环，电压________V，至________点________分第________循环结束。本循环试验设备开机时间________min，受试样机试验时间________min，通电试验时间________min。
4. ________点________分试验进入第________循环，电压________V，至________点________分第________循环结束。本循环试验设备开机时间________min，受试样机试验时间________min，通电试验时间________min。
5. ________点________分试验进入第________循环，电压________V，至________点________分第________循环结束。本循环试验设备开机时间________min，受试样机试验时间________min，通电试验时间________min。</td></tr>
<tr><td colspan="7">非正常情况记录：</td></tr>
<tr><td>签　名</td><td>受试方试验员</td><td></td><td>使用方代表</td><td></td><td>承试方试验员</td><td></td></tr>
</table>

③试验设备运行记录见表 7—7，由试验条件保证值班人员记录。

表 7—7　综合环境试验设备运行情况记录表

值班人员__________　日期______________　循环数__________

样品名称______________________________　生产厂__________

早班开机时间_______点_______分　晚班关机时间_______点_______分

<table>
<tr><td>市电压/V</td><td></td><td>室温</td><td></td><td>室内温度</td><td rowspan="5">液氮</td><td>压力</td><td></td></tr>
<tr><td rowspan="4">冷却水</td><td>水源</td><td>冷冻水</td><td>循环水</td><td>自来水</td><td>指示格数</td><td></td></tr>
<tr><td>出水压 P</td><td></td><td></td><td></td><td>电磁阀Ⅰ</td><td></td></tr>
<tr><td>出水压 P</td><td></td><td></td><td></td><td>电磁阀Ⅱ</td><td></td></tr>
<tr><td>水温/℃</td><td></td><td></td><td></td><td colspan="2"></td></tr>
<tr><td rowspan="2">XX 机组</td><td>表头编号</td><td>1</td><td>2</td><td>3</td><td colspan="2">4</td><td rowspan="2"></td></tr>
<tr><td>压力示值</td><td></td><td></td><td></td><td colspan="2"></td></tr>
<tr><td>XX 机组</td><td colspan="7"></td></tr>
<tr><td rowspan="2">温度记录仪</td><td>正　常</td><td rowspan="2">箱体密封</td><td>底板</td><td>箱门</td><td rowspan="2" colspan="2">蒸馏水</td><td>合格</td></tr>
<tr><td>不正常</td><td>好、不好</td><td>好、不好</td><td>不合格</td></tr>
<tr><td rowspan="2">振动气压</td><td>基座上</td><td>密封圈</td><td rowspan="2">吸潮机</td><td>工作</td><td rowspan="2" colspan="3"></td></tr>
<tr><td></td><td>好、不好</td><td>不工作</td></tr>
<tr><td>RDC511A
振动系统</td><td colspan="3"></td><td>DPA8
功放</td><td colspan="3"></td></tr>
<tr><td colspan="8">试验记录

记事人：　　　　　　　　　　　　核实：</td></tr>
</table>

交班时间		交班人员		接班人员		接班时间	

④联试验小组评审意见表见表7—8，试验设备及试验条件保证情况由条件保证组组长填写，受试样机当前技术状态及准备情况由受试方试验现场技术负责人填写。

表7—8　XX电子设备可靠性试验联合试验小组试验评审意见表

<table>
<tr><td>评审阶段</td><td></td><td>日期</td><td></td><td>地点</td><td></td></tr>
<tr><td rowspan="2">评审内容</td><td colspan="5">试验设备及试验条件保证情况：

承试方条件保证组组长：　　　　日期：</td></tr>
<tr><td colspan="5">受试样机当前技术状态及准备情况：

受试方试验技术负责人：　　　　日期：</td></tr>
<tr><td>试验内容目的及方案简述</td><td colspan="5">

承试方试验负责人：　　　　日期：</td></tr>
<tr><td>评审意见</td><td colspan="5"></td></tr>
<tr><td>单　位
受试方试验负责人</td><td>签　名</td><td>日　期</td><td>承试方试验负责人</td><td>签　名</td><td>日　期</td></tr>
</table>

试验过程内容、目的及方案简述由联合试验小组组长填写，评审意见由联合试验小组组长综合，承试方和受试方试验负责人、使用方代表会签。

⑤试验时间统计表见表7—9，由承试方试验执行负责人每天试验结束后，对当天试验时间进行统计，最后条件保证组组长审核。

表7—9　XX电子设备可靠性试验时间统计表

日期	试验设备工作		样机试验时间		样机工作时间		有效试验时间		有效工作时间		备注
	当日	累计	当日	累计	当日	累计	当日	累计	当日	累计	

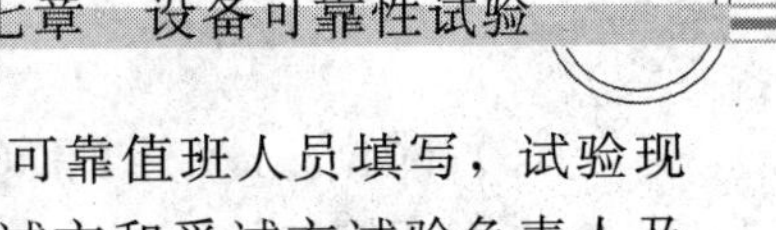

⑥FRACAS故障报告表见表7—10，前十项内容由试验现场可靠值班人员填写，试验现场军代表审查，第11项内容由受试方试验技术负责人综合，承试方和受试方试验负责人及试验现场使用方代表会签。

表7—10　可靠性试验故障报告表

（本报告由试验现场监测人填写，试验现场使用方代表签字）

故障报告表编号：□□□□□□□

1. 设备型号、名称		2. 承制单位	
3. 故障日期、时刻		4. 发现时机	第　　循环第　　分
5. 机号、分机名称		6. 前次监测	第　　循环第　　分
7. 故障时试验应力	温度________℃；湿度________%；电应力：直流________V；交流________V 振动________ g^2/H^2（或频率________Hz 加速度________g）		
8. 故障时	样机试验循环数：________ 样机试验时间：________ 样机通电试验时间：________ 累计试验循环数：________ 累计试验时间：________ 累计通电试验时间：________		
9. 故障现象： 注：故障是否首次发生？□是　□否；首次发生的故障报告流水号№________			
10. 现场处理方法：□停机排故 □更换样机 □继续试验观察 试验现场监测人签名：　　日期：　　现场军代表签名：　　日期：			
11. 故障核实及初步分析意见（本栏由参试各方试验现场负责人填写）：	受试方日期 使用方日期 承试方日期		

(8) 试验准备工作评审

在正开始可靠性试验前，由联合试验小组组织对受试样机、试验设备、参试设备、参试人员、后勤保障等方面准备工作情况进行评审，填写试验前评审意见表并向各方项目负责人报告。评审通过后对试验箱进行加封，冻结受试样机的技术状态，然后由联合试验小组下达正式开始试验的指令。

(9) 试验执行

①试验期间所有参试人员应自觉遵守试验室的管理规则，做到文明试验。

②试验开始后，试验值班人员应坚守岗位，保证试验应力的施加满足试验方案要求，及时准确地作好各种试验记录。试验要注意人员和设备的安全。

③试验期间任何一方都不得随意变更样机状态或其他未经许可的处理。试验箱开封应得到联合试验小组的同意，检查受试样机应有四方人员在场。样机再次投入试验时，试验应重新加封。

④试验中各种应力施加、功能检查、电性能测试、预防性维修应按“实施大纲”和试验方案书中的要求执行，任何人不得擅自变动。

⑤试验中应做好各种原始数据记录，包括受试样机的功能检查，性能测试记录，试验设备运行情况记录，写好试验日志。原始数据要求用黑笔记录，并不得随意涂改。

⑥当试验设备运行异常或发生故障时，试验现场值班人员可视情况作应急处理。当需要中止试验时，应及时通报联合试验小组正副组长，经确认后以尽量不影响受试样机的方式将试验箱温度调整到室温。在试验设备排故的同时，应对受试样机进行全面检查，以排除试验设备故障对受试样机可能造成的影响。

⑦当受试设备技术状态出现异常时，受试方应将故障现象和故障发现时机、试验条件详细记录在表7—6的记事栏，并向联合试验小组负责人报告。除故障会危及受试样机的安全方可切断故障电源外，一般应让其继续试验以便对故障进行观察获得更多的故障信息。当温控程序走到常温后，由联合试验小组决定采取排故、用备份样机更换还是继续试验观察。

⑧故障发生后，应按电子设备可靠性增长与鉴定试验实施大纲的要求填写故障报告表(表7—10)。应对故障分析或排故过程所作的工作进行详细记录。对找到故障原因的，允许对故障的零部件进行修复，并将有关情况记录在纠正措施表上。

⑨试验期间为了寻找故障原因，允许样机带故障运行。但在样机状态未恢复正常前，有故障的试验时间不计入总试验时间，但应作好记录，供进一步分析用。在此期间出现的故障，除已确定为非关联故障外，若不能确定是由原有故障引起的从属故障则应进行分类和记录，并作为与原有故障同时发生的多重关联故障处理。

⑩对故障原因一时难以找到或短时难于修复的，为不耽误试验，可将备份样机换上继续试验。按“实施大纲”要求，每台试验样机累计试验时间至少为所有试验样机平均试验时间的一半以上才算有效。有效试验时间是指参试样机累计无故障工作时间。

⑪试验期间，除试验方案中规定的预防性维修程序外，其他时间都不允许对受试样机进行调整或随意更换任何未出故障的模块或部件，包括已经或正在恶化但尚未超出允许容差范围的零部件。故障修复时不允许更换与故障无关的其他零部件。

⑫故障判据见试验方案书的有关条款。故障分类按“实施大纲”的条款或有关标准的规定执行。

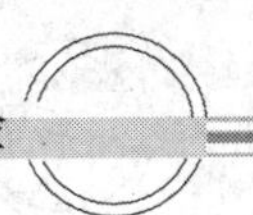

(10) 试验中检查与确认

在试验中，当受试样机发生故障修复后或更换样机后，准备继续试验时，应由联合试验小组组织再次评审。经联合试验小组对样机技术状态确认，填写试验过程中评审意见表后方可继续试验。

(11) 试验结束

为作出接收判决，受试设备累计有效试验时间必须达到试验方案书中规定的总试验时间后才能结束试验。若试验中出现拒收判决时，无论试验结束与否，都应向上级主管部门报告，提出处理意见。当剔除系统性故障后关联的独立故障数尚未超过 2 个，为了进一步暴露产品的其他故障模式及评估其可靠性水平，试验仍应继续下去；当随机性责任故障超过 5 个时，联合试验小组应将情况及时向上级主管部门报告，申请结束本次试验。后续试验如何进行，由承试方与受试方协商解决，并将协商结果报告上级主管部门。

(12) 试验结束后，将试验箱内温度恢复到室温，保持 1 h 后开箱对样机进行全面的电性能、外观和结构检查，并作好记录。

(13) 试验完成后的评审

试验工作结束后，联合试验小组正副组长向本单位项目负责人报告并对试验完成情况进行全面评审，填写试验结束评审意见表，以总结工作，提出故障分类意见，评价结果，对遗留问题提出处理意见。

(14) 试验结束后，承试方应尽快将试验基本情况及试验后要落实的工作形成简报，由双方联合上报主管机关。

(15) 试验报告

由课题组负责人根据联合试验小组提供的报告和试验各项原始记录抄报的关于改进措施落实情况的材料，组织编制试验报告。如因设计（生产）定型等工作受试方需要向有关部门上报试验报告时，应在试验前提出申请，经上级批准后可提前提交。

二、XXX 电子设备可靠性鉴定试验方案

1. 试验目的和要求

(1) 为了鉴定在规定条件下的可靠性特征值，即 MTBF 的最低可接受值 $\theta_1 \geqslant 130$ h。

(2) 试验依据文件

a. XXX 电子设备可靠性增长与 X 类鉴定试验经济技术合同书；

b. X 类电子设备可靠性增长与鉴定试验大纲；

c. GJB 899－90 可靠性鉴定和验收试验；

d. XXX 电子设备总技术条件。

2. 产品组成、功能检查项目和性能测试项目

(1) 产品的组成

由测向天线及测向接收机、显示器、控制盒等分机组成。

(2) 功能检查项目及性能测试指标

①功能检查

a. 自检能力

接通电源后，按“自检”键，启动自检程序，检查各接收机是否正常工作；

b. 多信号显示

按“序显”键，依次显示应不少于3个；

c. 优先

字符显示“优先”“序显”键的控制，当“序显”键不按下时，只对威胁级别最高的一个信号发出视觉和听觉告警；

d. 序显

按照威胁级别高低依次显示所有的威胁信号；

e. 音响

只对威胁级别最高的一个信号发音响告警。

②性能测试

a. 工作脉宽范围内的容差±0.2 μs；

b. 灵敏度测试。

3. 试验剖面及应力施加

按电子设备可靠性增长与鉴定试验实施大纲规定的试验剖面图执行。

有关环境应力的施加说明如下：

a. 综合环境试验

按电子设备可靠性增长与鉴定试验实施大纲规定的综合环境应力可靠性试验剖面图制定的XXX电子设备综合环境应力可靠性试验剖面进行试验；

b. 电应力

各试验循环输入上限电压、标称电压、下限电压，根据总技术条件的规定，上限为118 V，下限为108 V。

4. 统计试验方案及受试产品的数量

（1）XXX电子设备可靠性预计$\theta_p=283$ h（见第一次XXX电子设备的可靠性预计报告）。

（2）可靠性鉴定试验方案

选用GJB 899—90中方案17，即：

$$\theta_1=130\ \text{h}$$
$$\theta_0=390\ \text{h}$$

要求总的试验时间$T=4.3$，$\theta_1=559$ h。

试验方案参数表见表7—11。

表7—11　试验方案参数表

方案号	决策风险		鉴别比	试验时间θ_1的倍数	判决责任故障数	
	α	β			拒收（≥）	接收（≤）
17	0.20	0.20	3.0	4.3	3	2

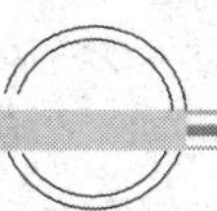

从以上参数可知预计值 $\theta_p < \theta_0$。选取这一方案风险较大，评审没有通过，但是受试样机在正式进行鉴定试验前进行充分的改进工作，提高了受试样机的可靠性水平，通过再次可靠性预计，$\theta_p > \theta_0$，提高了可靠性鉴定试验的成功概率，通过试验评审通过了这一试验方案。

(3) 受试设备数量

根据试验设备容量，可同时用二部样机进行试验，这样总试验时间可以缩短一半。

5. 试验的基本规则及故障判据

(1) 受试样品的选取和要求

受试样品从验收合格的批生产中随机抽取。这些产品按合同要求，经过初步改进，通过环境试验及可靠性摸底试验，并经过评审通过可提交正式的增长、鉴定试验。

(2) 试验样品的安装

试验样品模拟使用现场安装方式安装。控制盒及显示器放在试验箱外，其主要理由为：

a. 在试验过程中需要不断地操作控制盒上的“电源”、“优先”、“序显”、“自检”等按键来监测本机的功能及工作状态是否正常，而本机工作是否正常，接收机工作灵敏度是否达到，是通过显示指示检查；

b. 控制盒和显示器实际使用中是安装在飞机座舱内的仪表板上，承受的温度及振动应力强度与安装在设备舱内设备相比弱得多；

c. 控制盒及显示器已装机的三十多套，在使用中未出现过故障。

(3) 受试样品的检测

①分区误差的测试

由于试验现场不具备必须条件，试验过程中无法进行这项测试，经双方协商同意，试验前、后在所内测试。

②试验过程中，每个循环检查内容及时间

a. －45℃，15 min 后，进行接收机工作灵敏度的测试；

b. －3.8℃达到后，立即进行功能检查和脉宽范围的测量；

c. 第二个＋60℃结束前 15 min，进行接收机工作灵敏度的测试。

③检测方法应按产品的总技术条件的规定进行

a. “自检能力”、“多信号显示”、“优先”、“序显”等功能的检测采用操作控制盒上的按健直接观察显示器是否按预先规定的方式显示；

b. “音响输出”、“工作脉宽范围”用示波监测输出幅度；

c. 灵敏度测试

直接由扫频仪数字显示读数，再加上射频电缆的衰减量。

(4) 工作状态的选择

在一个循环过程中，除检查功能、测试性能需要输入规定的频率和规定的信号特征外，其余通电后的工作状态，可以是下述状态中的一种：全机处于正常的接收状态（静态）；或输入某一已知信号，让某一支路处于工作状态，其他支路处于正常的接收状态；或让整机处于“序显”状态，自检状态均可。

(5) 故障判据

①故障的定义

在规定的条件下，任何一项或几项功能的丧失，或其性能参数超出允许范围，或出现影响设备功能的机械部件、结构件或元件的破裂、断裂或损坏状态，均视为本机发生了故障。

②故障判据

a. 本方案列出的功能指标中任何一项丧失或出错；

b. 本方案中规定的测试指标超出容差时；

c. 工作脉宽超出±0.2 μs 时；

d. 机械部件、结构件、元器件的破裂、断裂或损坏。

③故障分类

故障分为责任故障和非责任故障，责任故障计入统计试验方案中的判决故障数。

对于故障原因明显并易纠正的恒定性故障，经参试三方共同商定，并在全设备中均采取了有效的纠正措施后，并经过验证可作为非责任故障处理。

④故障的处理

试验中出现故障后，首先应作详细的记录，更换有故障分机继续进行试验。撤换下来的分机，对其故障进行分析、修理和改进，恢复其工作能力，恢复后重新投入试验。对所有的故障都要制定纠正措施并纳入 FRACAS 系统，填写 FRACAS 的故障报告分析与纠正措施表。

6. 检测仪表的说明及要求

检测时，使用以下主要仪器：

a. 扫频仪；

b. 示波器；

c. 脉冲发生器；

d. 打印机；

e. 模拟器（自制非标）；

f. 双向接收机测试仪（自制非标）；

g. 接收机测试仪（自制非标）。

自制非标仪器，在使用前应进行检修，对有关参数进行校正。其他仪器应保证在整个试验期内都在计量的有效期内。

7. 预防性维护

使用过程中，只有当累计工作时间 200 h，可进行预防性维护。预防维护中发生的责任故障，影响判决，但相应的工作时间应计入试验时间内。

8. 试验的记录与分析报告

（1）试验情况应按试验程序连续进行记录，不得间断。记录的种类包括：

a. 试验日志与测试数据的记录；

b. 本机故障详细的记录；

c. 根据 FRACAS 系统填写故障报告、分析及纠正措施表；

d. 故障分类的建议。

（2）可靠性试验结束，应提交可靠性试验报告

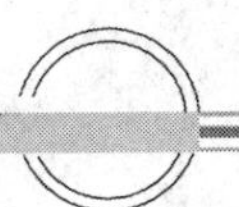

9. 试验样品的复原

可靠性试验后，试验样品应恢复到产品总技术规定的工作状态，更换有故障的零部件，性能退化但未超出允许容限的零件也要更换。可靠性试验复原的样品应由使用方代表监控，通过性能检测和验收合格后，才能交付。

10. 产品可靠性鉴定试验结果的计算方法

鉴定试验结束后，根据试验数据，对产品 MTBF 的观察值和置信区间进行估计。

a. MTBF 观察值 $\hat{\theta}$ 的计算公式为：

$$\hat{\theta}=T/r$$

式中　T ——设备总的工作时间；

　　　r ——责任故障数。

b. MTBF 的区间估计

取置信度 $C=1-2\beta=60\%$，按 GJB 899 附录 A 的公式，图表计算 MTBF 的下限值 θ_L 和上限值 θ_U。

思　考　题

1. 可靠性试验可分为几种类型？试述每一种类型的适用范围。
2. 可靠性验证试验包括哪几种试验？
3. 什么叫综合环境应力？主要包括哪几种应力？
4. 可靠性鉴定试验综合环境应力试验剖面是进行可靠性试验的依据，包括哪些内容？
5. 如果要你针对本单位产品制定一个可靠性试验方案或试验程序有什么困难？

第八章　可靠性增长试验

第一节　可靠性增长的目的和意义

一、可靠性增长试验的目的

可靠性增长试验是国军标 GJB 450—88《装备研制与生产的可靠性通用大纲》中规定的工程研制项目，是改善设备可靠性的有效手段，在产品研制阶段，通过暴露故障、改进设计消除设计缺陷，提高产品的固有可靠性。美国在 70 年代已经制定标准，广泛采用可靠性增长试验和试验－分析－改进（TAAF）试验作为正式的可靠性鉴定试验的补充和替代。增长试验过程中，有计划地激发故障、分析故障和改进设计。通过验证说明改进措施的有效性。

二、可靠性增长的意义

对于系统比较复杂的设备来说，它的最初样机不可避免地会带来在早期设计中不能预见到的可靠性和性能缺陷。因而样机必须按照研制试验规范进行必要的试验，以便于暴露问题，这样才能使系统的设计得到改进。以后系统的性能和可靠性就决定于这此些改进次数和效果，研制试验的最终目标是实现系统的性能和可靠性要求。

工程研制经验证明，如果研制试验规范只是依靠最后验证确定是否符合可靠性要求是不够的。事实上在很多情况下是不能以分配的资金达到可靠性目标，而在最后验证试验之前把重点放在可靠性上，使系统从实质上提高实现这些目标的可能性。为了实现这项目标，应采用可靠性增长管理手段。这项管理包括在增长试验过程中建立必须达到的可靠性阶段目标值，以及为达到这些目标值所需要的资金，贯穿于整个规划的可靠性增长管理要制定一个包括计划、评定和控制增长的开放计划。

可靠性增长计划包括可靠性增长进度表、试验工作量、可利用的资金及达到可靠性目标的试验规划。可靠性增长计划可用一个可靠性增长程序来定量化及描述。可靠性增长曲线确定了整个规划的可靠性阶段目标值。为达到这些目标值，关键在于管理人员应该知道如何去执行规划过程中所发生的可靠性问题，便于及时判断需要进行什么样的变动，提高可靠性的重点应放在哪里。因此，最根本的是在试验规划过程中要定期评估可靠性，并将它与计划的可靠性增长值进行比较。及时针对缺陷去改进系统的设计，管理可以控制增长过程，使产品能够逐步达到可靠性目标。

计划的增长曲线和阶段目标值仅仅是目标要求。并不意味可靠性会自动地增长到这些值。要达到目标值，只有对系统采用一定次数的设计改进。

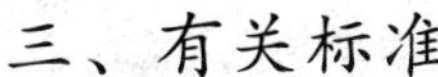

三、有关标准

GJB 1407—92 可靠性增长试验

GJB/Z 77—95 可靠性增长管理手册

GJB 450—88 装备研制与生产的可靠性通用大纲

GJB 150—86 军用设备环境试验方法

GJB 841—90 故障报告、分析和纠正措施系统

GJB 899—90 可靠性鉴定和验收试验

GJB 1391—92 故障模式、影响及危险性分析程序

第二节　可靠增长原理

一、可靠性增长的基本过程

可靠性增长是一个反复的设计改进过程。每次设计完成后，应对设计结果进行研究，弄清实际的或潜在的失效来源。再进行设计工作时就要集中在这些存在的问题上。设计工作可能是产品的设计，也可能是生产过程的设计。这些反复过程可用图 8—1 中的反馈回路表示，从图中可以看出要达到可靠性增长的过程包括三个组成部分：

a. 失效来源的检查；

b. 发现问题的反馈；

c. 根据发现的问题进行再设计。

如果失效源是用试验来检查的，还应有硬件制造将失效来源作为再设计的验证。

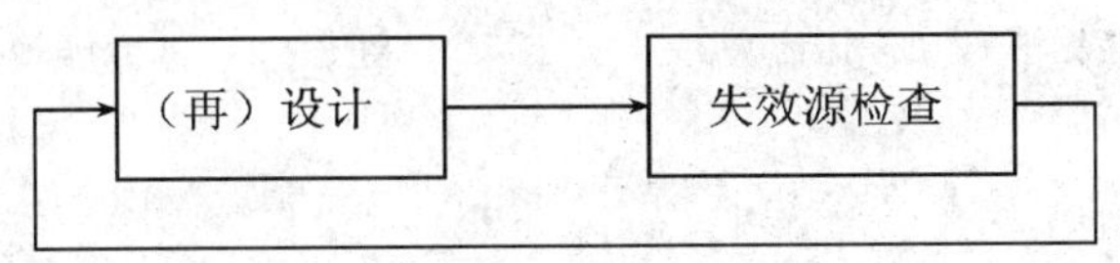

图 8—1　可靠性增长的反馈模式

二、基本方法

1. 确认产品主要薄弱环节

通过试验、分析，寻找产品的薄弱环节，其主要方法为：

a. 充分利用性能试验、环境试验、耐久性试验、可靠性研制试验及现场试验的信息，确认薄弱环节；

b. 利用可靠性分析方法，如故障模式、影响及危险度分析和故障树分析技术，找出薄弱环节。

2. 分析故障原因

利用同类产品已有的故障信息，确定最有可能引起故障的原因，确定产生故障的关键件或部位。

3. 确定改进措施

通过可靠性分析找出的薄弱环节，针对故障发生原因等确定有效改进措施。

三、增长率

可靠性增长率决定于图 8—1 中回路活动完成的速度及其真实程度，与重新设计解决所发现的问题时没有引进新问题的程度有关。

图 8—1，图 8—2 和图 8—3 的形式表现了增长过程和有关的管理过程。这些过程仅表达一般特性。要表现一个实际规划仍需很多细节。这个详细化过程包括对增长过程的输入和输出附加的活动方框及更明确的判断逻辑方框。

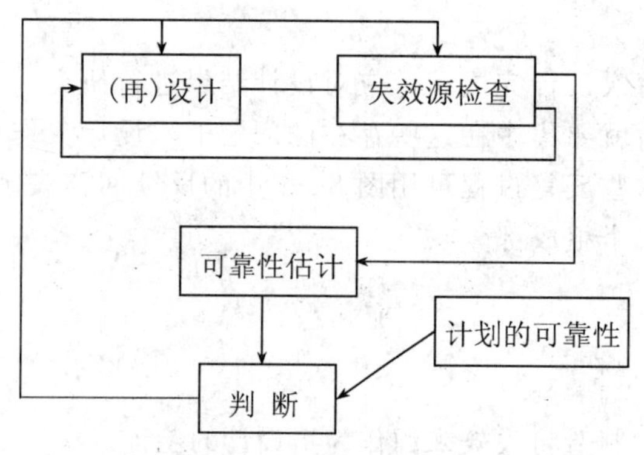

图 8—2 可靠性增长模式（估计的）

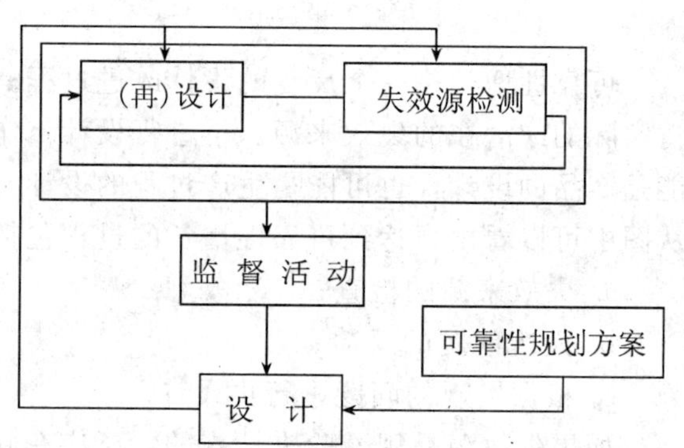

图 8—3 可靠性增长管理模式（监督）

第三节 可靠性增长的有关术语

一、可靠增长

通过对产品设计或制造工艺的更改，使产品的固有可靠性在一段时间内得到确实的提高。

二、可靠性增长管理

为达到预期的可靠性指标，对时间和其他资源进行系统的计划，并在估计值与计划比较

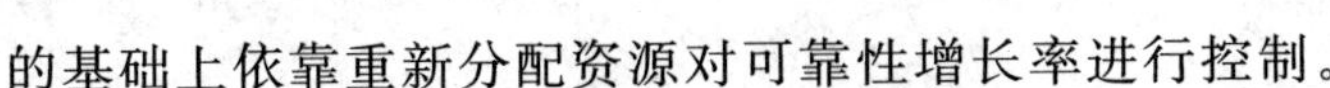

的基础上依靠重新分配资源对可靠性增长率进行控制。

三、可靠性增长试验

诱发产品故障，找出薄弱环节，采取纠正措施并验证纠正措施的有效性，使产品固有可靠性得到提高所进行的试验。

四、可靠性增长评估

通过故障信息估计产品当前的可靠性水平，与计划的可靠性水平进行定量比较，以判断可靠性增长是否符合计划要求。

五、可靠性增长监督

对可靠性增长活动进行有计划的监督与检查，以保证各项活动内容与进程符合计划要求。

六、主要试验阶段

产品研制过程中，为实施可靠性增长而规定的一段时间，在该期间内，对受试产品进行试验、分析与改进。

七、验证值

依据试验数据所做的可靠性估计值，这一估计值是指参试产品当前状态下的试验结果。

八、推测值

从试验数据及其信息，估算或推测将来某一时刻可能达到的可靠性值以及此值是试验阶段结束还是接近试验阶段结束时采取改进措施后的估算值。

九、试验——改进——试验

对产品进行试验，找出故障原因，确定改进措施并立即加以实施，再验证改进措施有效性的过程。

十、试验——查找问题——试验

对产品进行试验，找出故障原因，确定改进措施，但等到该试验阶段停止后，试验阶段结束前才对产品集中实施改进措施的过程。

十一、含有延续改进的试验——改进——试验

对产品进行试验，找出故障原因，确定改进措施，有递增故障在试验过程中应立即纠正，另一些故障在主要试验阶段停止后，试验阶段结束前才加以纠正的过程。

十二、通断循环

产品工作电源接通和断开各一次为一个通断循环。

十三、试验循环

产品在一段时间内，完成规定的环境剖面为一个试验循环。

第四节　可靠性增长试验的基本方法

一、试验——分析——纠正——试验方法

为达到产品可靠性增长，在执行研制计划过程中所采取的一种试验方法，这一方法是产品处于模拟的使用环境，以便诱导出由于设计（包括元器件选用不当）和工艺不良而产生的故障。对故障进行分析纠正，并用试验办法加以验证纠正措施的有效性，以消除或减少故障的再现。利用这一方法制定可靠性增长试验程序，保证产品达到要求的可靠性目标。

根据发现故障原因并实施改进措施所需的时间以及资金分配等因素确定试验改进类型。

1. 试验——改进——试验

这一类试验改进型，在试验过程中故障能得到及时纠正，在主要试验阶段结束之前，改进措施的有效性得到了验证，产品的可靠性增长可以用一条平滑的曲线来描述。如图 8—4 的曲线所示。

这种试验改进类型能更有效地控制资源使用情况。

2. 试验——查找问题——试验

当采用这种试验改进类型时，在试验过程中，没有实施改进措施，产品的可靠性没有增长，可靠性增长曲线是一条水平线。在试验完成后，试验阶段结束前集中实施改进措施。产品可靠性可能有较大的跳跃，这种改进类型的可靠性增长曲线如图 8—5 曲线所示。

由于改进类型没有验证改进措施的有效性，因此这一类试验比“试验——改进——试验”类型的风险大。

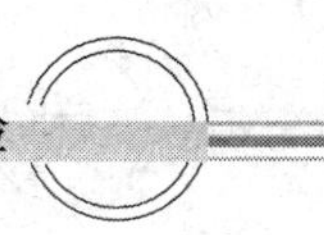

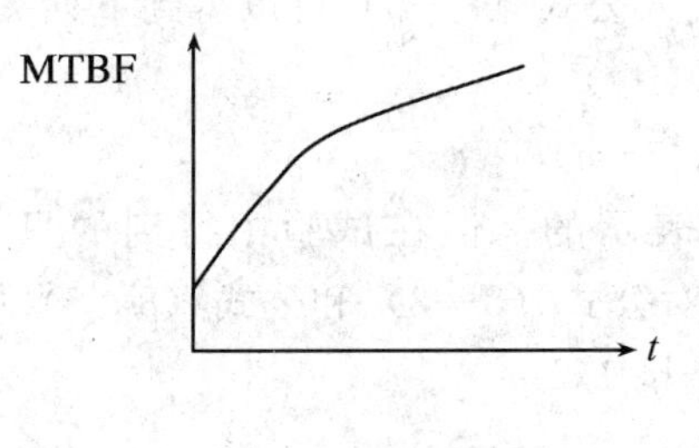

图 8—4　试验——改进——试验

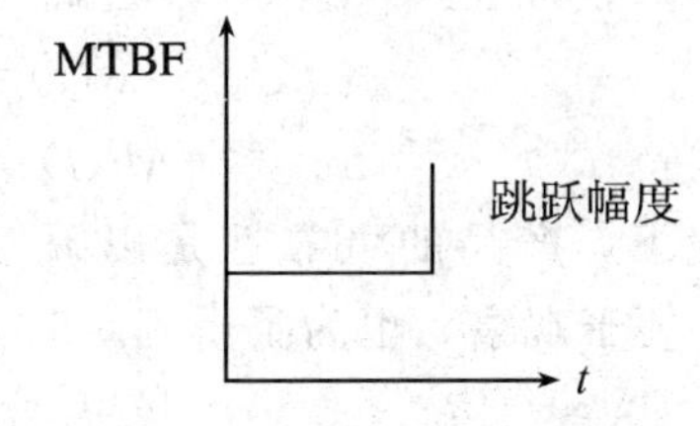

图 8—5　试验——查找问题——试验

3. 含有延缓改进的试验——改进——试验

采用这种改进类型，有些纠正措施在试验过程中就被及时实施，在试验完成后，试验阶段结束前可靠性增长曲线可用一条平滑曲线描述，有些纠正措施在试验阶段结束前才被实施，这时可靠性值有一个跳跃。因此可靠性增长曲线如图 8—6 所示，它的风险介于 1 与 2 两种试验改进类型之间。

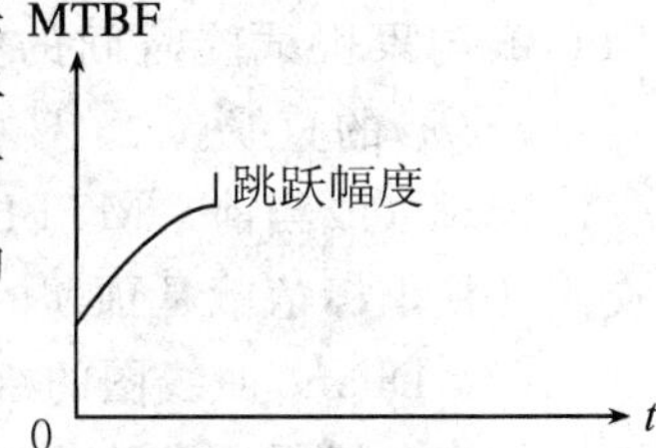

图 8—6　含有延缓改进的试验——改进——试验

二、常用的可靠性增长模型

杜安（Duane）模型和美国军用物资系统分析中心（AMSAA）利用威布尔过程建立了在研制试验阶段的可靠性增长模型，是两个常用的可靠性增长模型。在实际使用中可以根据具体要求采用其中一种或两种结合使用。

1. 杜安（Duane）模型

Duane 模型是由美国的 J・T・Duane 建立的可靠性增长模型，它通常采用图解的方法分析可靠性数据。根据 Duane 模型绘制的可靠性参数曲线图（杜安曲线图），可以反映可靠性参数的变化，并能得到可靠性参数的估计值。

（1）模型

杜安模型的基本假设是：只要不断地进行可靠性改进工作，产品的累积故障率就符合下列数学表达式：

$$\lambda_{\Sigma}(t) = kt^{-m} \tag{8—1}$$

式中 k 为由环境确定的系数，t 为累积试验时间。m 为增长率。由于累积故障率定义为：

$$\lambda_{\Sigma}(t) = N(t)/t \tag{8—2}$$

式中 $N(t)$为累积试验时间 t 内发生的累积故障数。因此，可能推得累积 MTBF 即 $M_c(t)$为：

$$M_c(t) = t^m/k \tag{8—3}$$

瞬时（或当前）故障率 $\lambda(t)$为：

$$\lambda(t) = (1-m)kt^{-m} \tag{8—4}$$

瞬时（或当前）MTBF，即 $M(t)$为：

$$M(t) = 1/(1-m) \cdot t^m/k \tag{8—5}$$

将公式（8—1）代入公式（8—4），公式（8—3）代入公式（8—5）可以得到下列关系式：

$$\lambda(t)=(1-m)\lambda_{\Sigma}(t) \tag{8—6}$$

$$M(t)=M_e(t)/(1-m) \tag{8—7}$$

通常情况下，产品的可靠性是以瞬时 MTBF 表示的。但在试验中得到的只是积累的 MTBF。为了便于观察，也为了得到瞬时 MTBF，对公式（8—3）和公式（8—7）取对数：

$$\lg M_c(t)=m\lg t+\lg 1/k \tag{8—8}$$

$$\lg M(t)=\lg M_c(t)+\lg 1/(1-m) \tag{8—9}$$

从以上两个公式可以看出，横坐标是累积试验时间，纵坐标是 MTBF 的双对数坐标图的累积 MTBF 线（累积 MTBF 与累积试验时间的关系曲线）是一条直线，且斜率为 m，该直线上横坐标等于 1 的点对应的纵坐标值为 $1/k$。瞬时（或当前）MTBF 线［瞬时（或当前）MTBF 与累积试验时间的关系曲线］是一条平行于累积 MTBF 线，并且向上移动位移为 $1/(1-m)$的直线。

瞬时（或当前）MTBF 线（根据要求产品达到的 MTBF 值画出的平行于横坐标的直线）交点的横坐标值就是预期的累积总试验时间。

（2）Duane 曲线图的绘制

杜安曲线图通常绘制在双方对数坐标纸上，绘制时应注意以下几点：

a. 通常杜安曲线图的纵坐标是 MTBF（或故障率），横坐标是累积的某种寿命单位，即为确定 MTBF（或故障率）所累积的某种寿命单位；

b. 将所有发生故障的数据点和试验结束的一点画出，但在确定增长率 m 时，仅应用发生故障的数据点；

c. 在用直线拟合数据点时，应注意数据点的累积作用，后面的点比前面的点信息更丰富，对后面的点比对前面的点应更加重视。如果数据特别杂乱，最好的拟合方法，是通过最后一次故障发生时的数据点，并穿越前面所有故障发生的数据点最密集的区域。

2. AMSAA 模型

（1）概述

AMSAA 模型是美国军用物资分析中心（AMSAA）用非齐次泊松过程建立的可靠性增长模型。这个模型既可以用于以连续尺度量产品的可靠性，也可以用于在每试验阶段内试验次数相当多而且可靠性相当高的一次性使用产品。

AMSAA 模型只能在一个试验阶段采用，而不能跨阶段对可靠性进行跟踪；它能用于评估在试验过程中引进了改进措施而得到可靠性增长，而不能用于评估在试验阶段结束时引入延缓的改进措施而得到的可靠性增长。

（2）模型

假设在一个试验阶段内，每次故障发生后都对产品进行改进，即找故障原因，消除故障，改进后继续试验。

AMSAA 模型假设，在这样一个特定的试验阶段内，积累故障数 $N(t)$服从非齐次泊松过程，并且，强度函数为：

$$\rho(t)=\lambda\beta t^{\beta-1}\ (t>0,\lambda>0,\beta>0) \tag{8—10}$$

式中　λ——尺度参数；

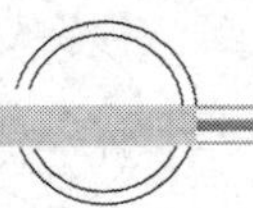

β——形状参数。

期望值函数为：

$$\theta(t)=\lambda t^{\beta} \tag{8—11}$$

a. 累积故障数的概率分布

根据模型的假设可知，累积故障数 $N(t)$服从泊松分布即：在试验时间区间（0，t）内，累积故障数 $N(t)$是 n 的概率为：

$$\rho[N(t)=n]=[\theta(t)]^{n}\mathrm{e}^{-\theta(t)}/n! \tag{8—12}$$

b. 一个区间里的故障数

从模型假设可得，在试验时间区间（t_a，t_b）内累积故障数是一个具有泊松分布的随机变量，它的期望值为：

$$\theta(t_b)-\theta(t_a)=\lambda(t_b^{\beta}-t_a^{\beta}) \tag{8—13}$$

c. 强度函数

模型假设的强度函数如公式（8—10）所示，有时也称它为故障率。式中尺度参数 λ 决定于累积试验时间 t 所选择的测量单位；参数 β 等于 1 时，强度函数等于常数 λ，表示产品可靠性不变；当 β 大于 1 时，强度函数单调上升，表示产品可靠性降低；

d. MTBF

模型中，强度函数的倒数称为瞬时 MTBF，用 $M(t)$表示为：

$$M(t)=(\lambda\beta t^{\beta-1})^{-1} \tag{8—14}$$

通常假设，如果在时刻 t_c 之后，不再对产品采取改进措施，则再继续试验时，产品具有的故障率是一个恒定值为：

$$\rho(t_c)=\lambda\beta t^{\beta-1} \tag{8—15}$$

MTBF 也是一个恒定值，为：

$$M(t_c)=(\lambda\beta t_c^{\beta-1})^{-1} \tag{8—16}$$

e. 有关参数含义

λ——尺度参数；

β——形状参数；

N——故障总数；

X_i——N 次故障相继发生的累计试验时间；

$\rho(t)=\lambda\beta t^{\beta-1}$——强度函数(故障率)；

$M(t)=1/\rho(t)$——瞬时 MTBF；

$\lambda\cdot\beta$——定时截尾试验时，最大似然估计值；

$\lambda\cdot\beta$——($N<20$ 的小子样时)λ 和 β 的估计值；

α——检验的显著性水平；

C_M^2——拟合优度统计量。

f. GJB 1407—92 中的有关参数和表示

μ——试验趋势检验统计量；

a——尺度参数；

b——增长形状参数；

N——观察到的故障总数；

t_0——定时截尾试验的总累积试验时间；

M_0——趋势统计量的临界值；

C_M^2——拟合优度检验统计量。

3. 可靠性增长评估

利用 AMSAA 模型进行评估有两种方法，一种是图估计法，另一种是统计估计法。

(1)图估计

这部分介绍平均故障图和累积故障数图。平均故障率图能够反映出可靠性是否有明显的增长趋势；累积故障数图能更进一步，利用它得到强度函数表达式中两个参数 λ 和 β 的估计值。

①平均故障率图

以累积试验时间为横坐标，平均故障率为纵坐标，根据试验过程中观察到的平均故障率绘制成的坐标图就是平均故障率图，它近似为强度函数图。绘图按如下步骤：

a. 把整个试验时间分成 3 个以上不相重叠的区间，这些不相重叠区间的长度可以不相等；

b. 将平均故障率用一水平线标在对应的区间里。这个图能够反映强度函数所出现的重大趋势。

②累积故障数图

在用累积试验时间为横坐标、累积故障数为纵坐标的双对数坐标纸上，按以下方法绘制累积故障数图：

a. 将试验得到的所有数据点画出；

b. 用一条直线拟合这些数据点。

从下面的分析中可以看出，利用这个图能够得到强度函数中两个未知参数 λ 和 β 的估计值。

对公式(8—11)两边取对数得：

$$\lg\theta(t)=\beta\lg t+\lg\lambda \tag{8—17}$$

从式(8—17)可见，在双对数坐标纸上，累积故障数期望值函数 $\theta(t)$ 是一条斜率为 β，并经过点$(1,\lambda)$的直线。因此，在累积故障数图中，拟合试验得到的所有数据绘成的一条直线，是理论期望值函数直线的近似，这条拟合直线上横坐标为 1 的点的纵坐标值就是 λ 的估计值，该直线的斜率就是 β 的估计值。

(2)统计估计

这一方法用于在定时截尾试验和定数截尾试验情况下，以及在不知道准确的故障发生时间和强度函数不连续时，对产品的可靠性参数进行统计估计的方法。

①定时截尾试验和定数截尾试验

进行定时截尾试验时，统计估计所用数据是试验终止时间 T 试验过程中发生的累积故障总数 N 和 N 次故障相继发生的累计试验时间 $X_1,X_2,\cdots,X_m$。

在定数截尾试验时，统计估计所用数据是规定的试验过程中发生的累积故障总数 N 和 N 次故障相继发生时的累积试验时间 $X_1,X_2,\cdots,X_m$。

在以上两种情况下，对产品可靠性参数的统计估计可按下述方法进行。

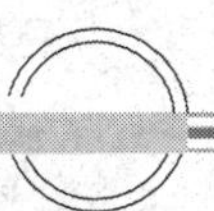

a. 模型参数的估计

定时截尾试验时，λ 和 β 的最大似然法可以得出可靠性增长过程的参数点估计值。形状参数 β 的估计值是：

$$\hat{\beta}=\frac{N}{N\ln T-\sum_{i=1}^{N}\ln x_i} \tag{8—18}$$

然后用 $\hat{\lambda}=N/T^{\hat{\beta}}$ 估计尺度参数 λ：

$$\hat{\lambda}=N/T^{\hat{\beta}} \tag{8—19}$$

可用 $\rho(t)=\hat{\lambda}\hat{\beta}t^{\beta-1}$ 估计任何一时刻 t 的强度函数。对于小子样（N 小于 20 的），λ 和 β 的估计值 $\bar{\lambda}$ 和 $\bar{\beta}$ 使用下面公式进行计算：

$$\bar{\beta}=\frac{N-1}{N}\hat{\beta} \tag{8—20}$$

$$\bar{\lambda}=\frac{N}{T^{\bar{\beta}}} \tag{8—21}$$

在定数截尾试验时，λ 和 β 最大似然估计值 $\hat{\lambda}$ 和 $\hat{\beta}$ 的计算公式是：

$$\hat{\beta}=\frac{N}{(N-1)\lg x_m-\sum_{i=1}^{N-1}\lg x_i} \tag{8—22}$$

$$\hat{\lambda}=\frac{N}{x_N^{\hat{\beta}}} \tag{8—23}$$

对于小子样（N 小于 20 时），λ 和 β 的估计值 $\bar{\lambda}$ 和 $\bar{\beta}$ 按下列公式计算：

$$\bar{\beta}=\frac{N-2}{N}\hat{\beta} \tag{8—24}$$

$$\bar{\lambda}=\frac{N}{x_N^{\bar{\beta}}} \tag{8—25}$$

b. 拟合优度检验

AMSAA 模型对具体的试验数据的拟合优度，它是用零假设（强度函数为 $\lambda\beta t^{\beta-1}$ 的，非齐次泊松过程来描述的一个特定系统的可靠性增长。计算统计量时使用的是形状参数的无偏估计。当采用时间截尾试验，失效出现次数为 N 时，β 的这个估计值是：

$$\bar{\beta}=\frac{N-1}{N}\hat{\beta}$$

拟合优度检验法按以下步骤进行检验。

首先，计算拟合优度统计量 C_M^2 的计算公式。定时截尾试验时 C_M^2 的计算见式（8—26）：

$$C_M^2=\frac{1}{12M}+\sum_{i=1}^{M}\left[\left(\frac{x_i}{T}\right)^{\bar{\beta}}-\frac{2i-1}{2M}\right]^2 \tag{8—26}$$

式中拟合优度检验参数 $M=N$（观察到的故障总数），定数截尾试验 C_M^2 的计算见式（8—27）：

$$C_M^2=\frac{1}{12M}+\sum_{i=1}^{M}\left[\left(\frac{x_i}{x_N}\right)^{\bar{\beta}}-\frac{2i-1}{2M}\right]^2 \tag{8—27}$$

拟合优度检验参数 $M=N-1$。

然后确定 C_M^2 的监界值。检验的显著性水平 α 和 M 值查表 8－1，可得 C_M^2 的临界值。

最后，比较 C_M^2 的计算值与 C_M^2 的临界值。如果 C_M^2 值小于 C_M^2 的临界值，便能接受 AMSAA 模型，即可以用 AMSAA 模型对该产品的可靠性参数进行统计估计。反之 C_M^2 值大于 C_M^2 的临界值时，则不能采用 AMSAA 模型对该产品的可靠性参数进行统计估计。AMSAA 模型不能采用的原因可能是在同一时刻不止出一个故障，或者是强度函数不连续。出现第一种情况时可按第②条解释，采用适当的方法将数据分组；出现了后一种情况，应按第③条介绍的方法处理数据。

c. 可靠性参数的点估计

强度函数 $\rho(t)$ 点估计值的计算公式为：

$$\hat{\rho}(t)=\hat{\lambda}\hat{\beta}t^{\hat{\beta}-1}(N\geqslant 20) \tag{8—28}$$

$$\bar{\rho}(t)=\bar{\lambda}\bar{\beta}t^{\bar{\beta}-2}(N>20) \tag{8—29}$$

瞬时 MTBF 的点估计计算公式是：

$$\hat{M}(t)=1/\hat{\rho}(t)(N\geqslant 20) \tag{8—30}$$

$$\bar{M}(t)=1/\bar{\rho}(t)(N\geqslant 20) \tag{8—31}$$

d. 可靠性参数的区间估计的下限值 M_L 和上限值 M_U 按下列公式计算：

$$M_L=L/\hat{\rho} \tag{8—32}$$

$$M_U=U/\bar{\rho} \tag{8—33}$$

式中　L 和 U ——根据积累故障总数 N 和选择的置信度 γ，对于定时截尾试验查表 8－2 可以得到；

ρ ——试验结束时强度函数的估计值。

试验结束时，强度函数区间估计的上限值 ρ_U 和下限 ρ_L 按下列公式计算：

$$\rho_L=\frac{1}{M_L} \tag{8—34}$$

$$\rho_U=\frac{1}{M_U} \tag{8—35}$$

②分组数据

可靠性增长过程，有些故障没有进行全面检测之前发现不了，因此，这些故障发生的准确时间不清楚。但是，可以假设这些故障发生在上一次检测之后到这次检测的区间内。两次检测之间的区间内累积故障数是在故障发生时就检测出来的累积故障数与在后一次检测时发现的累积故障之和。

假设整个试验时间分成 K 个区间，区间的长度不一定相等，第一个区间试验起始时间 t_0 等于零，用 N_i 表示区间（t_i-1，t_i）内的积累故障数（$i=1$，2，…，k）。

如果至少有 3 个区间，就可以用每一区间里的累积故障数，按照 AMSAA 模型估计可靠性增长。具体方法有如下三种：

a. 模型参数的估计

模型未知数 λ 和 β 的最大似然估计值 λ 和 β 按下式计算：

$$\sum_{i=1}^{K}N_i\left(\frac{t_i^{\hat{\beta}}-\ln t_i-t_{i-1}^{\hat{\beta}}\ln t_{i-1}}{t_i^{\hat{\beta}}-t_{i-1}^{\hat{\beta}}}-\ln t_K\right)=0 \tag{8—36}$$

$$\hat{\lambda} = \sum_{i-1}^{K} \frac{N_i}{t_K^{\hat{\beta}}} \tag{8—37}$$

b. 拟合优度检验

AMSAA 模型对于由试验得到的一组分组数据的拟合优度，是用 x^2 拟合优度检验法检验的。其检验步骤如下：

首先，计算拟合优度统计量 x^2。拟合优度统计量 x^2 近似为自由度是（$K-2$）的 x^2 分布，它的计算公式为：

$$x^2 = \sum_{i=1}^{K} (N_i - \hat{\theta}_i)^2 / \hat{\theta}_i \tag{8—38}$$

式中 $\hat{\theta}_i$ 是区间（t_{i-1}，t_i）内累积故障数期望值的近似值（$i=1$，2，…，K），即：

$$\hat{\theta}_i = \hat{\lambda}(t_i^{\hat{\beta}} - t_{i-1}^{\hat{\beta}}) \tag{8—39}$$

要求满足下列条件：

$$\hat{\theta}_i \geqslant 5(i=1,2,\cdots,K) \tag{8—40}$$

如果这一条不能满足，可以将相邻的区间合并，使得合并后的任一区间满足这一条件，然后重新计算。

然后，确定统计量 x^2 的临界值。根据选择的检验显著性水平 α 和 β 区间个数 K，在 x^2 分布下分位点表（若用分位点表，则要进行换算）中查到的表列值 $x_i^2-\alpha$（$K-2$）就是统计量 x^2 的临界值。

最后，比较统计量 x^2 和它的临界值 $x_i^2-\alpha$（$K-2$），如果统计量 x^2 小于它的临界值 $x_i^2-\alpha$（$K-2$），则可以采用 AMSAA 模型。如果统计量 x^2 大于等于它的临界值 $x_i^2-\alpha$（$K-2$），则不能采用 AMSAA 模型。

c. 可靠性参数的点估计

强度函数和瞬时 MTBF 的点估计值按下列公式计算：

$$\hat{\rho}(t) = \hat{\lambda}\hat{\beta}t^{\hat{\beta}-1} \tag{8—41}$$

$$\hat{M}(t) = 1/\hat{\rho}(t) \tag{8—42}$$

③强度函数不连续

如果采取了几项设计更改、可靠性大纲的重点内容发生变化或其他某些因素都会引起强度函数发生突然变化。这种情况可以通过下面几种方法检测出来，累积故障数与累积总试验时间的关系曲线在双对数坐标图上明显地不适用一条直线拟合；平均故障率有重大变化或用拟合优度检验的结论是不能采用的。

AMSAA 模型在这种情况下，统计估计按下列步骤：

a. 确定不连续点

强度函数不连续点对应的累积总试验时间 T_j，可以利用累积故障数图或平均故障率图确定。它是双对数坐标纸上累积故障数图线性转折点的横坐标值，或是平均故障率图发生重大变化点的横坐标值；

b. 数据处理和统计估计分别处理不连续时刻 T_j 之前和之后的数据。T_j 之前的数据按定时截尾试验来处理，试验中止时间为 T_j。T_j 之后的数据则将每次故障发生时的累积试验时间减去 T_j 后，按第①条或第②条介绍的方法处理。

如果 T_j 时刻强度函数出现了不连续性，则可以用下列公式估计强度函数：

$$\hat{\rho}(t)=\hat{\lambda}_1\hat{\beta}_1 t^{\hat{\beta}_1-1} \quad 0<t\leqslant T_j \tag{8—43}$$

$$\hat{\rho}(t)=\hat{\lambda}_2\hat{\beta}_2 (t-T_j)^{\hat{\beta}_2-1} \quad t>T_j \tag{8—44}$$

式中的 λ_1 和 β_1 只是根据在 T_I 或在 t_1 之前出现的失效数估计的，λ_2 和 β_2 是根据在 T_I 之后出现的那些失效数估计的。在估计当前达到的强度函数值时用公式（8—43）计算。

c. 强度函数不连续性举例

列出 56 个失效时间是一个机械系统的记录：

0.3，0.5，0.6，1.0，2.1，2.2，3.5，4.2，4.2，5.3，8.1，8.3，9.7，9.8，10.3，10.7，12.2，13.4，13.9，14.3，14.4，15.1，18.2，20.3，21.2，21.8，22.4，24.8，26.6，28.3，29.0，29.3，29.5，29.9，30.6，33.2，33.3，33.4，34.4，34.4，34.6，36.9，37.5，37.7，38.3，39.2，40.3，41.3，43.1，52.4，81.0，100.4，101.0，162.2，165.2，和 188.1。试验是在 200 试验小时截尾，按 2.3.2.16 拟合优度检验计算统计量为 0.401。这个数值超过了显著性水平为 0.05 时的临界值 0.220，因此，拒绝模型的适用性。累积失效数用双边对数坐标纸上的图 8—7 表示。可靠性增长趋势在大约 40 试验小时时出现了突然变化。因此，在 40 h 之后的强度函数是有重要意义的。利用 40 h 试验之后的 10 次失效参数估计 λ_2 和 β_2 的估计值分别为 0.942 和 0.465。

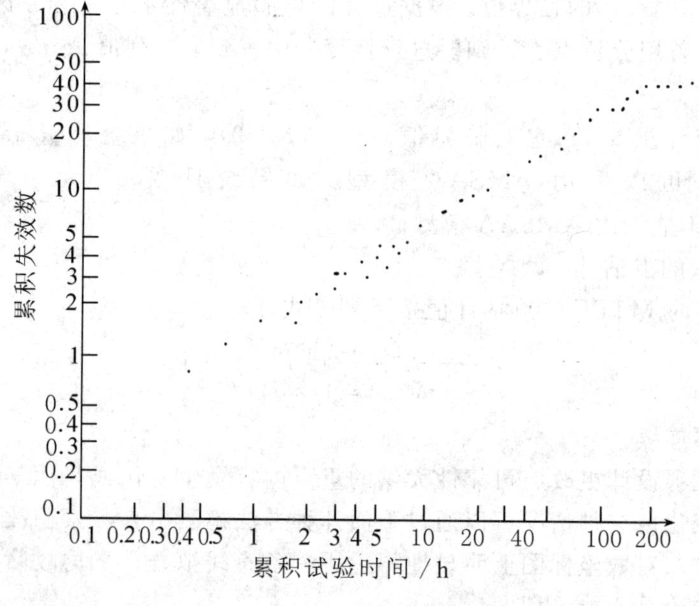

图 8—7　强度函数的不连续性

三、计划、跟踪与控制

1. 绘制可靠性增长曲线

（1）绘制理想的可靠性增长曲线

应用理想的可靠性增长曲线，可定量估计整个研制计划，也可用以确定实现各阶段目标值所需的试验时间，是绘制计划的可靠性增长曲线的重要工具。

一般有两种绘制方法：

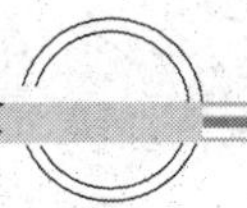

a. 直接利用相似产品的信息，去拟合上述各阶段可靠性目标值，绘制理想的可靠性增长曲线；

b. 如果以前的信息不能满足用以绘制理想的可靠性增长曲线时，可用 Duane（杜安）模型，相似产品的信息可作为采用 Duane 模型的补充。

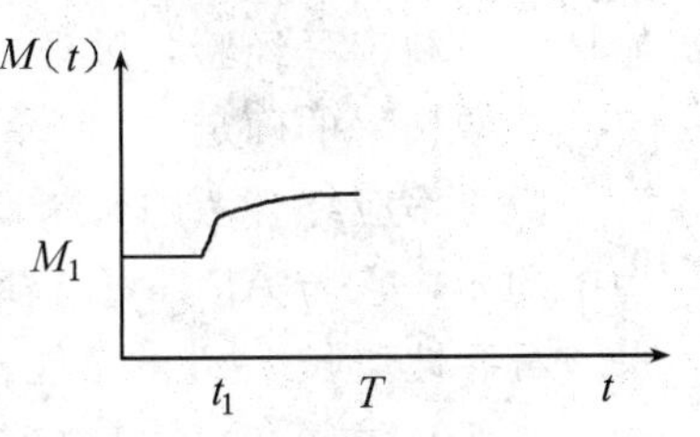

图 8—8　理想的可靠性增长曲线

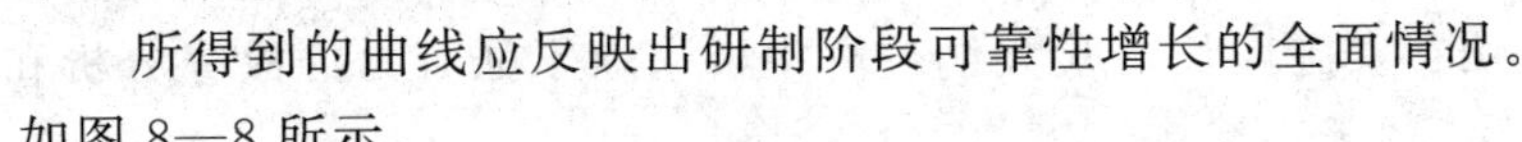

所得到的曲线应反映出研制阶段可靠性增长的全面情况。如图 8—8 所示。

图 8—8 中标值 M_1 长为 t_1 的水平线代表基线，或是初始可靠性水平。这条线和平滑线一起构成理想的可靠性增长曲线。

理想的可靠增长曲线模型如式（8—45）所示：

$$M(t)=\begin{cases} M_1 & 0<t<t_1 \\ M_1\left(\dfrac{t}{t_1}\right)^m(1-m)^{-1} & t>t_1 \end{cases} \tag{8—45}$$

式中 m 为增长率。

若 m 小于 0.5，可用式（8—46）近似求解 m 值：

$$m=-\ln\left(\frac{T}{t_1}\right)-1+\left\{\left[1+\ln\left(\frac{T}{t_1}\right)\right]^2+2\ln\left(\frac{M_T}{M_1}\right)\right\}^{\frac{1}{2}} \tag{8—46}$$

式中 T 为总试验时间，M_T 为试验结束时要求的 MTBF 值。

（2）绘制计划的可靠性增长曲线

计划的可靠性增长曲线是可靠性增长管理的重要工具。应在研制计划早期绘制一条计划的可靠性增长曲线。每个有可靠性指标要求的主要单元也应有一条计划的可靠性增长曲线。

①绘制要求

计划的可靠性增长曲线应能比较详细地体现如何达到各阶段的目标值。它既能反映每一主要试验阶段预期的可靠性水平和该阶段采用的试验改进类型，又能与理想的可靠性增长曲线相适应。

计划的可靠性增长曲线由一个起始点和几点分段曲线组成。同时还应有日历时间或试验时间以及各时刻要达到的可靠性水平描述，并应与设定的评审点要求相协调。选定增长模型，依据模型绘制一条试验计划曲线。图 8—9 提供试验计划曲线示例。

②确定计划曲线的起始点：

产品的初始可靠性水平不清楚的情况下，可依据三种方法去确定。

a. 利用相似产品可靠性增长计划中的信息；

b. 确定一个最低可靠性水平，它既能保证达到研制阶段结束时的可靠性要求，又能在早期得到验证；

c. 用现有的试验（如原理试验、功能性试验、环境应力筛选、环境试验等）数据进行估计。

在确定起始时应尽可能利用与实际起始点有关的信息，如果实际信息不是以确定起始点时，可按以下方法确定。

当 $\theta_p<200$ h 时，以 100 h 试验时间为横坐标，以预计值 θ_p 的 10％为纵坐标画出起点；当 $\theta_p>200$ h 时，以 θ_p 的 50％为横坐标，以 θ_p 的 10％为纵坐标画出起始点。根据设备的可靠性水平和工程经验，纵坐标也可放宽到 θ_p 的 20%。

③增长率的确定

增长率应综合考虑研制计划、经费及技术水平等。特别值得注意的是增长率是指杜安模型中的 m，它与 AMSAA 模型中的 b 之和等于 1。

可靠性增长率 m 的可能范围在 0.3～0.6 之间。m 在 0.1～0.3 之间时说明改进措施不太有力；而 m 在 0.6～0.7 之间表明在实施增长试验大纲过程中，采取了强有力的故障分析和纠正措施，是增长率的极限值。

④绘制试验计划曲线的步骤：

a. 在双对数坐标纸上，按要求的 MTBF 值画一条水平线；

b. 从所选的起始点开始，按所选的增长率画出试验计划曲线，以该曲线作为基准线；根据这条基准线可以在可靠性增长试验过程中评估可靠性增长；

c. 试验计划曲线与要求的 MTBF 线的交点的横坐标代表要求的总试验时间的近似值。

（3）试验的监控

①环境应力监控

试验过程中应严格控制环境条件，按照已确定的试验环境剖面施加环境应力，并作好记录。

②测试及故障处理

按试验大纲规定的测试时间和项目进行测试，出现故障时应利用 FRACAS 系统要求处理。

③可靠性增长监控

监控工作贯穿整个试验过程。不断地将观测到的 MTBF 值和计划的增长值进行比较，以对增长率和资金进行再分配和控制。

a. 图分析法

一般说来，在试验过程中能不断地提高可靠性，可采用杜安模型，将观察的累积 MTBF 点估计值画在双对数坐标纸上，作出拟合曲线并与试验计划曲线相比较。只要实际达到的可靠性增长曲线与试验的计划曲线之间呈现出下列三种特性之一时，就可以认为可靠性增长试验是有效果的。

首先，所画出的观测的 MTBF 值处于试验计划曲线上或上方时；

然后，最佳拟合线与试验计划曲线吻合或在试验计划曲线的上方；

最后，最佳拟合线前段低于试验计划曲线，但最佳拟合线从试验计划曲线与要求的 MTBF 水平线的交点左侧穿过要求的 MTBF 水平线。

否则，就可认为试验不可能达到计划的可靠性增长。就应制定一个改正措施。应注意不要因为现在或将来的设计变更可以消除过去的故障而对该曲线进行调整。

杜安曲线的缺陷是在综合试验数据时，因前面数据多。临近试验结束的点有被埋没的趋势。平均故障率曲线则可以弥补这个缺陷。

详细方法见 GJB 1407 附录 A。

b. 统计分析法

在试验过程中或试验结束时，可利用 AMSAA 模型对增长趋势进行统计分析，对试验中的 MTBF 进行估计。统计分析法分定时截尾和定数截尾两种情况。详细方法见 GJB 1407 附录 B。试验计划曲线示例见图 8—9。

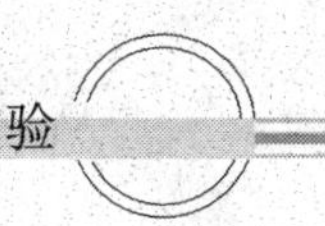

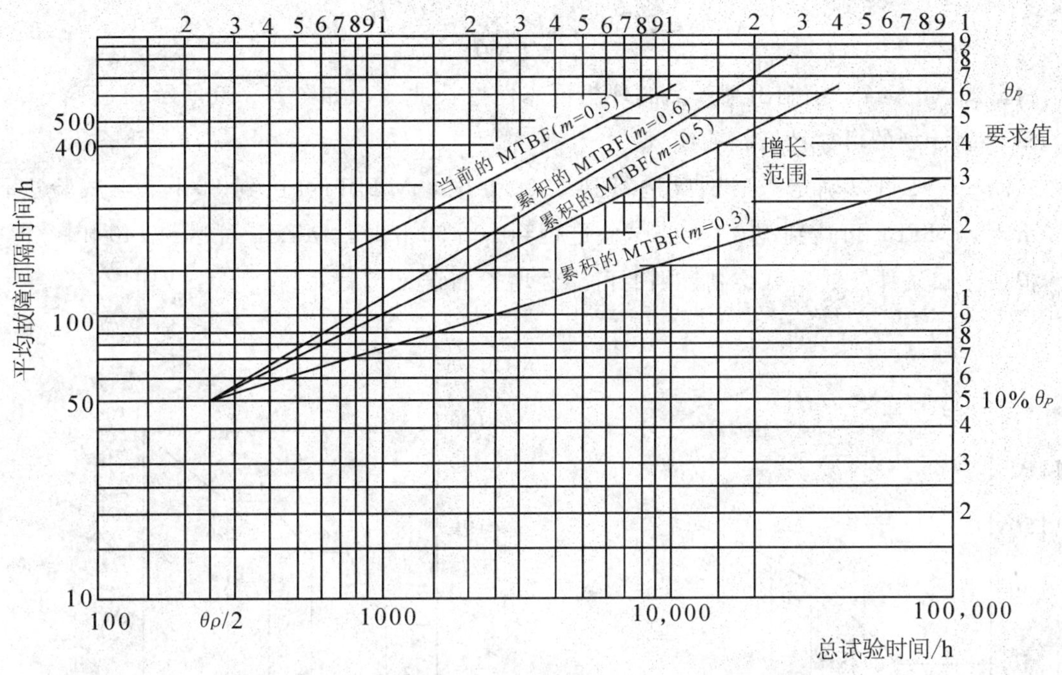

图 8—9　试验计划曲线示例

注：$m=0.5$ 是选定的试验计划曲线

（4）绘制计划的可靠性增长曲线实例

①预定条件

对某产品进行可靠性增长试验，预计第一试验阶段（预处理阶段）的试验时间为 1700 h，平均的 MTBF 为 50 h，然后分三个主试验阶段逐步增长。三个试验阶段和各阶段目标值分别为80 h，110 h，140 h。每个试验阶段的试验时间为110 h，结构或配置保持不变。总的可靠性目标要求增长到150 h，总试验时间不超过14 000 h。

②绘制曲线

a. 分析

依据预定条件，可以绘制出理想的可靠性增长曲线，找出该曲线上达到三个试验阶段相应目标值的试验时间，然后绘制计划的可靠性增长曲线。在计划的可靠性增长曲线上，由于后三个试验阶段的结构或配置保持不变，在三个试验阶段的可靠性增长数值不变；

b. 绘制理想的可靠性增长曲线

预定条件：$T=14\ 000$ h，$M_1=50$ h，$t_1=1700$ h，$M_T=150$ h；

将数据代入式（8—46），得：

$$m=-\ln\left(\frac{T}{t_1}\right)-1+\left\{\left[1+\ln\left(\frac{T}{t_1}\right)\right]^2+2\ln\left(\frac{M_T}{M_1}\right)\right\}^{\frac{1}{2}}$$

$$=-\ln(14\ 000/1700)-1+\{[1+\ln(14\ 000/1700)]^2+2\ln(150/50)\}^{\frac{1}{2}}=0.34$$

将已知条件代入式（8—45），即得下式：

$$M(t)=\begin{cases}M_1 & \text{当 } 0<t<t_1\\ M_1\left(\dfrac{t}{t_1}\right)^m(1-m)^{-1} & \text{当 } t>t_1\end{cases}$$

得：

$$M(t)=\begin{cases}50 & 0<t<t_1\\ 75.75(t/1700)^{0.34} & t>t_1\end{cases} \tag{8—47}$$

根据式（8—47）绘制出某产品的理想可靠性增长曲线，如图 8—10 所示。

c. 绘制计划的可靠性增长曲线

从图 8—11 可以确定，当试验进行到 2000 h 时，MTBF 可达到 80 h，当试验进行到 5100 h 时，MTBF 可达到 110 h，当试验进行到 10 400 h 时，MTBF 可达到 140 h。

根据已知条件及数据可绘制计划的可靠性增长曲线。

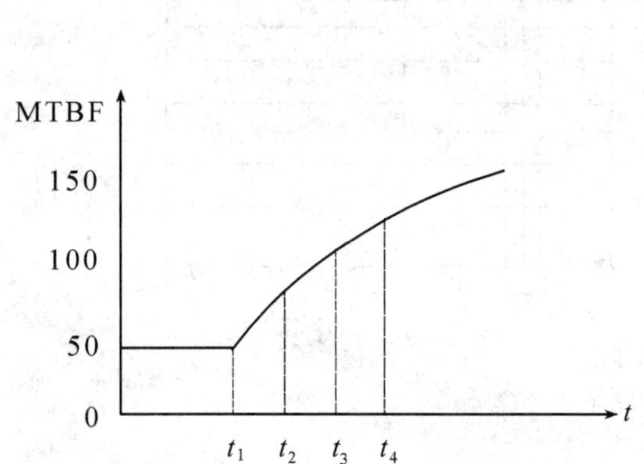

图 8—10 某产品理想的可靠性增长曲线

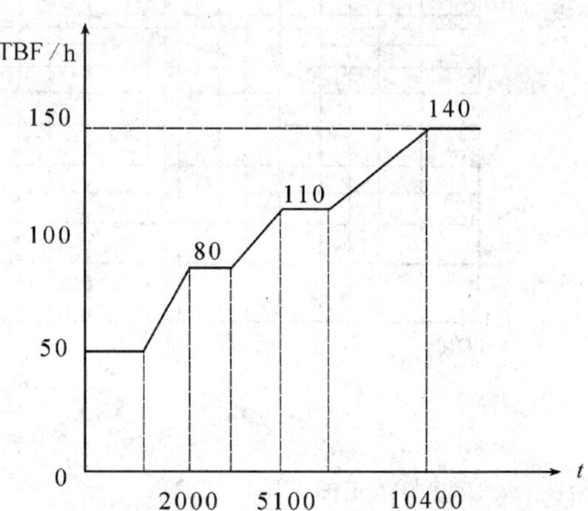

图 8—11 某产品计划的可靠性增长曲线

2. 可靠性增长跟踪

每一个主要试验阶段可靠性增长重点和改进措施不一定相同，因对产品施加环境应力也可能不同，可靠性水平和增长率的影响也不一样，所以必须对每一个主要试验阶段都要进行跟踪。对每一个阶段跟踪结果的意见如下：阶段可靠性增长程度、验证值、对于某个时刻推测值。

（1）跟踪数据的收集

对研制试验过程中所有故障信息都应该认真收集和记录，哪怕是已经得到纠正的故障也要保留。为了以后可靠性评估必须按 GJB 841 作故障报告，分析及纠正措施系统要求记录，同时要反映出故障发生时的累积试验时间或一段时间的故障数。

（2）增长趋势分析

根据研制试验过程所收集的数据可用以下两种办法判断可靠性是否有增长。

①图解分析法

用数据图表示可靠性增长趋势，横坐标用积累试验时间表示，纵坐标用 MTBF 表示。

a. 把试验累积时间 T 分成 K 个不相重叠的子区间，分别为 T_1，T_2，…，T_k，子区间长度可以不等；

b. 根据试验数据，计算子区间平均的 MTBF，用 M_i（$i=1$，…，k）表示，计算公式如下：

$$M_i=T_i/N_i$$

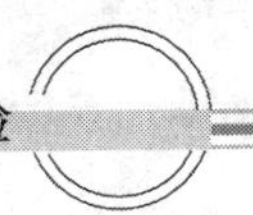

其中　N_i——（t_{i-1}，t_i）区间内发生的故障数。

c. 计算出的 M_i 值画在图上，如图 8—12 所示的数据图，区间数和区间长度可以任选，但是要使区间数多到使数据图平滑，区间长度小到能反映出 MTBF 的趋势。

例 8—1　设在 $T=3000$ h 试验期间内记录了系统的 $N=46$ 次失效时刻为：

2.4，24.9，52.5，53.4，54.7，57.2，118.6，140.2，185.0，207.6，293.9，322.3，365.9，366.8，544.8，616.8，627.5，646.8，664.0，733.1，764.7，765.1，779.6，799.9，852.9，1116.3，1161.1，1257.1，1276.3，1308.9，1340.3，1437.3，1482.0，1489.9，1715.1，1828.9，1971.5，2303.4，2429.7，2457.4，2435.2，2609.9，2674.2，2704.8，2849.6，2923.5

如果把整个试验区间分成 6 个子间隔，每一子间隔的长度为 500 h。在 0～500 h 这个间隔有 14 次失效，在500～1000这个间隔有 11 次失效，在1000～1500有 9 次失效，在1500～2000有 3 次失效，在2000～2500有 3 次失效，2500～3000 有 6 次失效。从 $\lambda_i=N_i/T_i$ 计算出 6 个间隔的平均失效率为 0.028，0.022，0.018，0.006，0.12 用数据描出图 8—13。从图中可明显地看出可靠性增长。虽说间隔和长度是任选，但要求间隔小到足够反映失效率的趋势，间隔要多到足以使数据平滑。

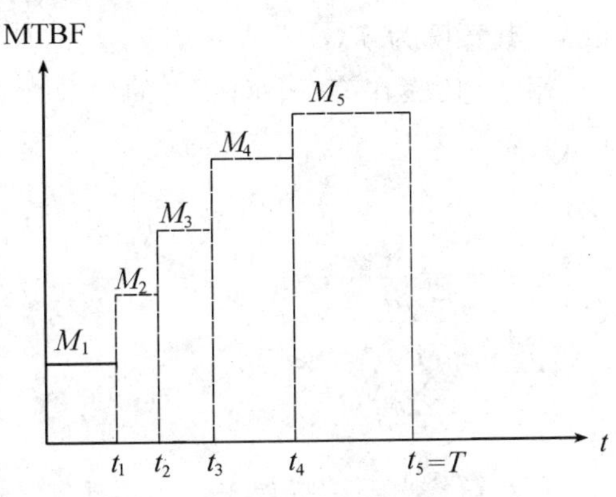

图 8—12　数据图

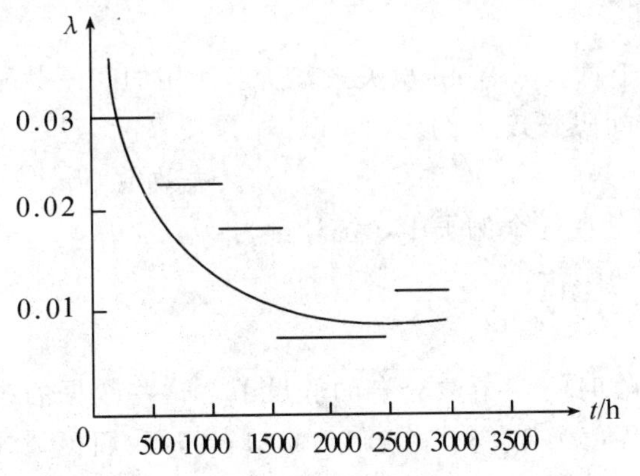

图 8—13　用平均失效率坐标图估计的失效率函数

②统计检验

统计检验是确定可靠性是否增长的一种定量方法，一般可分为三种情况进行假设。

a. 对定时截尾试验数据的检验设备在试验期间 T 中当时刻 $X_1<X_2<\cdots<X_N<T$ 记录了 N 次故障，检验统计量是：

$$x_{2N}^2=\frac{2N}{\hat{\beta}} \tag{8—48}$$

式中
$$\hat{\beta}=\frac{N}{\sum_{i=1}^{N}\ln\left(\frac{T}{x_i}\right)} \tag{8—49}$$

在失效时间服从指数分布的零假设（没有增长）下，有自由度为 $2N$ 的 X^2 分布。用统计量 β 估计增长参数 β。没有增长时 β 等于 1。当可靠性有正增长时 $\beta<1$，有可靠性负增长时 $\beta>1$。

例 8—2　从例8—1中数据，β 为 616 指出无增长。在对无增长的零假设进行检验时，可以利用统计量 x_{2N}^2 在假设下，这个统计量为自由度 $2N=92$ 的 x^2 分布。

b. 在显著性水平为 10%时，在 X^2 分位点表上查得自由度为 92 时的两个适当的临界值是：$C_{V1}=70.9$，$C_{V2}=115.4$。检验统计量是 $X_{92}^2=149.3$，由于 $X_{92}^2>C_{V2}$，在显著性水平为 10%下拒绝无增长的零假设。由于 $\beta<1$，而且拒绝零假设，所以有可靠性增长证据；

c. 定数截尾试验，如果数据是在 X_n 失效截尾，而不是在 T 时间截尾时，则检验统计量是：

$$x_{2(N-1)}^2=\frac{2N}{\hat{\beta}} \tag{8—50}$$

式中的 $\hat{\beta}=\dfrac{N}{\sum\limits_{i=1}^{N-1}\ln\left(\dfrac{x_N}{x_i}\right)}$。

这个统计量是自由度为 $2(N-1)$的 X^2 分布，这时零假设是真实的；

d. 分组数据对于不知道实际失效时间时的趋势也有一种 X^2 检验，将试验时间分为 K 个间隔，其长度为 T_1，T_2，…，T_K，而且在 $i=1$，2，…，K 时使 $NT_i/T\geqslant5$。

用 N_i 代表在第 i 个间隔内的失效数。在失效时间为指数分布的零假设下这类数据的统计量是：

$$x^2(K-1)=\sum_{i=1}^{K}\frac{(N_i-NP_i)^2}{NP_i} \tag{8—51}$$

式中 $P_i=T_i/T$；

$N=\sum\limits_{i=1}^{K}N_i$；

$T=\sum\limits_{i=1}^{K}T_i$，近似于自由度为 $K-1$ 的 x^2 分布。

在应用这个统计量时，K 个间隔的长度 T_1，T_2，…，T_K 不一定要求相等，但是在 $i=1$，2，…，K 时最好要求使 $NT_i/T\geqslant5$，当 $X^2(K-1)$取值较小时可接受零假设是成立的，当 $X^2(K-1)$取太大值时刻拒绝零假设。

例 8—3 采用例8—1和例 8—2 的数据，由于总数只有 46 次失效，所以所用的间隔数不超过 9 个。总试验时间 $T=3000$ h。这个数值使间隔长度大约为325 h。如果按 $T_1=T_2=\cdots=T_8=330$ h，$T_9=360$ h，因而 $N_{P1}=N_{P2}=\cdots=N_{P8}=5.06$ 和 $N_{P9}=5.52$。失效数 N_i，$i=1$，2，…，9 分别为 12，6，7，5，4，1，4，40。在这个例子中，统计量为：

$$\sum_{i=1}^{9}\frac{(N_i-NP_i)^2}{NP_i}$$

近似地是自由度为 8 的 X^2 分布，在失效间隔时间为指数分布的假设下。这些数据的统计量观测值是 15.4，当显著性水平为 0.10 时临界值为 13.3。由于 15.4>13.3，我们拒绝失效间隔时间为指数分布这个假设。

假设我们用 6 个间隔，每个间隔长度为 500 h。在这种情况下，$N_{P1}=N_{P2}=\cdots=N_{P8}=7.67$，而且观测频度分别为 14，11，9，3，3，6。X^2 统计量值为 12.5，而当显著性水平为 0.10 时，临界值为 9.2。又是由于 12.5>9.2，我们拒绝失效间隔时间是指数分布的这一假设。

(3) 绘制跟踪的可靠性增长曲线

根据试验数据，选定可靠性增长模型绘制跟踪的可靠性增长曲线。

用研制试验数据代入式（8—46）算出增长率，将计算出的增长率代入式（8—45）得到跟踪曲线的解析式；用式（8—45）绘制的曲线超过当前累积试验时间后的部分即为推测曲线，如图 8—14 所示。

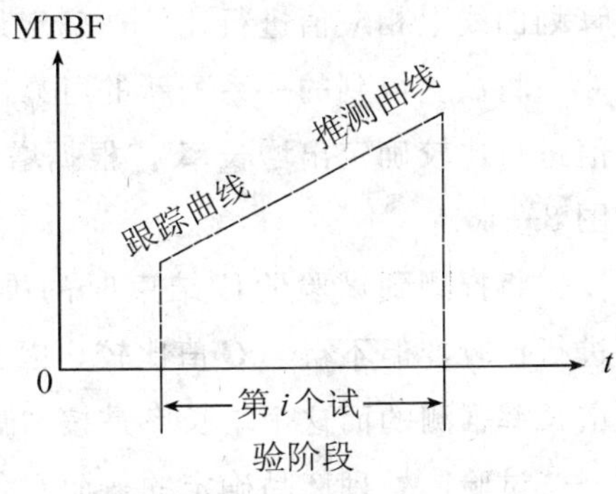

图 8—14　跟踪的可靠性增长曲线示意图

（4）一次性使用产品的跟踪

当每个主要试验阶段内的试验次数相当多，而且有相当高的可靠性时，可用美国军用物资系统分析中心（AMSAA）利用非齐次泊松过程建立的连续型的 AMSAA 模型来跟踪该类型号产品。

（5）高 MTBF 产品的跟踪

这一类产品具有较高的 MTBF，而且相对于试验时间来说，观察到的故障较少。可将整个试验过程看作一个主要试验阶段，并按“试验——改进——试验”改进类型进行跟踪。用所有试验数据拟合成一条跟踪曲线。使用这种方法进行跟踪，在整个试验过程中，试验环境和实施改进措施时可靠性不应该发生突变。

3. 可靠性增长管理的控制过程

（1）控制的基本方法

控制可靠性增长过程的基本方法有评估和监督两种方法，在控制增长过程中，这两种方法相互补充。

a. 评估

在控制增长过程中，将验证值与计划值进行比较。如果验证值不符合要求，应拟定新的计划。新计划中要重新分配资源或者调整增长率，或者重新研究可靠性目标要求是否合理；

b. 监督

在实施计划的早期阶段由于缺乏试验数据，实施监督是必要的。监督增长过程就是查明活动是否及时完成，设计水平和工作质量是否符合计划要求。

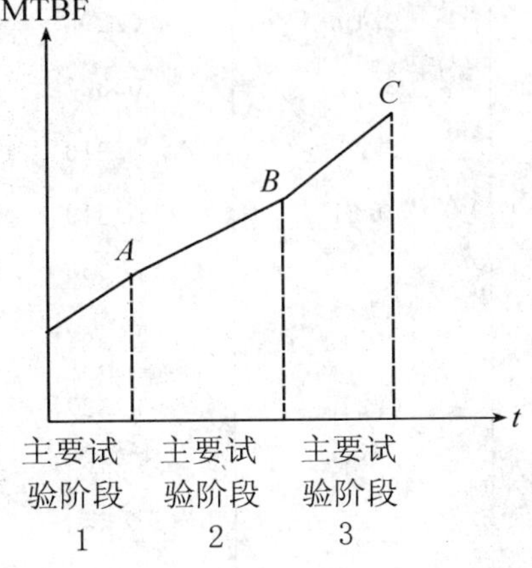

图 8—15　与主要试验阶段有关的阶段目标值及计划的可靠性增长曲线

（2）可靠性增长过程的控制

图 8—15 说明可靠性增长的控制过程。

图 8—15 是一条计划的可靠性增长曲线，对一个主要试验阶段进行控制，如对主要阶段 2 进行控制，A 值代表在试验阶段开始时的可靠性值，B 值代表在试验阶段过程中由于部分故障采用改进措施而达到的阶段目标值，C 值代表在试验完成时，试验阶段结束前，另一部分故障采用延缓改进措施而达到的阶段目标值。

在在试验阶段早期，监督可靠性增长过程，并与计划曲线上相应值进行比较，确定是否符合计划要求。

将试验得到的一系列新的可靠性值绘制成跟踪的可靠性增长曲线，并与计划曲线上相应值进行比较确定出增长率 。根据增长率将跟踪曲线外推，一直外推到这个试验阶段结束。见图 8—16。

将推测到试验阶段结束时的推测值与 B 值进行比较，但不得与 C 值比较，因为推测值是按增长率推测的而这个增长率是按“试验——改进——试验”处理产品确定的，而 C 值是按延缓改进处理产品达到的。如果外推结果表明按照计划进行不能使可靠性达到目标值 B，应设法在试验阶段结束前采取一定的补救措施。

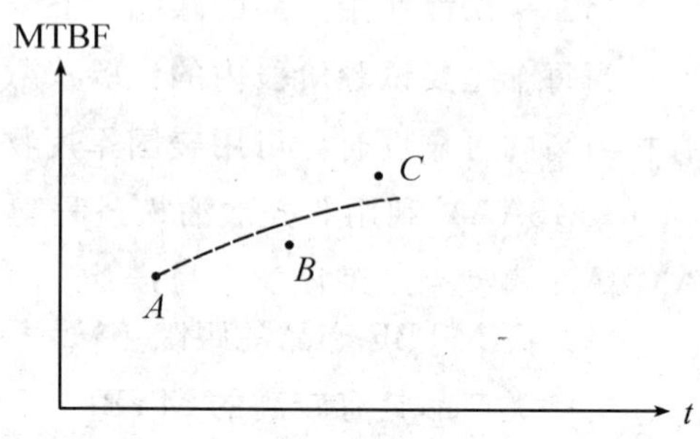

图 8—16 主要试验阶段跟踪的可靠性增长曲线

在试验阶段结束时，将试验结果与阶段目标 B 与 C 进行比较，如果没有达到阶段目标值，则应在下一个试验阶段开始之前采取适当的措施。

表 8—1 和表 8—2 分别为拟合优度检验统计量 C_M^2 的临界值 C_M^2 表和定截尾 MTBF 置信区间系数表。表 8—3 为定截尾 MTBF 置信区间系数表。

表 8—1 拟合优度检验统计量 C_M^2 的临界值 C_M^2

M	α				
	0.20	0.15	0.10	0.05	0.01
2	0.138	0.149	0.162	0.175	0.186
3	0.121	0.135	0.154	0.184	0.231
4	0.121	0.136	0.155	0.191	0.279
5	0.121	0.137	0.160	0.199	0.295
6	0.123	0.139	0.162	0.204	0.307
7	0.124	0.140	0.165	0.208	0.316
8	0.124	0.141	0.165	0.21	0.319
9	0.125	0.142	0.167	0.212	0.323
10	0.125	0.142	0.167	0.212	0.324
15	0.126	0.144	0.169	0.215	0.327
20	0.128	0.146	0.172	0.217	0.333
30	0.128	0.146	0.172	0.218	0.333
60	0.128	0.147	0.173	0.221	0.333
100	0.129	0.147	0.173	0.221	0.336

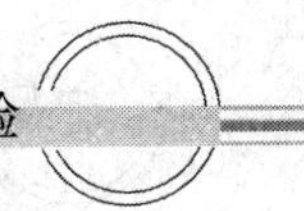

表 8—2 定截尾 MTBF 置信区间系数表

N	γ							
	0.80		0.90		0.95		0.98	
	K_L	K_U	K_L	K_U	K_L	K_U	K_L	K_U
2								
3								
4								
5								
6								
7								
8								
9								
10								
11								
12								
13								
14								
15								
16								
17								
18								
19								
20								
21								
22								
23								
24								
25								
26								
27								
28								
29								
30								
35								
40								
45								
50								
60								
70								
80								
100								

表 8—3　定截尾 MTBF 置信区间系数表

N	γ							
	0.80		0.90		0.95		0.98	
	K_L	K_U	K_L	K_U	K_L	K_U	K_L	K_U
2								
3								
4								
5								
6								
7								
8								
9								
10								
11								
12								
13								
14								
15								
16								
17								
18								
19								
20								
21								
22								
23								
24								
25								
26								
27								
28								
29								
30								
35								
40								
45								
50								
60								
70								
80								
100								

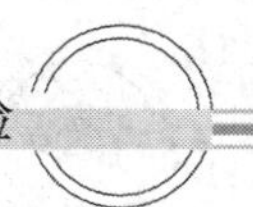

四、可靠性增长试验的设计和实施

可靠性增长试验是 GJB 450—88 规定的工作项目之一，是可靠性增长管理的重要手段。可靠性增长试验按 GJB 1407—92 进行设计和实施。

1. 试验前工作内容和要求

（1）制定可靠性增长试验大纲

承制方应根据合同或技术协议书及 GJB 450 的规定制定可靠性增长试验大纲。它应包括所有可靠性增长试验程序的说明。可靠性增长试验大纲应考虑故障分析所需的时间，以及为验证采取纠正措施所需进行试验的时间。可靠性试验大纲应在试验前提交有关部门审定通过。

大纲应包括下列内容：

a. 试验的目的和要求；

b. 受试产品的说明（受试产品的代表性、数量等）；

c. 试验的环境条件、工作条件、性能范围以及工作周期和总试验时间；

d. 采用的可靠性增长模型；

e. 试验进度表和阶段计划（包括程序的审查计划）；

f. 规定试验要求（预处理、预防性维修、更换及接口限制）、故障判据及产品出故障后的处理方法；

g. 试验设备及测试仪器的说明和要求；

h. 数据记录收集和记录要求；

i. 试验分析的要求及计算方法；

j. 用于分析故障及改进设计等所需要的工作时间及资源要求等；

k. 受试产品的最后处理；

l. 试验报告内容要求；

m. 对订购方提供或指定的产品要求；

n. 其他有关事项。

（2）可靠性增长模型的确定

为确定可靠性增长试验的总时间及可靠性增长的管理办法，承制方可根据同类产品的研制经验给新研制的产品拟定一个可靠性增长模型，并将其作为可靠性增长试验大纲的一部分。除另有规定外，通常采用 Duane 增长模型或 AMSAA 增长模型。

（3）进行产品的可靠性预计

产品在做可靠性增长试验之前，受试样品必须进行最新的可靠性预计，预计应采用元器件应力分析性方法进行，国产元器件用 GJB/Z 299 B，进口元器件用 MIL—HDBK—217 F 预计的平均故障间隔时间，MTBF 值以 θ_p 表示大于目标值的 1.25 以上才能考虑开始试验。

（4）故障模式、影响及危险度分析（FMECA）

试验前应按 GJB 1391 的程序进行故障模式、影响及危险性分析。通过分析可以找出可靠性设计的关键部位，并有助于对在可靠性增长试验过程中可能发生的故障进行分析。可靠性增长试验过程中所发生的故障及其原因有助于证实故障模式、影响及危险度分析。故障模式、影响及危险分析的结果可以用来在产品研制阶段早期对设计、元器件、材料、工艺、试验或程序提出更改意见。从而，可解决已发现的问题或缩小它们的影响。

(5) 产品的热测定和振动测定

产品进行可靠性增长试验之前，如果没有可用数据，按有关要求必须对受试产品进行热测定下的振动测定。

(6) 预处理

对提交进行可靠性增长试验的受试产品，必须进行相应的预处理，如进行老炼、筛选、试运行等。受试产品的预处理应与生产的产品预处理相同，而不应进行特别的预处理，产品的预处理工作由承制方进行，在预处理期间出现的故障，不影响用于可靠性增长试验，但必须记录和分析，并采取相应的故障处理措施，对产品进行必要的修复性维修。环境应力筛选期间，一般在最后一次修理后，要完成规定时间的无故障试验。

对产品合理地确定预处理持续时间和所施加的环境应力，其目的是排除产品的早期故障，试验应力的选择要求能在最短时间内暴露故障，且不会引进现场使用中不会出现的故障模式或留下残余应力，但是也不需要对工作环境进行精确模拟。

(7) 功能试验和环境试验

产品在进行可靠性增长试验之前，一般都应完成功能试验和环境试验，并在可靠性增长试验大纲中作出规定。

2. 试验设备和仪器仪表

(1) 试验设备的要求

试验设备应能提供受试产品所需的各种条件，试验前要对试验设备进行一次检查，以便确定试验设备是否能在要求的工作条件下正常工作。一般不允许将受试产品用来验证试验装置能否正常工作。为了保证可靠性增长试验的完成，试验中允许对试验设备进行预防性维修，进行定期检定，以保证满足规定的试验条件。

(2) 试验用仪器、仪表

控制和监测受试产品试验参数用的仪器、仪表应定期计量和校验，并在有效使用期内，精度应满足产品有关技术要求。

3. 试验环境条件的容差

产品规范中若无另行规定，试验环境条件容差应分别符合下列要求：

a. 温度容差

试验期间试验设备内稳定温度容差应在要求值的±3℃以内；

b. 振动试验设备的容差

对正弦振动试验台，在进行正弦扫描振动时，其控制点的振动量应保持在要求值的±10%以内。

对随机振动，其试验的激励功率谱密度与规定值相比较的容差按下列要求：

500Hz 以下，不超过±3dB。

500～2000Hz 不超过±3dB，但在累积带宽不超过 100Hz 范围内时，允许不超过±6dB。

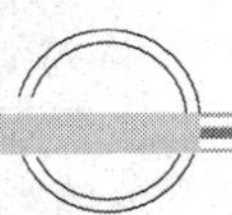

4. 受试产品的要求

进行可靠性增长试验的受试产品，应按一定程序批准的图样和技术文件制造出来。地面保障设备的样品必须在设计、材料、结构和工艺方面能代表生产的产品。在使用方特别批准后，可以采用工程研制的产品。用于试验的产品数量应以产品的复杂程度、大纲的需要和进度安排为基础，并应符合合同或产品规范的规定。如果产品规范中没有明确规定，用于试验的产品数量一般为 2 台，同时在产品试验大纲中作规定。

对于大型而且结构复杂、价格昂贵的产品，受试样品的数量经承制方与订购方共同协商后确定。

5. 受试产品的安装

受试产品的安装按 GJB 150.1 中规定进行。模拟实际安装方式，安装完毕，应对产品进行工作检查，避免因安装不当导致的故障。

6. 受试产品的性能测试

受试产品的性能测试应按该产品的技术条件的要求进行，经与订购方共同协商确定的测试项目进行测试，试验过程中测试项目和时机均应在试验程序中作出规定。

7. 故障报告、分析和纠正措施系统

这是可靠性增长试验中试验——分析——纠正——试验的一个重要组成部分。承制方应该建立一个完整的闭环系统，鉴别、报告、研究、分析和纠正在可靠性增长试验中发生的所有故障和问题，并消除或减少由于设计缺陷和工艺不良造成的所有故障或问题的再度出现。承制方应按 GJB 841 的要求建立故障报告、分析及纠正措施系统。

(1) 问题和故障的处理

在发生影响产品正常工作的问题或故障时，应进行相应的记录，并按试验大纲中规定的故障处理方法进行处理。

(2) 问题和故障报告

试验人员必须按 GJB 841 中“故障报告”条款的要求填写故障报告，将其纳入 FRACAS 系统并使其开始运行。

(3) 问题和故障

对报告的故障内容都应按发生故障时的实际情况进行核实。故障核实可通过重现故障或依靠故障证据（损坏的硬件、机内检测指示等）来完成。对缺乏证据的情况应给予说明。

(4) 问题和故障分析

承制方应根据 GJB 841 中“故障分析”的条款，对所有的问题和故障进行分析，确定产品出现的问题或故障原因，并填写故障分析报告，报告内容应包括以下几部分：

a. 有关每一独立的和从属的故障及确认的故障影响范围，故障模式的识别，以及使产品恢复到工作备用状态而采取的所有修理措施；

b. 用以说明对所有元器件故障分析、设计分析、以及为消除或减少故障再次发生所采取的纠正措施；

c. 为了保证设计可靠性不会下降，应对分析和纠正措施进行审查。如果是由外购件、外协件引起，应加强监督管理措施，以提高这些产品的可靠性。

(5) 纠正措施

纠正措施应符合 GJB 841“纠正措施”条款的要求。对发生的每一个故障都要拟定纠正措施并加以实施，以防再度出现。对所有出现的故障，承制方都应把故障分析和采取的纠正措施记录在案，按原发生故障时同样的受控条件，以同样的试验方法验证纠正措施的有效性（对产品规定的功能及可靠性指标更改均不算纠正措施）。

(6) 问题、故障的跟踪和解决

承制方应制定一种跟踪问题、故障及实现纠正措施的方法，并将其作为故障报告、分析和纠正措施系统的一个组成部分。应在安排的阶段状态评审时对所有问题和故障纠正措施的状态进行评审。对每一个问题和故障的技术状态的决策应由承制方有关的技术管理人员进行审查，以保证纠正和解决的措施的正确性。问题和故障的解决应包括以下几个方面：

a. 问题和故障原因已被判明和确定；

b. 所有故障产品已经得到修理或确定了处理方法；

c. 已采取了纠正措施，以消除或减少问题或故障的再度发生；

d. 如果问题或故障是通过设计更改解决的，这种更改已经实施并且其有效性已经通过试验得到证实；

e. 进行分析，以确定是否有未失效的元器件受到了过应力，以及受到过应力的元器件是否已更换；

f. 故障报告、故障分析报告、纠正措施报告已经过有关技术和管理人员的审查，以保证纠正措施的正确性和该故障在 FRACAS 中终止运行的合理性。

8. 试验过程的评审

对可靠性增长试验应进行有计划的阶段评审，评审点的设置在试验程序中明确规定。评审要求、评审结果应写成文件，并纳入到可靠性状态报告。

(1) 试验准备状态评审

可靠性增长试验开始之前要对试验准备情况评审，以保证试验工作能够按计划正常进行，试验的准备情况应包括下列各项内容：

a. 可靠性增长试验大纲是否满足合同、技术协议书以及 GJB 1407 的规定；

b. 受试产品的技术状态是否按技术条件通过检查并满足要求；

c. 有关试验的结果，可靠性增长试验前做过那些试验，试验结果是否明确可信；

d. 可靠性增长试验前已发现的问题和故障的汇总情况是否完整，问题反映是否清楚；

e. 专用测试设备和试验设备状态是否经过鉴定。有无证明文件，是否在有效期内；

f. 关于问题和故障解决情况，存在的问题和故障是否查清，解决措施是否有力，是否还有隐患，是否还需继续查找；

g. 关于受试产品可靠性预计和分析结果，可靠性预计是否反映受试产品的真实情况，选用的应力和元器件质量等级是否与使用相符；

h. 经批准的试验程序的适用性；

i. 故障报告、分析和纠正措施系统能否正常运转并保证试验过程中一切活动正常；

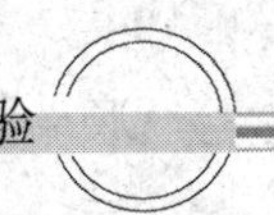

j. 事前规定的活动项目是否能满足试验要求；

k. 根据评审结果规定的活动项目及完成日期，作为可靠性增长试验过程的依据；

l. 关于审查结论，对可靠性增长试验前的准备工作作出结论，是否批准试验或还需要哪些工作完成后才能开始，应作出明确的结论。

（2）状态评审

在可靠性增长试验的预定阶段，应对其试验状态及所达到的结果安排评审节点，这些评审点的目的是对状态进行评审，一般应包括以下内容：

a. 对产品在试验阶段中的可靠性增长的估计值和推测值的结果；

b. 对阶段出现的问题和故障分析的结果；

c. 对预防和纠正措施的意见；

d. 根据预防和纠正措施提出的潜在问题的设计改进；

e. 相关转承制方的可靠性研制试验状态；

f. 事先规定的活动项目的状态；

g. 根据评审结果指定的活动项目的分配。

（3）试验完成后的评审

这个评审点安排在试验结束时，评审的目的是为了评定试验结果是否符合合同、产品规范及 GJB 1407 的要求。结果评审一般应包括如下各项内容：

a. 从试验结果中得到的当前可靠性增长的估计值和达到值是否真实可靠；

b. 试验记录的完整性和准确性，对异常数据剔除的合理性进一步审查；

c. 故障诊断的正确性和采取措施的有效性；

d. 对试验结果分析的合理性；

e. 评审结论（说明试验是否同意通过）。

9. 预防维修

可靠性增长试验过程中只允许作预防性维修，根据产品实际使用要求，安排试验过程中预防维修节点，维修时间、维修项目应在试验前作安排，写入程序并经过试验准备状态评审通过。当试验过程中出现故障时，只准许对出现故障部分进行修理。对于寿命器件因试验期间到寿可以更换，可不计入故障，但是在试验前对贵重寿命器件应首先作出说明，并经评审通过，对于一般寿命器件如寿命期超过 1/2 都得更换后才开始试验。

10. 试验记录和报告

（1）值班情况和测试记录

试验过程中的值班人员，应按试验程序规定认真作好记录，对受试产品事先规定的测试数据、工作情况及试验设备的工作情况、保证条件、异常情况及试验日期、时间、累计试验时间、参试人员和有关情况的说明等。

（2）故障汇总和分析报告

按 GJB 841—90 故障报告、分析和纠正措施系统的要求，进行故障汇总和分析。

(3) 可靠性增长试验报告

试验结束后，按 GJB 1407—92 要求应提供以下报告：

a. 试验大纲；

b. 试验结果报告；

c. 故障报告；

d. 故障分析报告；

e. 故障纠正措施实施报告。

以上报告应按 GJB/Z 23《可靠性和维修工程报告编写一般要求》的有关规定编写。

11. 资料存档

试验完成后应及时将试验记录和报告归档保存，并要求资料进行编码，便于将来引用和查询。

12. 拟定可靠性增长试验程序和要求

(1) 拟定试验程序

承制方应按 GJB 1407 中附录 C 的要求，拟定详细的试验程序。

①内容和目的

②试验环境剖面

综合环境可靠性试验环境剖面图示例见图 C1。该示例是根据机载设备执行高——低——低——高任务剖面用 GJB 899 中规定的方法和程序制定的。

③试验环境剖面与试验循环实施

图 C1 的试验环境剖面与试验循环示例中，A，B，C，D 四项代表试验环境剖面中一个循环境内容应力施加的时间、大小及变化速率。E 项代表电应力偏移从上限——标称——下限——上限的各循环间的转换方式。

a. 试验设备的一般要求

如图 C1 示例所表明的试验环境剖面在实施时要求试验设备具备电应力、温度应力、潮湿应力与振动应力同时施加的能力，并具备对应力施加的时间、大小、变化率等记忆与程序控制的功能。试验箱中受试设备在通电时应能进行实时监控与测试；

b. 温度应力的施加

按图 C1 中 C 项规定的时间顺序，将施加的温度应力温度值及其变化率送入温度程序控制装置并记忆。图 C1 中所有温度变化速率如图 C1 中的 b，d，f，h，j，l，n，p，各段均不小于 5℃/min；

c. 振动应力的施加

按图 C1 中 D 项规定的时间顺序，将施加的振动应力的功率谱密度、频率范围、容差大小送入振动应力程序控制装置并记忆。图 C1 示例中的振动为随机振动。其振动频谱根据受试设备的任务剖面，按照 GJB 899 制定，其中功率谱密度小于 1×10^{-3} g^2/Hz 的所有阶段均采用 1×10^{-3} g^2/Hz，其持续时间大致应力为出现此应力的任务阶段的持续时间；

d. 潮湿应力的施加

在一个循环的高温断电阶段开始，如图 C1 中的 t_8 到 t_{10} 时间给试验箱注湿。此后保持试验箱内露点温度大于或等于 31℃；

e. 通断电

在每一个试验循环内的低温、高温阶段各有一个断电阶段。如图 C1 中 $0\sim t_0$ 和 $t_8\sim t_9$ 的时间段。它代表受试设备在所有装备的环境中存放，如飞机停放在地面。也可称冷浸、热浸阶段。在冷浸、热浸结束时应启动受试设备两次，并保证受试设备具备规定功能；

f. 电应力的施加

在第一个循环通电阶段电应力设置在上限值，第二循环设置在标称值，第三循环设置在下限值，第四个循环设置到上限值，依次如图 C1 中 E 项所示。由于试验时间较长，此过程一般也用时间程序控制器控制供电装置自动执行；

g. 试验过程监测

可用统一的时钟和程序控制装置启动 b～f 的各项应力的程序控制器进入试验循环。

在试验过程中受试产品应处于实时监督状态。在每一循环的高、低温通电阶段按设备规范的要求检查、测试受试设备的功能和性能。

试验中试验装置所施加的各项应力也应实时监督、受控并有记录以保证各次试验循环都按试验环境剖面正确无误地进行。

（2）确定总试验时间

可靠性增长试验所用的总试验时间主要取决于可靠性增长模型、承制方的经验、产品特点及产品可靠性的定量要求。该试验应是使产品现有可靠性增长到可靠性要求值的最长时间，可靠性要求值一般以 MTBF 表示。通常总的试验时间为要求的 MTBF 的 5～25 倍，这样的试验持续时间经验证明足以达到预期的可靠性增长目的。

（3）规定通——断循环次数

产品的通——断循环是产品为进行工作前起动检查需要开启的次数加上正常使用中从一次工作任务完成至下一次任务完成所需通断的次数。为正常维修增加的通断次数不包括在内。一般情况一个试验循环中通断次数应不少于 6 次。

（4）规定试验循环时间

产品的试验循环是产品在正常使用时，从一次工作任务完成后至下一次任务完成时所需要的时间，产品的各种工作和功能模式分配在各个时间段，试验循环时间里应按每一次试验循环中需要完成所规定的工作模式加以确定。一个试验循环时间一般为 4～10 h。

（5）规定试验循环次数

从总试验时间和试验循环时间确定试循环次数：试验循环次数≥总试验时间/试验循环时间；试验循环次数取整数。

（6）试验循环举例

对一个完整的试验循环主要应规定如下十项内容，如图 8—17 中试验循环示意图所示。

同时规定的特定的应力等级、频度及产品的通断和试验循环应符合产品规范、试验大纲及试验程序的规定。

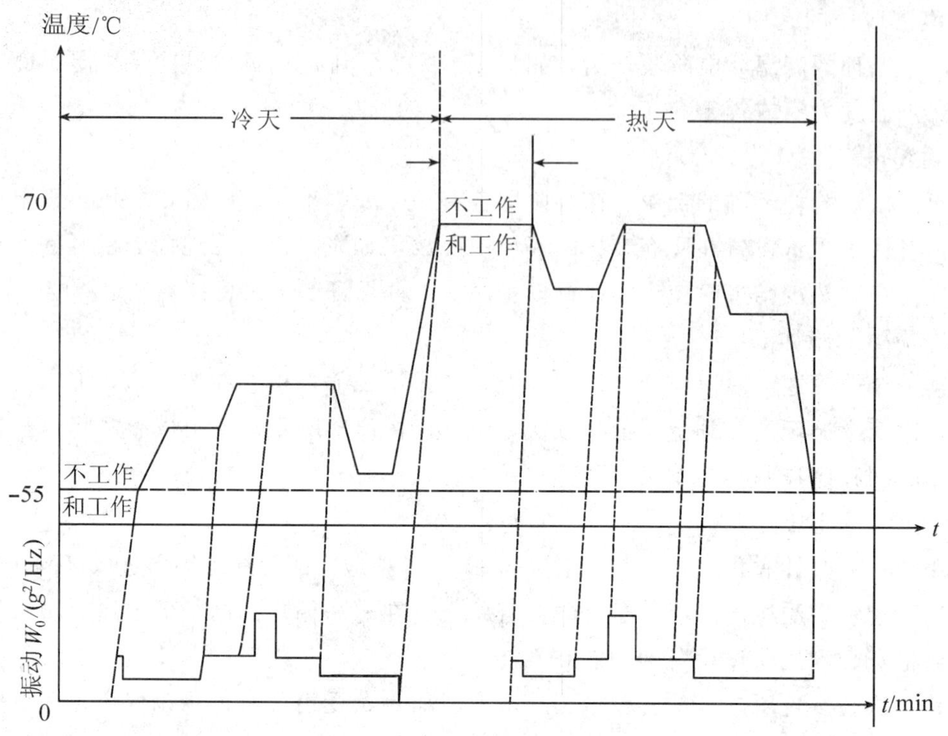

图 8—17 试验循环示意图

一个试验循环的主要项目应由下列 10 项组成：

a. 将性能测试合格的产品放入试验箱，温度降至－55℃；

b. 当产品温度达到稳定的－55℃时，保持 30 min 不工作（冷浸）。在通电工作前，按规定的通断循环次数进行工作前检查，然后给产品通电（第一个循环以 110％的标称电应力输入，第二个循环以标称电应力输入；第三个循环以 90％的标称电应力输入，以后顺次重复上述三个循环，产品在该温度下工作 30 min；

c. 完成规定的通断循环次数和 30 min 工作后，以不低于 5℃/min 的速率将试验箱温度升至规定的低温中等值，并保持规定时间。在箱内温度开始上升时，使产品处于起飞振动状态 1 min，然后，进入连续振动状态和中等振动状态；

d. 以不低于 5℃/min 的速率将试验箱温度升至冷天温度最高值，并保持规定时间。在箱内温度开始上升时，产品处于最大振动状态；

e. 以不低于 5℃/min 的速率将试验箱温度降至低温飞行状态时低温最小位，一般为中空巡航时－40℃，并保持规定时间。在箱内温度开始下降时，产品处于最小振动状态和连续振动状态；

f. 以不低于 5℃/min 的速率将试验箱温度升至 70℃，在箱内温度开始上升时，产品处于连续振动状态。当箱内温度达到 70℃时，给产品断电并停止振动，保持 30 min 不工作（热浸）。然后按规定的通断循环次数进行工作检查。给产品通电工作 30 min；

g. 完成 30 min 工作和规定的通断循环次数之后，以不低于 5℃/min 的速率将试验箱温度降至高温中等值，并保持规定时间。当箱内温度开始降低时，使产品处于起飞振动状态 1 min，然后进入连续振动状态和中等振动状态；

h. 以不低于 5℃/min 的速率将试验箱温度升至高温最大值，并保持规定时间。在箱内温度开始上升时，产品处于最大振动状态；

i. 以不低于 5℃/min 的速率将试验箱温度降至高温最小值，并保持规定时间。在箱内温度开始下降时，产品处于最小振动状态和连续振动状态；

j. 以不低于 5℃/min 的速率，将试验箱温度降至－55℃，在箱内温度开始下降时，产品处于连续振动状态。当箱内温度达到－55℃时，给产品断电并停止振动。

（7）试验过程中的监测

a. 监控

试验过程中应对规定的性能参数进行监控；

b. 测量

试验中应对产品的主要性能参数进行测量，试验中间的测量可以是连续的或间断的，但间隔时间的长短应不影响试验结果和测量的完成。如按间断测量，则一开始测量就发现故障或当无法确定故障发生时间时，就应认为是上一次观察测量时产生的故障；

c. 记录

当受试产品的主要性能参数超出设计规范的规定时，不管是否已使产品停止工作都应该作为一个问题或故障加以记录。

（8）试验和终止

当产品可靠性增长试验过程中出现如下情况时，试验工作应予终止：

a. 当积累试验时间达到某一固定时间（例如，当选定使用方风险率为 10%，累积试验时间到要求的 MTBF 的 2.3 倍时）而未发生故障时，经承制方和使用方协商可以终止试验并认为试验符合要求；

b. 根据可靠性增长试验估计的当前的 MTBF 值在总试验时间结束之前达到了要求的 MTBF 值时，则可通过使用批准，提前终止试验，并认为试验符合要求；

c. 利用试验数据估计的 MTBF 值符合规定要求，则试验工作应该终止；

d. 试验进行到规定时间，需利用试验数据估计的 MTBF 值达不到试验要求，该阶段的试验也应终止。

思 考 题

1. 产品可靠性增长的目的是什么？
2. 可靠性增长的有关名词术语。
3. 请对常用的可靠性增长模型进行简单介绍。
4. 请对产品可靠性增长试验的基本方法进行介绍。
5. 简述理想的可靠性增长曲线和计划的可靠性增长曲线的作用。
6. 可靠性增长试验大纲应包括哪些内容？
7. 可靠性增长试验报告应包括哪些资料？
8. 请简单介绍可靠性增长试验程序和要求。

第九章　可靠性试验数据的分析与处理

第一节　数据整理的基本方法

一、直方图

直方图是数据整理的基本方法之一，通过直方图可以对一组数据的总体分布有比较直观的了解，在计算该组数据的一些数字特征时也比较方便。对一组观测数据作直方图的具体步骤为：

1. 数据分组

根据数据数量的多少将数据分成若干小组，一般不少于 4 组，但也不超过 15 组。通常都使用经验公式 $k=1+3.3\lg n$ 来确定分组数目 k（n 为要整理的一组数据的数据量）；

2. 找出该组数据中的最小值 x_{min} 和最大值 x_{max}

3. 计算小组组距和确定各小组的上下限

组距 $\Delta t=(x_{max}-x_{min})/(k-1)$。为避免数据刚好等于分组边界值时难以确定该数据归属上一组还是下一组的情况，通常将观测数据最小值减去半个观测值的最小单位作为第一组的下限值或将观测数据最大值加上半个观测值的最小单位作为最后一组的上限值；

4. 确定每一小组的组中值

各小组的组中值 $t_i=$（分组下限值＋分组上限值）/2。

5. 统计落入各小组的数据个数（频数）

6. 作图

在坐标纸上以观测数据为横坐标，频数为纵坐标画出以每一小组的上下限为底，该小组的频数为高的矩形。这样得出的图形就称为频数直方图，如用每一小组的频数在数据总数中所占的百分比（称为相对频数或频率）代替频数，得出的图形就称为频率直方图；

下面通过两个例子作进一步的说明。

例 9—1　某种电真空器件的工作寿命的一组观测数据（单位为小时）如下：91，77，55，58，105，32，64，64，64，46，96，47，67，30，84，53，78，37，97，25，60，80，73，47，40，69，50，77，14，79，43，82，61，37，73，38，49，48，50，66，76，57，44，

60，87，29，110，87，43，21，57，59，22，64，75，47，71，69，55，72。从这些数据一下子不容易发现什么规律，为了更好地了解这组数据，我们画出它的直方图。根据前面介绍的步骤：

（1）确定分组数，按经验公式 $k=1+3.3\lg 60=6.87$，所以取 $k=7$；

（2）60 个数据中的最大值 $x_{\max}=110$，最小值 $x_{\min}=14$；

（3）确定小组组距 $\Delta t=(110-14)/(7-1)=16$，第一组的下限为 13.5；

（4）进行分组统计，得到表 9—1 所示的数据；

表 9—1 例 9—1 的分组频数及频率表

分组上下限	组中值 t_i	频数 n_i	n_it_i	$(t_i-\overline{x})^2$	$n_i(t_i-\overline{x})^2$	频率 f_i
13.5～29.5	21.5	5	107.5	1515.80	7579.00	0.083
29.5～45.5	37.5	9	337.5	525.78	4732.02	0.150
45.5～61.5	53.5	18	963.0	48.02	864.36	0.300
61.5～77.5	69.5	16	1112.0	82.26	1316.16	0.267
77.5～93.5	85.5	8	684.0	628.50	5028.00	0.133
93.5～109.5	101.5	3	304.5	1686.74	5060.22	0.050
109.5～125.5	117.5	1	117.5	3256.98	3256.98	0.017
Σ		60	3626.0		27 836.74	1.000

（5）根据表 9—1 的数据可以画出该组数据的频数直方图，如图 9—1 所示。

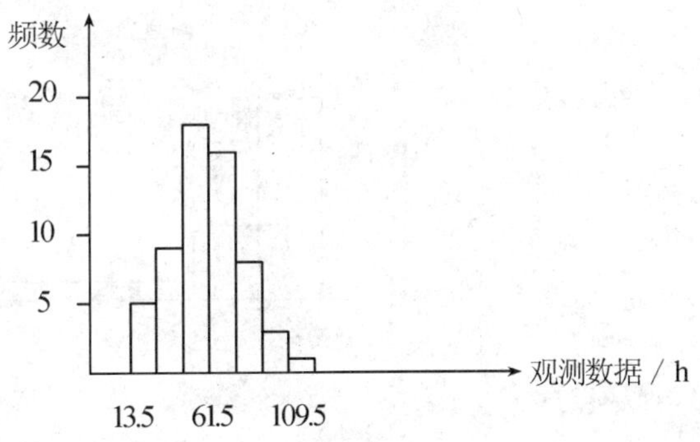

图 9—1 例 9—1 中数据的频数直方图

要得到频率直方图，只要将图 9—1 的纵坐标改为频率即可。从这个直方图可以看出，这种电真空器件的工作寿命大致以 60 h 为中心，具有中间大两头小的分布特性。

在进行分组统计后，我们可以用每一小组的组中值作为落入该小组的数据的代表，从而简化子样均值和子样标准差的计算。在本例中，子样均值为：

$$\begin{aligned}\overline{x} &= \sum_{i=1}^{7} n_i \times t_i/n \\ &= (5\times 21.5+9\times 37.5+18\times 53.5+16\times 69.5+ \\ &\quad 8\times 85.5+3\times 101.5+1\times 117.5)\div 60 \\ &= 60.43\end{aligned}$$

子样方差为：

$$s^2=\sum_{i=1}^{7} n_i(t_i-\overline{x})^2/(n-1)=27\,836.74/59=471.81$$

例 9—2 某种电子设备共18台，从开始使用到发生故障的时间数据（单位为天）按从小到大排列如下：16，29，50，68，100，130，140，190，220，270，280，340，410，450，520，620，800，1100。我们也用直方图对这组数据进行整理分析。

（1）分组数 $k=1+3.3\lg 18=5.14$，我们取 $k=5$；

（2）最大值 $x_{\max}=1100$，最小值 $x_{\min}=16$，组距 $\Delta t=(1100-16)/(5-1)=271$，为方便计算我们取 $\Delta t=270$；

（3）各小组的边界值为 15.5，285.5，555.5，825.5，1095.5 和 1365.5；

（4）分组统计频数得表 9—2 所示的分组频数及频率表；

表 9—2 例 9—2 的分组频数及频率表

分组上下限	组中值 t_i	频数 n_i	$n_i t_i$	$(t_i-\overline{x})^2$	$n_i(t_i-\overline{x})^2$	频率 f_i
15.5～285.5	150.5	11	1655.5	38 025	418 275	0.611
285.5～555.5	420.5	4	1682.0	5625	20 100	0.222
555.5～825.5	690.5	1	690.5	119 025	119 025	0.056
825.5～1095.5	960.5	1	960.5	378 225	378 225	0.056
1095.5～1365.5	1230.5	1	1230.5	783 225	783 225	0.056
Σ		18	6219.0		1 718 850	1.000

（5）根据表 9—2 的数据即可作该组数据的直方图，如图 9—2 所示。

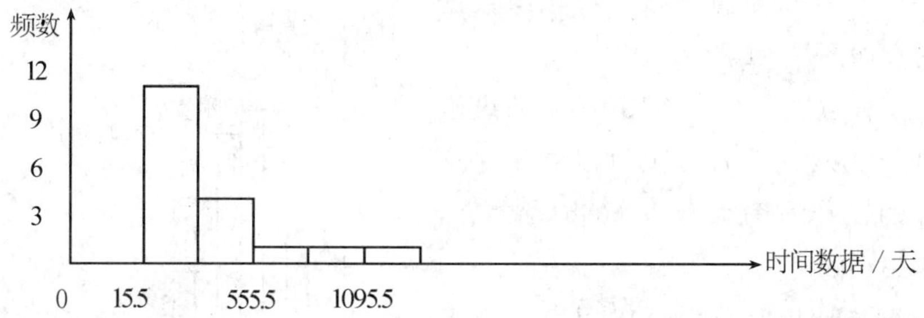

图 9—2 例二的直方图

与例 9—1 一样，我们可以计算该组数据的子样均值和子样方差，具体计算如下：

$$\begin{aligned}\overline{x} &= \sum_{i=1}^{5} n_i t_i / n \\ &= (11\times150.5+4\times420.5+690.5+960.5+1230.5)\div18 \\ &= 345.5\end{aligned}$$

$$s^2=\sum_{i=1}^{5} n_i(t_i-\overline{x})^2/(n-1)=1\ 718\ 850\div17=101\ 108.82$$

例 9—2 的直方图与例 9—1 的直方图有明显的不同，它的分布是前面密集后面稀疏。根据这两个直方图，我们可以认为例 9—1 的数据服从正态分布，而例 9—2 的数据服从指数分布。

二、相关与回归分析

相关与回归分析是另一种数据整理分析的基本方法。它主要用于分析变量之间的关联程度及在关联比较密切时寻找表达如何关联的公式。例如，一个人的身高和脚的大小是有一定关联的，一般说来身高越高，脚也越大，但这两者之间又不是一种完全确定的关系。我们通过对一定数量的人测量其身高和脚的大小，然后对这一组数据对进行相关和回归分析，求出能近似表达两者间的关系的关系式。

相关分析有线性相关分析和非线性相关分析，回归分析有一元回归和多元回归。我们这里只介绍最简单的一元线性回归。

设有一组观测数据对（x_1；y_1），（x_2，y_2），…，（x_n，y_n）；对它进行线性相关分析就是要看一看在变量 X 和变量 Y 之间是否有线性关联，具体的做法是求出一个称为相关系数的量 r，r 是一个在＋1 和－1 之间的数，如果 r 很接近＋1 或－1，我们就说两者的线性相关程度高，如果 r 很接近 0，我们就说两者是线性无关。r 为正表示总体说来 Y 随着 X 的增大而增大，r 为负表示总体说来 Y 随着 X 的增大而减小。相关系数 r 的定义为：

$$r=\frac{S(X,Y)}{\sqrt{S(X,X)S(Y,Y)}} \tag{9—1}$$

式中 $S(X,X)=\sum_{i=1}^{n}x_i{}^2-\frac{\left(\sum_{i=1}^{n}x_i\right)^2}{n}$；$S(Y,Y)=\sum_{i=1}^{n}y_i{}^2-\frac{\left(\sum_{i=1}^{n}y_i\right)^2}{n}$；

$S(X,Y)=\sum_{i=1}^{n}x_iy_i-\frac{\left(\sum_{i=1}^{n}x_i\right)\left(\sum_{i=1}^{n}y_i\right)}{n}$。

下面我们用一个具体的数字例子来说明相关系数的求法，数字示例如表 9—3 所示。

表 9—3　求相关系数的数字例

序号	x_i	y_i	$x_i{}^2$	$y_i{}^2$	x_iy_i
1	63	72	3969	5184	4536
2	68	75	4624	5625	5100
3	59	70	3481	4900	4130
4	58	66	3364	4356	3828
5	65	71	4225	5041	4615
6	61	72	3721	5184	4392
7	63	69	3969	4761	4347
8	59	69	3481	4761	4071
Σ	496	564	30 834	39 812	35 019

由表 9—3 的数据可以算出 S（X，X）＝30 834－496×496/8＝82；S（Y，Y）＝39 812－564×564/8＝50；S（X，Y）＝35 019－496×564/8＝51；所以 $r=51/\sqrt{82\times50}=0.796$。0.796 与 1 是比较接近的，所以我们可以认为变量 X 和 Y 是线性相关的。关于 r 究竟在什么范围，可以认为是与＋1 或－1 接近，我们可以查相关系数检验表（表 9—4）。如果计算得到的相关系数比表中给出的临界值大，就认为两个变量是线性相关的。

表 9 —4 相关系数检验表

$n-2$	95%	99%	$n-2$	95%	99%	$n-2$	95%	99%
1	0.997	1.000	16	0.468	0.590	35	0.325	0.418
2	0.950	0.990	17	0.456	0.575	40	0.304	0.393
3	0.878	0.959	18	0.444	0.561	45	0.288	0.372
4	0.811	0.917	19	0.433	0.549	50	0.273	0.354
5	0.754	0.874	20	0.423	0.537	60	0.250	0.325
6	0.707	0.834	21	0.413	0.526	70	0.232	0.302
7	0.666	0.798	22	0.404	0.515	80	0.217	0.283
8	0.632	0.765	23	0.396	0.505	90	0.205	0.267
9	0.602	0.735	24	0.388	0.496	100	0.195	0.254
10	0.576	0.708	25	0.381	0.487	125	0.174	0.228
11	0.553	0.684	26	0.374	0.478	150	0.159	0.208
12	0.532	0.661	27	0.367	0.470	200	0.138	0.181
13	0.514	0.641	28	0.361	0.463	300	0.113	0.148
14	0.497	0.623	29	0.355	0.456	400	0.098	0.128
15	0.482	0.606	30	0.349	0.449	1000	0.062	0.081

表 9 —4 一共有三栏，第一栏是数据组数减二，第二栏是置信水平为 95%时的临界值，第三栏是置信水平为 99%时的临界值。我们前面所示的例子中 $r=0.796$，$n-2=6$，从表 9 —4 可知，0.796 比 95%的临界值大而比 99%的临界值小，所以对于这个例子，我们只有 95%的把握说 Y 和 X 是线性相关的，但没有 99%的把握这么说。

一元线性回归分析则是在相关分析认为两个变量是线性相关时，求出表达两者关系的线性方程。如果变量 Y 和 X 线性相关，则应有 $Y=a+bX$，现在的任务就是根据已知的 (x_1, y_1)，(x_2, y_2)，…，(x_n, y_n) 去求出最合适的 a 和 b。一般说来，不论 a 和 b 取什么数值都不能保证 $y_i=a+bx_i$ 对所有的 i 都成立。因此我们只能得到 $y_i=a+bx_I+e_i$，式中的 e_i 称为残差。所谓最合适的 a 和 b 是指使残差平方之和 $E^2=e_1{}^2+e_2{}^2+\cdots+e_n{}^2$ 为最小的 a 和 b。可以证明，满足这一要求的 a 和 b 是：

$$b=\frac{S(X,Y)}{S(X,X)}, a=\bar{y}-b\bar{x} \quad (9-2)$$

我们把直线 $Y=a+bX$ 称为回归直线。对于表 9 —3 中的例子有 $b=51/82=0.62$，$a=564/8-0.62\times496/8=32.06$。

在进行相关分析和回归分析时，我们常常先将数据对画在坐标纸上，称为散布图。图 9 —3 就是表 9 —3 中数据的散布图及相应的回归直线。

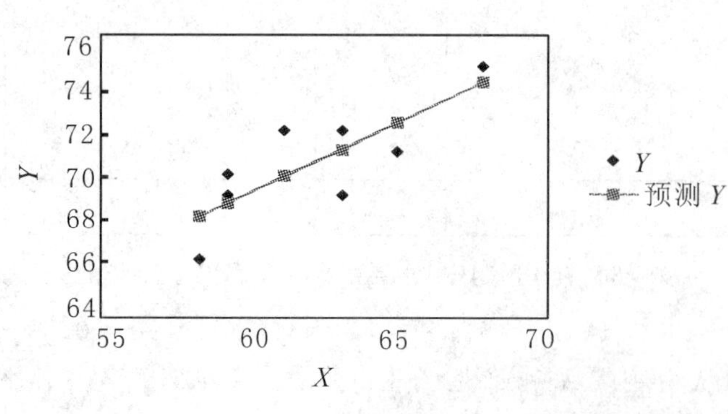

图 9 —3 表 9 —3 中数据的散布图及回归线

第二节 可靠性数据的概率纸分析方法

一、概率纸

概率纸是一种具有特殊刻度的座标纸，在这种座标纸上某种概率分布的分布函数的图形是一条直线。实际上它是由普通的直角座标纸将一个或两个轴的坐标尺度进行某种变换而得到的。

以最简单的指数分布为例，它的分布函数（在可靠性理论中就是累积失效概率）$F(t)=1-e^{-\lambda t}$在以t为横坐标轴、以$F(t)$为纵坐标轴的普通座标纸上是一条指数式的曲线。如果作变量变换$Y=-\ln[1-F(t)]$，则$Y=\lambda t$，也就是说Y和t的关系就是一条通过原点的斜率为λ的直线。根据这一原理，我们可以得到指数分布概率纸的示意图如图9—4所示：

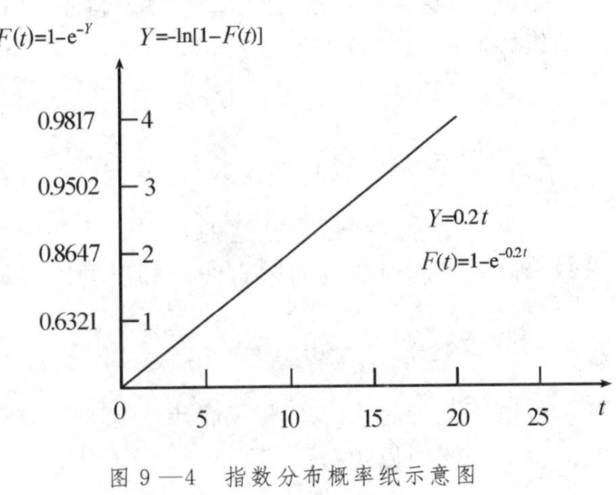

图9—4 指数分布概率纸示意图

图9—4中Y与t是普通刻度的一般坐标纸，F与t就是特殊刻度的概率纸，图中的直线$Y=0.2t$就代表了参数为0.2的指数分布的分布函数。

二、利用概率纸分析可靠性数据的基本步骤

1. 选择概率纸

不同的分布对应不同的概率纸，所以选择概率纸实际上就是对产品寿命所服从的分布类型先作一个推测，如果对产品寿命所服从的分布完全没有任何概念，可以多选几种概率纸同时进行分析，根据分析结果最后确定用哪种分布的概率纸。可靠性数据分析常用的概率纸有威布尔概率纸、正态概率纸和对数正态概率纸，由于指数分布是威布尔分布的特例，所以通常不采用前面介绍的指数分布概率纸。

2. 计算累积失效频率

可靠性试验数据最常见的情形是有n个样品进行试验，试验中共发生了r个故障，故障发生的时间为t_1，t_2，…，t_r（$t_1\leqslant t_2\leqslant\cdots\leqslant t_r$）。在时刻$t_i$，$n$个样品中失效的有$i$个，要计算到时刻$t_i$为止的累积失效频率$F_n(t_i)$，最简单的办法是取

$$F_n(t_i)=i/n\text{（经验分布函数公式）}\tag{9—3}$$

但在 n 比较小（$n\leqslant 20$）时，这个公式误差较大，此时可以在下面三个公式中选用一个；

$$F_n(t_i)=(i-0.5)/n\text{（海森公式）} \tag{9—4}$$

$$F_n(t_i)=i/(n+1)\text{（数学期望公式）} \tag{9—5}$$

$$F_n(t_i)=(i-0.3)/(n+0.4)\text{（近似中位秩公式）} \tag{9—6}$$

3. 将 $(t_i, F_n(t_i))$ 画在概率纸上

4. 图线分析

用目测法看画在概率纸上的点子能否近似于一条直线或用相关分析求出相关系数 r（求相关系数时，各点的坐标值不能直接用 t 和 F 的值，而要用所选用的概率纸相对应的变量变换后的值），看其是否接近 $+1$ 或 -1。肯定的结果表示可以认为产品的寿命分布是属于所用概率纸相对应的分布类，否定的结果表示产品的寿命分布不属于所用概率纸相对应的分布类，应选用其他概率纸；

5. 作直线

如果选用的概率纸是合适的，用目测法画一条与所画点子相接近的直线或用回归分析求出与所画点子相对应的回归直线。画出的直线就代表了产品所服从的寿命分布；

6. 求值

根据所画出的直线求出（估计）有关的分布参数（分布参数的估计方法在后面几种具体的概率纸介绍中说明）。

三、正态概率纸

均值为 μ，标准差为 σ 的正态分布的分布函数为

$$F(t)=\int_{-\infty}^{\frac{t-\mu}{\sigma}}\frac{1}{\sqrt{2\pi}}\mathrm{e}^{-\frac{x^2}{2}}\mathrm{d}x=\Phi\left(\frac{t-\mu}{\sigma}\right)$$

作变量变换 $Z=(t-\mu)/\sigma$，则 Z 和 t 成线性关系，因此在以 t 为横坐标，以 Z 为纵坐标的普通座标纸上将 Z 的刻度换成相应的 $\Phi(Z)$ 值，就成了正态概率纸。在正态概率纸上，正态分布的分布函数是一条直线。图 9—5 是正态概率纸的示意图。

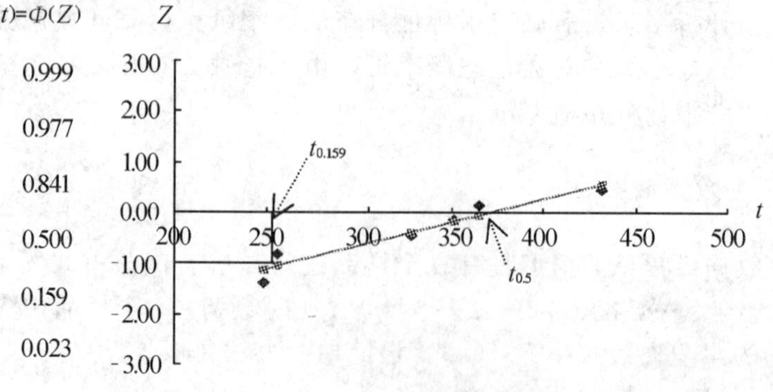

图 9—5　正态概率纸示意图

下面举一个数字例子说明正态概率纸的使用。表 9—5 所列数据是某电真空器件可靠性试验的数据，投入试验的器件有 8 只，试验在有 6 只器件失效时停止。

表 9—5 某电真空器件的可靠性试验数据表

故障序号 i	故障时间 t_I/h	用近似中位秩公式计算的 $F_n(t_i)$	在正态概率纸上相应的 Z 值
1	249	0.0833	−1.40
2	256	0.2024	−0.83
3	328	0.3214	−0.45
4	351	0.4405	−0.15
5	365	0.5595	0.15
6	432	0.6786	0.45

根据过去的经验，这类电真空器件的寿命属于正态分布，所以选用正态概率纸，作为累积失效频率选用近似中位秩公式 $F_n(t_i)=(i-0.3)/(n+0.4)$。将六个点画在正态概率纸上（图 9—5 中菱形点）。将这六个点的（t_i，Z_i）数值作相关分析，可求出相关系数 $r=0.958$，因此可以认为受试的电真空器件的寿命是服从正态分布的。

为了求出正态分布的两个参数 μ 和 σ，用目测法画一条与六个点最接近的直线或用回归分析求出回归直线，图 9—5 中的直线是用回归分析方法求出的，方程式为 $Z=-3.44+0.0093t$。因为正态概率纸的变量变换是 $Z=(t-\mu)/\sigma$，从而求出 $\sigma=107.5$ 和 $\mu=369.89$。也可以在正态概率纸上求出 μ 和 σ，所画直线与 t 轴的交点记为 $t_{0.5}$，从 F 轴上的 0.841 点（即 $Z=1$ 的点）或 0.159 点（即 $Z=-1$ 的点）引 t 轴的平行线与所画直线相交，交点的 t 值记为 $t_{0.841}$ 或 $t_{0.159}$，则 $t_{0.5}$ 就是要求的 μ 值，$t_{0.841}-t_{0.5}$ 或 $t_{0.5}-t_{0.159}$ 就是要求的 σ 值。

四、对数正态概率纸

对数正态分布的分布函数是：

$$F(t)=\int_{-\infty}^{\frac{\lg t-\mu}{\sigma}}\frac{1}{\sqrt{2\pi}}\mathrm{e}^{-\frac{x^2}{2}}\,\mathrm{d}x=\Phi\left(\frac{\lg t-\mu}{\sigma}\right)$$

作变量变换 $X=\lg t$，$Z=(X-\mu)/\sigma$，则 Z 和 X 成线性关系。在以 X 为横轴 Z 为纵轴的普通座标纸上将横轴的刻度换成相应的 t 值，将纵轴的刻度换成相应的 $F(t)$ 值，就成了对数正态概率纸。在对数正态概率纸上，对数正态分布的分布函数是一条直线。图 9—6 是对数正态概率纸的示意图。

下面也通过一个数字例作进一步的说明。对 10 块某型号集成电路板进行可靠性寿命试验，试验在第七个失效发生后停止。试验数据如表 9—6 所示：

表 9—6 某型号集成电路寿命试验数据

失效次序 i	失效时间 t_I/h	$X_i=\lg t_i$	用数学期望公式计算的 F_n (t_i)	与 F 相对应的 Z 值
1	1905	3.28	0.0909	−1.34
2	3236	3.51	0.1818	−0.91
3	4467	3.65	0.2727	−0.61
4	18 621	4.27	0.3636	−0.35
5	21 380	4.33	0.4545	−0.12
6	22 909	4.36	0.5455	0.12
7	26 915	4.43	0.6364	0.35

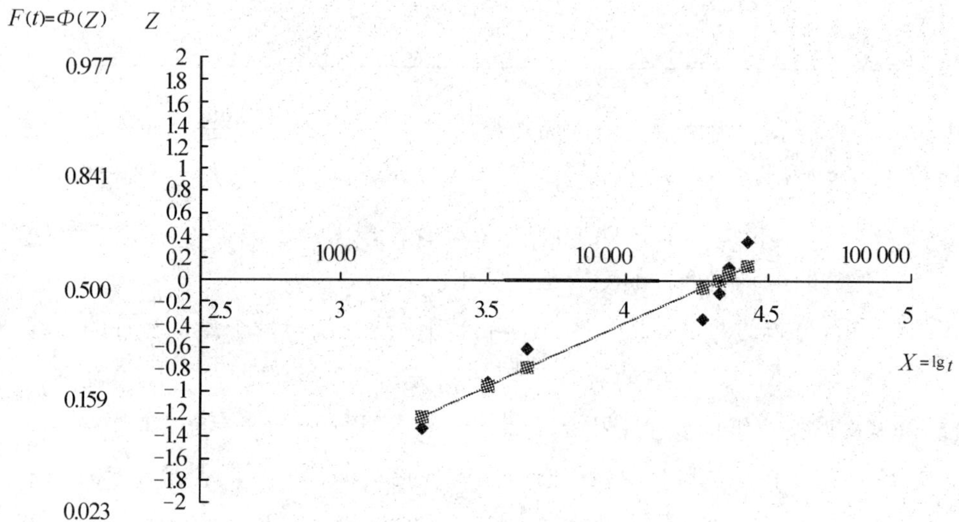

图 9—6 对数正态概率纸示意图

对受试集成电路的失效数据，我们用对数正态概率纸来试一试，我们这次选用数学期望公式 $F_n(t_i)=i/(n+1)$作为累积失效概率的估计，将七个$(t_i,F_n(t_i))$画在对数正态概率纸上，就是图 9—6 中的菱形点。对这七个点的（X，Z）值作相关分析和回归分析可以得到，相关系数 $r=0.95$，回归直线方程为 $Z=-5.08+1.176X$，因此对应对数正态分布的两个参数为 $\mu=4.32$，$\sigma=0.85$。与正态概率纸的情况一样，我们也可以在图上用回归直线（或目测后画的直线）与 t 轴交点 $t_{0.5}$ 的对数值作为 μ 的估计，即 $\mu=\lg t_{0.5}$，用回归线与水平线 $F=0.841$ 的交点的 t 值 $t_{0.841}$ 的对数和 $t_{0.5}$ 的对数之差作为 σ 的估计，即 $\sigma=\lg t_{0.841}-\lg t_{0.5}$。

五、威布尔概率纸

威布尔分布的分布函数 $F(t)=1-\exp(-t_m/t_0)$，作变量变换 $X=\ln t$，$Y=\ln\ln$（$1/$（$1-F$（t））。则可以得到 $Y=m\ln t-\ln t_0=mX-\ln t_0$，即 Y 和 X 成线性关系。在以 X 为横轴 Y 为纵轴的普通座标纸上，将横轴的刻度换成相应的 t 值，将纵轴的刻度换成相应的 F 值，就成了威布尔概率纸。为了便于使用，一般的威布尔概率纸将 X，Y，t，F 四个尺度分布标在座标纸的四边，如图 9—7 所示。

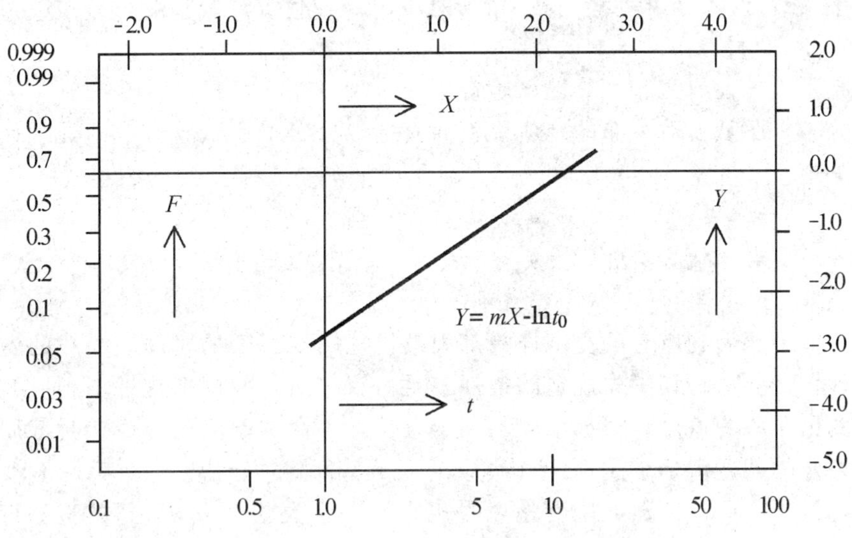

图 9—7 威布尔概率纸示意图

在威布尔概率纸上画点和配置回归直线的方法与其他概率纸是完全类似的，不再重复，但在画出直线之后在图上对分布参数作估计的方法则略有不同。形状参数 m 的估计方法是通过（X，Y）为（1，0）的点作一条与所配直线相平行的线并使之与 Y 轴相交，我们将该交点的 Y 尺读数的绝对值作为 m 的估计值（参见图 9—8）。尺度参数 t_0 的估计方法是在 X 尺上取读数与所配直线与 Y 轴交点的 Y 尺读数的绝对值相同的一点，然后将该点的 t 尺读数作为 t_0 的估计值。尺度参数的另一种表现形式是用 $\eta=t_0^{\frac{1}{m}}$ 作为尺度参数，有时也把 η 称为真尺度参数。真尺度参数 η 的估计方法是使所配直线与 X 轴相交，我们将该交点的 t 尺读数作为 η 的估计值（参见图 9—8）。

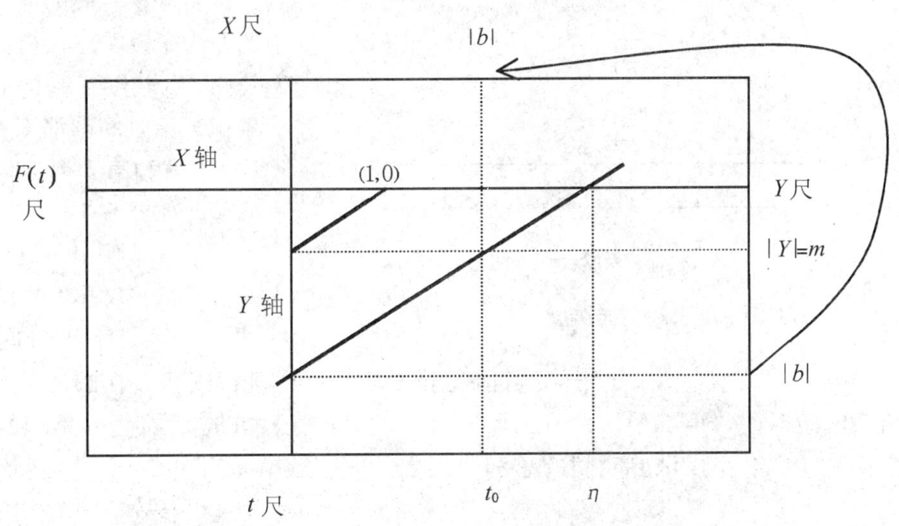

图 9—8 在威布尔概率纸上估计分布的参数

第三节 指数分布寿命试验数据处理方法

指数分布是可靠性研究和可靠性试验常用的一种分布，可靠性试验的有关标准大都假设产品的寿命分布是服从指数分布的。所以下面对指数分布寿命试验数据的处理作比较详细的介绍。

一、指数分布寿命试验的分类和试验总累积时间

寿命试验如果要做到所有的受试样品都失效往往需要很长的时间，一般的做法是事先规定一定的条件，试验进行到事先规定的条件满足时就停止，我们把这种不到所有样品都失效就停止试验的做法称为截尾。根据事先的规定条件，寿命试验可以分为定时截尾和定数截尾两大类。所谓定时截尾就是事先规定好一个时间 t，试验进行了 t 时间后，不管有多少个样品失效试验都停止。所谓定数截尾就是事先规定好一个失效个数 r，到试验进行到有 r 个失效发生时就停止。

指数分布的寿命试验有一个很奇妙的特性，那就是用一件样品做 1 万小时的试验和用 1 万件样品做一个小时的试验提供给我们有关产品寿命的信息是完全一样的。指数分布的瞬时失效率为常数，不随时间变化是这种现象的原因，有关的数学证明就不在这里细说了。根据这一特性，对指数分布的寿命试验，我们所需要知道的只有两点。第一，试验中总的累积时间是多少；第二，试验中总共发生了多少个失效。

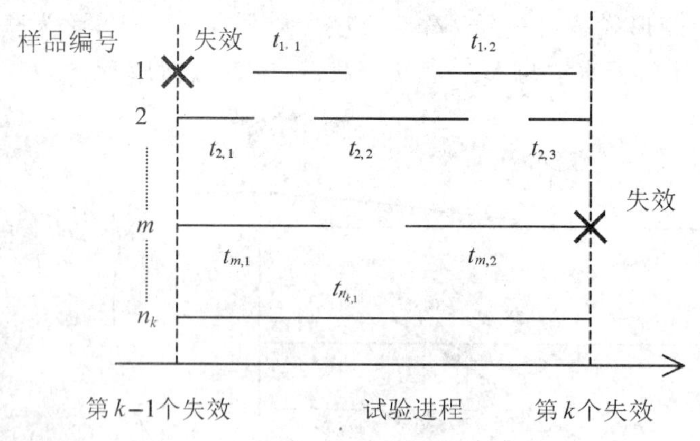

图 9—9 试验时间示意图

在试验过程中，由于失效样品是否替换、是否修复、有无样品需要预防性维修或其他因素的影响，试验累积时间的计算是比较烦琐的。为了说明这一情况，我们用 T_k 表示到发生第 k 个失效时为止的累积试验时间。那么在发生第 $k-1$ 个失效和第 k 个失效之间的最一般情况如图 9—9 所示。

图 9—9 画出了在第 $k-1$ 个失效和第 k 个失效之间可能发生的试验时间的一般情况。在这段时间内，受试样品有 n_k 个，每一个样品可能有若干段时间在进行试验。在图 9—9 中，第一个样品有两段试验时间，第二个样品有三段试验时间，……。在这段期间内累积的试验时间就是每一个样品的各个小段试验时间的总和。用数学式表达就是

$$\sum_{m=1}^{n_k}\sum_{j} t_{m,j}$$

如果用 T_k 表示到出现 k 次失效时的累积试验时间，则

$$T_k = T_{k-1} + \sum_{m=1}^{n_k} \sum_j t_{m,j} \tag{9—7}$$

所以，对定数截尾试验，总累积试验时间

$$T=T_r \tag{9—8}$$

式中的 r 是事先规定的失效个数。对定时截尾试验，由于事先规定的试验结束时间不一定恰恰就是最后一个失效发生的时间，所以一般还要加上从最后一个失效发生到事先规定结束试验的时间之间累积的试验时间。用数学式表达就是

$$T = T_r + \sum_{m=1}^{n_{r+1}} \sum_j t^*_{m,j} \tag{9—9}$$

式中的 $t^*_{m,j}$ 为第 m 个样品在 r 次失效到事先规定结束试验的时间之间的 j 个小段试验时间。

二、指数分布平均寿命的点估计

指数分布只有一个参数 λ，它的物理意义是失效率，有时我们也用它的倒数 $\theta=1/\lambda$ 作为指数分布的参数，θ 的物理意义是产品的平均寿命，或叫平均无故障工作时间。指数分布的可靠性试验所有的信息都包含在累积总试验时间 T 和试验中发生的失效个数 r 这两个数据之中。

对指数分布的可靠性试验数据进行分析整理的任务之一是对产品的平均寿命作出估计。在数理统计学中，分布参数的估计分为点估计和区间估计两大类。通过样本观测值对未知参数给出与该参数的真值相接近的一个估计数值称为点估计；通过样本观测值给出一个以一定的概率包含该参数真值的一个区间称为区间估计。上一节中，利用概率纸所配直线对分布参数作出的估计就是一种点估计。

指数分布平均寿命点估计的公式在试验期间失效数不为零时是

$$\hat{\theta}=T/r(r\neq 0) \tag{9—10}$$

式中 T 为总累积试验时间，r 为发生的失效个数。这个公式无论对定时截尾试验还是定数截尾试验都适用。如果 $r=0$，即到试验结束时一个失效也没有发生，则

$$\hat{\theta}=3T \tag{9—11}$$

三、指数分布平均寿命的区间估计

采用点估计时，我们得到的只是一个在某种程度上与待估计参数相接近的一个数值。对于同一种产品，这次试验得到的估计值与下一次试验得到的估计值一般是不相同的。这也就是说，对于任何一种点估计方法，所得到的估计值是有一定的变动范围的。有时，我们也不一定非要精确地知道分布的某个参数等于多少，而只需要知道它在某一个范围内就可以了。这时我们就采用对参数给出一个估计的区间，这个区间包含所估计的参数的真值是有一定概率的，这就是区间估计。

在区间估计中，我们把对参数给出的估计区间称为置信区间，把置信区间的上下限称为置信上限和置信下限，记为 θ_U 和 θ_L，把该区间包含待估计参数真值的概率称为置信水平。作为一个合理的区间估计，当然希望置信区间包含参数真值的概率不会太小，所以常把这个概率记为 $1-\alpha$，用数学公式表示就是

$$P\{\theta_L \leqslant \theta \leqslant \theta_U\} = 1-\alpha \tag{9—12}$$

有时候，我们只需要知道参数的真值大于多少或小于多少就可以了，这样的区间估计称为单边区间估计，相对地，一般的区间估计则称为双边区间估计。

试验中发生的失效数 $r \neq 0$ 时，指数分布平均寿命的区间估计公式在定数截尾试验时为：

$$\theta_U = c_2\hat{\theta}; \theta_L = c_1\hat{\theta} \tag{9—13}$$

在定时截尾试验时为：

$$\theta_U = c_4\hat{\theta}; \theta_L = c_3\hat{\theta} \tag{9—14}$$

式中的系数与试验中发生的失效数和对估计的置信水平要求有关，具体数值见表 9—7 和表 9—8。

表 9—7　指数分布定数截尾试验平均寿命区间估计系数 c_1，c_2

失效数 r	双边 $1-\alpha=60\%$	双边 $1-\alpha=60\%$，单边 $1-\alpha=80\%$	双边 $1-\alpha=80\%$	双边 $1-\alpha=80\%$，单边 $1-\alpha=90\%$	双边 $1-\alpha=90\%$	双边 $1-\alpha=90\%$，单边 $1-\alpha=95\%$	双边 $1-\alpha=95\%$	双边 $1-\alpha=95\%$，单边 $1-\alpha=97.5\%$
	c_2	c_1	c_2	c_1	c_2	c_1	c_2	c_1
1	4.481	0.621	9.491	0.434	19.496	0.334	39.498	0.271
2	2.426	0.668	3.761	0.514	5.630	0.422	8.262	0.359
3	1.954	0.701	2.722	0.564	3.669	0.477	4.849	0.415
4	1.742	0.725	2.293	0.599	2.928	0.516	3.670	0.456
5	1.618	0.744	2.055	0.626	2.538	0.546	3.080	0.488
6	1.537	0.759	1.904	0.647	2.296	0.571	2.725	0.514
7	1.479	0.771	1.797	0.665	2.131	0.591	2.487	0.536
8	1.435	0.782	1.718	0.680	2.010	0.608	2.316	0.555
9	1.400	0.791	1.657	0.693	1.917	0.623	2.187	0.571
10	1.372	0.799	1.607	0.704	1.843	0.637	2.085	0.585
11	1.349	0.806	1.567	0.714	1.783	0.649	2.003	0.598
12	1.329	0.812	1.533	0.723	1.733	0.659	1.935	0.610
13	1.312	0.818	1.504	0.731	1.691	0.669	1.878	0.620
14	1.297	0.823	1.478	0.738	1.654	0.677	1.829	0.630
15	1.284	0.828	1.456	0.745	1.622	0.685	1.787	0.639
16	1.272	0.832	1.437	0.751	1.594	0.693	1.750	0.647
17	1.262	0.836	1.419	0.757	1.569	0.700	1.717	0.654
18	1.253	0.840	1.404	0.763	1.547	0.706	1.687	0.661
19	1.244	0.843	1.390	0.767	1.527	0.712	1.661	0.668
20	1.237	0.846	1.377	0.772	1.509	0.717	1.637	0.674

续表

失效数 r	双边 $1-\alpha=60\%$ c_2	双边 $1-\alpha=60\%$，单边 $1-\alpha=80\%$ c_1	双边 $1-\alpha=80\%$ c_2	双边 $1-\alpha=80\%$，单边 $1-\alpha=90\%$ c_1	双边 $1-\alpha=90\%$ c_2	双边 $1-\alpha=90\%$，单边 $1-\alpha=95\%$ c_1	双边 $1-\alpha=95\%$ c_2	双边 $1-\alpha=95\%$，单边 $1-\alpha=97.5\%$ c_1
21	1.230	0.849	1.365	0.776	1.492	0.723	1.615	0.680
22	1.223	0.852	1.354	0.781	1.477	0.728	1.596	0.685
23	1.217	0.855	1.344	0.784	1.463	0.732	1.578	0.691
24	1.211	0.857	1.335	0.788	1.450	0.737	1.561	0.668
25	1.206	0.860	1.327	0.792	1.438	0.741	1.545	0.674
26	1.201	0.862	1.319	0.795	1.427	0.745	1.531	0.705
27	1.197	0.864	1.311	0.798	1.417	0.748	1.517	0.709
28	1.193	0.866	1.304	0.801	1.407	0.752	1.505	0.713
29	1.189	0.868	1.298	0.804	1.398	0.755	1.493	0.717
30	1.185	0.870	1.291	0.806	1.389	0.759	1.482	0.720
40	1.156	0.885	1.245	0.828	1.325	0.785	1.400	0.750
50	1.137	0.896	1.214	0.844	1.283	0.804	1.347	0.772
60	1.124	0.904	1.193	0.856	1.254	0.819	1.310	0.788
70	1.113	0.910	1.176	0.865	1.232	0.830	1.283	0.802
80	1.105	0.915	1.163	0.873	1.214	0.840	1.261	0.813
90	1.098	0.920	1.153	0.879	1.200	0.848	1.244	0.822
100	1.093	0.923	1.144	0.885	1.189	0.855	1.229	0.830

表 9—8 指数分布定时截尾试验平均寿命区间估计系数 c_3，c_4 表

失效数 r	双边 $1-\alpha=60\%$ c_4	双边 $1-\alpha=60\%$，单边 $1-\alpha=80\%$ c_3	双边 $1-\alpha=80\%$ c_4	双边 $1-\alpha=80\%$，单边 $1-\alpha=90\%$ c_3	双边 $1-\alpha=90\%$ c_4	双边 $1-\alpha=90\%$，单边 $1-\alpha=95\%$ c_3	双边 $1-\alpha=95\%$ c_4	双边 $1-\alpha=95\%$，单边 $1-\alpha=97.5\%$ c_3
1	4.481	0.334	9.491	0.257	19.496	0.211	39.498	0.179
2	2.426	0.467	3.761	0.376	5.630	0.318	8.262	0.277
3	1.954	0.544	2.722	0.449	3.669	0.387	4.849	0.342
4	1.742	0.595	2.293	0.500	2.928	0.437	3.670	0.391
5	1.618	0.632	2.055	0.539	2.538	0.476	3.080	0.429
6	1.537	0.661	1.904	0.570	2.296	0.507	2.725	0.459
7	1.479	0.684	1.797	0.595	2.131	0.532	2.487	0.485
8	1.435	0.703	1.718	0.616	2.010	0.554	2.316	0.508
9	1.400	0.719	1.657	0.634	1.917	0.573	2.187	0.527
10	1.372	0.733	1.607	0.649	1.843	0.590	2.085	0.544
11	1.349	0.744	1.567	0.663	1.783	0.604	2.003	0.559
12	1.329	0.755	1.533	0.675	1.733	0.617	1.935	0.572
13	1.312	0.764	1.504	0.686	1.691	0.629	1.878	0.585
14	1.297	0.772	1.478	0.696	1.654	0.640	1.829	0.596
15	1.284	0.780	1.456	0.704	1.622	0.649	1.787	0.606

续表

失效数 r	双边 $1-\alpha=60\%$ c_4	双边 $1-\alpha=60\%$，单边 $1-\alpha=80\%$ c_3	双边 $1-\alpha=80\%$ c_4	双边 $1-\alpha=80\%$，单边 $1-\alpha=90\%$ c_3	双边 $1-\alpha=90\%$ c_4	双边 $1-\alpha=90\%$，单边 $1-\alpha=95\%$ c_3	双边 $1-\alpha=95\%$ c_4	双边 $1-\alpha=95\%$，单边 $1-\alpha=97.5\%$ c_3
16	1.272	0.787	1.437	0.713	1.594	0.658	1.750	0.616
17	1.262	0.793	1.419	0.720	1.569	0.667	1.717	0.625
18	1.253	0.799	1.404	0.727	1.547	0.674	1.687	0.633
19	1.244	0.804	1.390	0.734	1.527	0.682	1.661	0.640
20	1.237	0.809	1.377	0.740	1.509	0.688	1.637	0.647
21	1.230	0.813	1.365	0.745	1.492	0.694	1.615	0.654
22	1.223	0.818	1.354	0.750	1.477	0.700	1.596	0.660
23	1.217	0.822	1.344	0.755	1.463	0.706	1.578	0.666
24	1.211	0.825	1.335	0.760	1.450	0.711	1.561	0.672
25	1.206	0.829	1.327	0.764	1.438	0.716	1.545	0.677
26	1.201	0.832	1.319	0.768	1.427	0.721	1.531	0.682
27	1.197	0.835	1.311	0.772	1.417	0.725	1.517	0.687
28	1.193	0.838	1.304	0.776	1.407	0.729	1.505	0.692
29	1.189	0.841	1.298	0.780	1.393	0.733	1.493	0.696
30	1.185	0.844	1.291	0.783	1.389	0.737	1.482	0.700
40	1.156	0.865	1.245	0.810	1.325	0.768	1.400	0.734
50	1.137	0.879	1.214	0.829	1.283	0.790	1.347	0.759
60	1.124	0.889	1.193	0.843	1.254	0.807	1.310	0.777
70	1.113	0.898	1.176	0.854	1.232	0.820	1.283	0.791
80	1.105	0.904	1.163	0.863	1.214	0.830	1.261	0.803
90	1.098	0.910	1.153	0.870	1.200	0.839	1.244	0.814
100	1.093	0.915	1.144	0.877	1.189	0.847	1.229	0.822

如果试验中没有失效发生，即 $r=0$，此时指数分布平均寿命的置信下限为：

$$\theta_{\mathrm{L}} = \frac{\sum_{i=1}^{n} t_i}{-\ln\alpha} \tag{9—15}$$

式中的 t_i 为第 i 个受试样品在试验期间的试验时间，$1-\alpha$ 为置信水平。

下面我们举两个数字例子说明一下指数分布平均寿命的区间估计方法。

例 9—3 某电子计算机在交货前进行了1000 h 的运行试验，试验中共出现过 6 次故障，总累积运行时间为 994 h，如果要求的置信水平为 90%，求该计算机平均寿命的置信区间（根据过去的经验，可以认为这种电子计算机的寿命是服从指数分布的）。

解：显然，这是一次定时截尾试验，$T=994$，$r=6$，$1-\alpha=0.90$，所以平均寿命的点估计值为：

$$\hat{\theta}=994/6=165.67$$

再查表 9—8 可知，$c_3=0.507$，$c_4=2.296$，所以置信区间的上下限分别是：

$$\theta_U = 2.296 \times 165.67 = 380.37$$

$$\theta_L = 0.507 \times 165.67 = 83.99$$

也就是说，我们可以有90%的把握说，该计算机的平均寿命在84 h到380 h之间。

例9—4　有某种型号的电视机34台，经1500 h的寿命试验无一失效，试求其平均寿命的置信下限（置信水平分别取90%和95%两种情况）。

解：这是$r=0$的情况，所以用公式（9—11）可得：

$$\theta_L = -34 \times 1500/\ln 0.1 = 22149 \text{（置信水平为90\%时）}$$

$$\theta_L = -34 \times 1500/\ln 0.05 = 17024 \text{（置信水平为95\%时）}$$

也就是说，我们有90%的把握可以说，这种电视机的平均寿命不会低于22 000 h，但如果要求有95%的把握的话，就只能说它不低于17 000 h了。

第四节　失效分析

一、失效分析的意义和作用

失效分析是指当电子装备所用的元器件（包括无源元件、有源器件、集成电路和集成部件等）由于受到各种应力的影响而失去功能成为失效品时，我们经常要对这些电子元器件采取各种物理、化学的方法进行分析，找出失效的原因，寻找失效原因的过程就是失效分析。一些重要的武器装备在装配、调试、使用过程中出现故障并找到了失效的元器件后，必须对失效品进行失效分析找出其失效的根本原因（通常称为“归零”工作），通过“归零”工作才有可能有针对性地采取有效措施来保证武器装备的可靠性，所以失效分析是可靠性工作的重要环节，可靠性工作不仅仅是评价元器件的可靠性水平，更重要的是要提高元器件的可靠性，只有通过失效分析，找到影响元器件可靠性的薄弱环节，才能有针对性地提出最有效的措施并通过对元器件的可靠性设计、改进设计方案、生产工艺、筛选与试验方法、成品的贮存环境、整机的装配条件、调试条件和使用条件等来保证最有效地提高元器件的可靠性。

失效分析对元器件的生产方和使用方都有重要的作用，对生产方来说，只有通过失效分析才能明确是由于哪一个生产环节造成的失效，如是原材料设计方案，各工序的生产条件、生产环境、筛选、试验条件或者是生产管理、质量控制方面，甚至是人为的原因而出现的问题等，对使用方来说也能明确由于元器件入库后在验收、运输、存贮过程中出的问题，还是在装配、调试、使用过程中出的问题。只要问题观察清楚了，就有可能对症下药，电子产品的可靠性就有了保证。

失效分析是一件责任重大，综合性强的工作，往往对失效分析的要求很高，既要准确、快速还要公正，所以对参加失效分析的人员，必须掌握好可靠性的基础知识和熟悉失效分析的基本方法，并且还应了解所分析对象的工作原理、几何结构、性能的主要参数、简要的生产工艺流程、同类产品易出现的问题以及在使用中的线路分析和应用条件等，同时对失效分析人员的人品也要有比较高的要求，只有具备了以上条件，才有可能准确地找到真实的失效模式（失效的形式）和失效机理（失效的原因），才能为元器件的生产方和使用方提供最具可靠性的信息。

二、失效模式和失效机理

失效模式是指失效品失效的形式，这些形式有的可以直接观察到，有的要通过仪器仪表来测察到，它表示了这种失效的元器件是属于一种什么样的失效，最普通的如开路、短路、参数漂移、性能不稳定等，只说明了它是一种失效模式（病症），并未说明其“病因”。而失效机理是指失效品失效的原因，它是讨论“为什么”失效的。二者具有紧密的联系，只有将二者结合起来研究分析，才能准确地找到真实的失效原因。

现以半导体集成电路为例，介绍一下失效品通常出现的一些失效模式和失效机理。

1. 失效模式

（1）表现性失效形式包括外引线断裂、管壳破损、标志不清等；

（2）功能性失效形式包括开路、短路、无功能、电参数漂移、结特性退化等；

（3）结构性失效形式包括管壳开启后可直接观察到（或利用显微镜）内部结构严重受损，如芯片脱落、键合点脱开、内引线长白毛、芯片上有异物、氧化层划伤等。

2. 失效机理

（1）设计缺陷引起的失效包括线路、版图、结构、工艺等设计缺陷；

（2）表面缺陷引起的失效包括氧化层缺陷、二氧化硅层中的正电荷、硅和二氧化硅界面的阴阳电荷等表面结构缺陷；

（3）体内缺陷引起的失效包括晶体缺陷、二次缺陷、重金属杂质、辐射损伤等体内结构缺陷；

（4）电极及封装缺陷引起的失效包括电极互连线由于电应力造成的质量迁移而断裂、铝电极互连的腐蚀、封装漏气等；

（5）使用缺陷引起的失效包括电压或电流浪涌、超额定值使用、静电损伤、过强的干扰信号等；

（6）人为因素引起的失效包括设计、制造、使用过程由于操作者违背操作规程或一时的疏忽可能造成失误而引起的失效。

三、失效分析程序

失效分析是一项非常细致的工作，因为对失效品进行分析时，往往稍不注意就会使原来的失效特征遭到破坏，甚至丢失掉与失效原因有密切关连的宝贵信息，所以分析步骤的合理安排是非常重要的，对每一个具体试验项目的安排必须考虑到对后面任一项检查是否会产生不良影响，会不会引进新的失效机理，从而必须经过周密的考虑，来建立一个科学而实用的分析程序。

失效分析的内容一般来说应包括：

(1) 收集、记录有关的现场失效信息；

(2) 对失效元器件进行电参数检测，确认其失效模式；

(3) 对失效部位进行检测、确认；

(4) 进行物理、化学分析；

(5) 将所有失效数据进行综合分析确认失效机理，并提出改进的对策。

由于电子元器件种类繁多，至今没有一种统一的失效分析程序。即使同一种元器件其失效分析程序也并不是一种固定不变的模式，这要根据对失效器件已观察到的失效模式，预期的失效机理、器件的封装结构和制造工艺，以及器件的可靠性等级、重要程度，已有的分析条件和成本等因素来选择恰当的分析程序以达到预期的失效分析目的。

失效分析程序虽然有多种多样，但其基本原则是相同的，可归纳为如下三点：

(1) 先调查清楚与失效器件有关的所有情况，后分析失效器件本身；

(2) 先对器件外部进行观察分析，后对器件内部进行剖析；

(3) 先进行非破坏性分析，后进行破坏性分析。

现以半导体器件为例，介绍一种比较通用的失效分析程序。

(一) 现场失效信息调查

1. 基本情况调查

①产品的型号、规格、制造厂家；

②失效品的来源，设计阶段、生产阶段、使用阶段；

③失效现象，开路、短路、瞬间短、断路，特性参数超出规范值。

2. 整机使用现场情况调查

①整机故障现象；

②失效品在整机中的作用、位置，整机调试、使用情况；

③器件失效有关的异常情况，如电学条件，外部环境；

④装机前对器件进行筛选，可靠性试验的情况；

⑤运输、传递过程的防静电情况。

(二) 外观检查

通常用大于30倍的立体显微镜对失效器件进行外观检查，包括外引线、电镀层、锡焊区、管壳封装、标志等，必要时应采用适当放大倍数进行拍照记录。

(三) 电学测试分析

一般用晶体管特性图示仪、万用表或微安计，进行一些简单的电学测试，包括器件的输入、输出特性曲线、击穿特性、开路、短路等，这对初步判断失效部位和确定失效模式很有效。

（四）密封性试验

用粗、细检漏试验方法，粗检漏试验是将器件浸入高压惰性气体中进行，加压后放入氟碳化合物液体内观察是否有气泡冒出。细检漏试验是用氦（He）质谱法进行，通常是先精检后粗检。

（五）X射线透视

如果在电学测试分析时怀疑管壳内部芯片位置有移动或有多余物存在，或引线有短、断路的可能，可采取X射线透视法，进行X射线照相分析，以此来初步进行验证，但这种方法并不能代替下一步管壳开封后的仔细检查。

（六）管壳开封

可用机械方法、化学腐蚀方法进行管壳的开启，开启过程一定不要使管壳内部的结构受到任何破坏，可用晶体管特性图示仪，对器件的电学参数进行复测来检查、验证，开封前一定要充分考虑到应该采集的失效信息是否已全部采集齐全，因为开封后再想采集有关开封前的失效信息已无可能，这是不可逆的过程，失效分析者应倍加注意。

（七）镜检芯片

可用立体显微镜、金相显微镜、扫描电子显微镜来检查芯片裂纹、氧化层缺陷、金属化互连系统缺陷、引线焊接系统的缺陷和多余物质等缺陷。

（八）pn结剖面分析

可采用以下方法来显示pn结剖面的缺陷：

(1) 利用电子扫描显微镜的束感生电流象来显示pn结横截面的情况；

(2) 为了使pn结的横截面得到放大，通常采用机械方法对芯片的横截面进行磨角、滚槽或滚球再浸入pn结染色显示液中使p区和n区显示不同界面颜色。

（九）整理分析结果

整理全部分析结果，经过综合分析，找出失效部位、失效模式、失效机理，提出纠正措施。

第五节　失效信息及处理

一、失效信息

凡是与元器件失效有关的信息均称之为失效信息，它将为确定失效部位、失效模式和失效机理提供重要的科学依据，与失效有关的信息包括表观现象（记录、图片）、测试数据、参数变化曲线和微观结构分析照片等。何谓失效？最简单的如开路、短路烧毁，很容易判断，但有的情况如晶体管在pn结加反向电压，加到一定的电压值，即出现了击穿现象，如图9—10（a）所示，称之为硬击穿，这种失效比较容易判断。

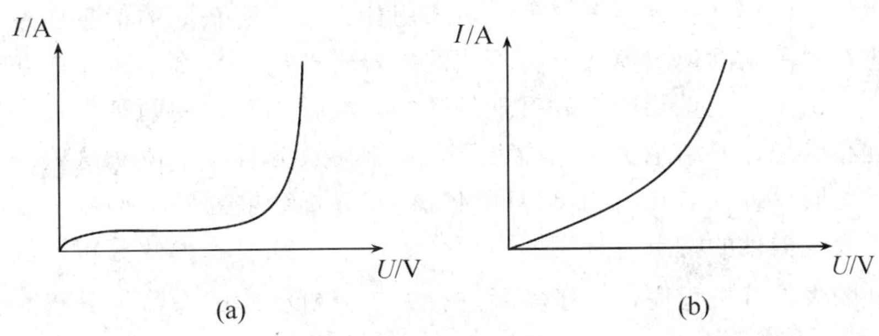

图9—10 曲线图

若出现了如图9—10（b）所示的情况，则称之为软击穿，要判断其失效，就要依靠规定好的失效判据，当反向电压加到某一值时，反向电流超过某一规定值即定为失效，元器件出厂前所做的抽样筛选、可靠性试验以及出厂时使用方接收成品所做的各种验收试验的失效判据一般是产品说明书中的规定和各种性能参数的规范值和极限参数的极限值，关于可靠性参数的失效判据，有的是根据使用方和生产方签订的合同上的具体的规定进行，或者依据合同上的规定，按照某一级技术标准做为验收的判据。若在使用阶段发现元器件参数漂移，其失效判断就要根据整机在装配、调试使用时所允许的容差范围，即器件参数在规定的使用环境条件下其漂移值能否满足整机输入、输出的容差范围来进行，超出这一范围即定为失效。在器件生产过程中，为了不断提高其成品率与可靠性，往往采用统计工艺控制对工艺进行质量监控，有时也要对半成品、原材料进行失效分析，其失效判断的依据是工艺规范。凡是已发现失效，或参数超过失效判据确定的数值，应立即对失效现场进行调查，并追溯发生失效前各步骤甚至原材料有无异常现象发生，所有调查到的现象、数据、图表都应属于与失效有关的信息，其中直接与失效部位有关的或对确定失效模式和失效机理有直接关系的信息应定为关键失效信息并必须妥善保管，防止丢失。

二、失效信息的获取

整个失效分析过程都是失效信息获取的源泉，由于失效信息是判断器件失效部位、失效模式、失效机理，提高器件可靠性的重要科学依据，所以对做好失效信息的获取提出了三项原则，即全面、准确、省时省钱。失效分析工作实际上与诊断疾病、侦破案件、修理家电等工作属于同一范畴，往往都需要在扑朔迷离的繁杂背景下捕捉微弱的有效信息，具有很大的难度，尤其当前元器件经过几代的技术革新，元器件的性能指标成倍地增长，而几何尺寸却成倍地减少，半导体集成电路的几何参数已进入微米、亚微米、深亚微米数量级，它为失效分析带来了更大的困难，为了按照以上提出的全面、准确、省时省钱三原则进行，做好失效信息的获取工作，特提出以下几项建议：

（1）对分析的对象（失效的电子元器件）做到全面深入的了解。其中包括元器件的设计性能、结构特点、制造工艺、封装形式、筛选与可靠性试验条件、产品运输、贮存环境以及使用情况等，并了解在全寿命周期内影响质量和可靠性的薄弱环节有哪些，同类产品经常出现的失效模式和失效机理有哪些；

(2) 对失效分析所用的仪器、仪表一定要经过严格计量，以此保证所获得的数据、曲线、图像准确无误。使用这些仪器、仪表，对选用什么条件所获取的信息质量最佳、最可靠也应该比较熟悉，对不同的失效模式分析不同的失效机理选用什么仪表才能获取最好的分析结果，以及在最后确定一定重要的失效机理的时候，能否同时选用两种仪器两种方法，以便使分析结果能互相验证，使结论更加准确可靠，对于失效分析者来说对这些失效分析技术应该比较熟悉或者用同一种仪器在不同单位同时进行其分析结果也可以起到互相验证的作用；

(3) 根据失效元器件的特点所选用的失效分析仪器、仪表和失效分析方法，就可以安排出一个科学合理的失效分析程序，对于实际进行失效分析程序的操作，分析人员对分析程序中的每一步骤应该达到的目的要有一个清晰的了解，以便在完成每一分析步骤时仔细检查是否充分取得应该的全部失效信息而没有遗漏，特别是在如开封等破坏性步骤前更应特别慎重行事，因为它是一次性的，通过开封后再想获取开封前的失效信息已不可能；

对于现场失效信息的获取应该给予足够的重视，产品的失效都是由某种原因引起的，失效现场所提供的失效信息应该是最丰富的，也是最有参考价值的，引起的原因不外乎环境对失效品所施加的电学应力、机械应力、湿度、化学应力等外在因素导致损伤或由此而促使内在缺陷的进一步扩大而失效，也不排除由于人为因素而失效，这些失效信息往往在失效现场最容易获取，所以应该倍加重视；

(4) 应排除人为因素的干扰，失效分析人员在失效分析过程中要尊重自己工作的经验（这一点很重要），但更应尊重分析的数据和图表分析结果。应该用数字来验证并说明失效原因，切忌主观臆断忽视分析结果，另一种人为因素是在制造过程中、筛选试验中、装配和调试使用过程中由于违反操作规程或失误而造成的失效，由于怕承担责任而伪造失效现场提供的信息而将失效分析引入歧途，这都是应该坚决避免的；

(5) 应力求缩短失效分析时间，节省失效分析费用。

三、失效信息的处理

对已获取的失效信息的全面性、正确性，须进一步通过统计综合分析、验证，去伪存真，不仅对失效器件的失效部位、失效模式、失效机理有一个明确的结论，而且要找出产生这一失效机理的原因，是由于设计、器件结构、制造工艺、筛选测试、运输、储存，还是由于使用过程所造成的？这些都应该有一个科学合理的结论，有了结论就应对症下药，及时反馈给生产方或使用方，针对失效的一种或多种机理以及产生失效的某一个或多个环节提出有效的控制方案，为防止或消减这种失效机理的再现从客观上、技术上采取严格的控制措施，以达到提高器件可靠性的最终目的。

已查明的失效原因应该作为我们共享的宝贵资源，应及时纳入国家失效信息网供他人借鉴。在1985年国际可靠性物理年会上，美国宇航局将不久前阿波罗卫星发射失败中失效的集成电路芯片表面失效分析的照片广为张贴，并作报告告知世人这种人因污染的严重性，失效原因来自于操作者未带口罩使芯片表面有口水、毛发、汗渍，从而使电路短路而失效，这一事件造成了几亿美元的惨痛损失，这些照片和报告为人们在集成电路生产过程进行镜检提供了宝贵的资料。所以，失效原因不应遮遮掩掩，而应充分交流，及时有效地加以改进。

第六节　工作实例

例 9—5　1000个某种电容器在125℃高温下进行寿命试验，由于没有自动失效报警装置，采用每100 h测量一次的方法来检查电容器的失效情况，试验结果如表9—9所示。

表9—9　电容器高温寿命试验结果

i	时刻 t_i	(t_{i-1}，t_I)内失效数 r_i	(t_{i-1}，t_I) 的组中值 τ_i	$r_i\tau_i$	$r_i(\tau_i-\overline{x})^2$	在 t_i 的累积失效百分率 $F(t_I)\%$
0	0					0
1	100	130	50	6500	63 936 819.7	13.0
2	200	83	150	12 450	30 009 620.3	21.3
3	300	75	250	18 750	18 847 626.8	28.8
4	400	68	350	23 800	10 950 834.9	35.6
5	500	62	450	27 900	5 628 464.8	41.8
6	600	56	550	30 800	2 269 214.6	47.4
7	700	51	650	33 150	523 346.2	52.5
8	800	46	750	34 500	77.7	57.1
9	900	41	850	34 850	399 409.3	61.2
10	1000	37	950	35 150	1 460 822.5	64.9
11	1100	34	1050	35 700	3 033 537.5	68.3
12	1200	31	1150	35 650	4 927 812.4	71.4
13	1300	28	1250	35 000	6 963 647.3	74.2
14	1400	64	1350	86 400	22 940 268.2	80.6
15	1500	76	1450	110 200	37 101 808.4	88.2
16	1600	62	1550	96 100	39 551 144.8	94.4
17	1700	40	1650	66 000	32 306 467.6	98.4
18	1800	12	1750	21 000	11 968 820.3	99.6
19	1900	4	1850	7400	4 828 566.8	100.0
$\sum$		1000		751 300	297 648 310.0	
				$\overline{x}=751.3$	$s^2=297\ 646.26$	

下面对这一试验的数据进行整理分析，由于测量是每 100 h 进行一次，相当于对电容器的寿命进行了分组，因此可画出电容器的寿命直方图如图 9—11 所示。计算子样均值和方差可得

$$\overline{x}=751.3\ \text{h};\ s^2=297\ 646.26$$

从直方图看来，电容器的寿命既不服从正态分布，也不服从指数分布，所以我们试试用威布尔概率纸来分析这一试验结果。因为样品有 1000 个，所以直接用经验分布函数作为每一测量时刻的累积失效概率。$F=0\%$ 和 $F=100\%$ 的点在威布尔概率纸上是画不出来的，所以只取 18 个点，在威布尔概率纸上画点和配直线，其情况见图 9—12。

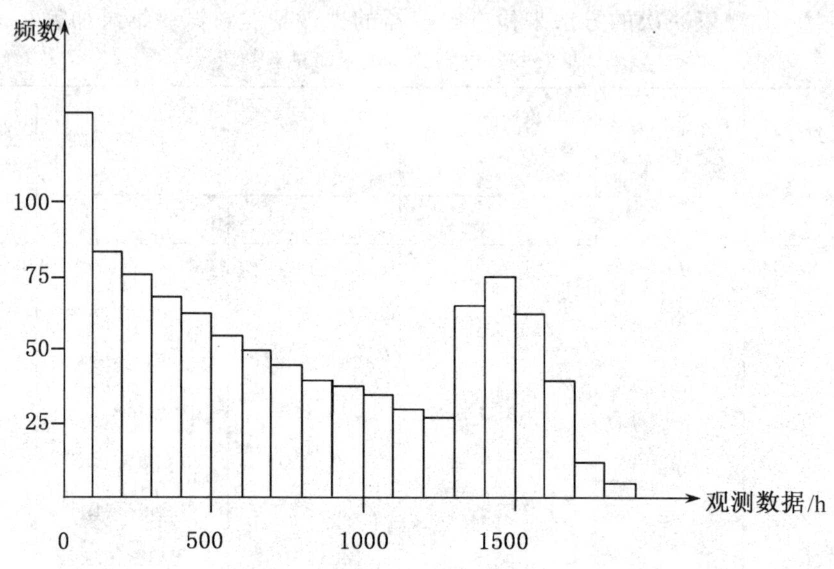

图 9—11　受试电容器寿命直方图

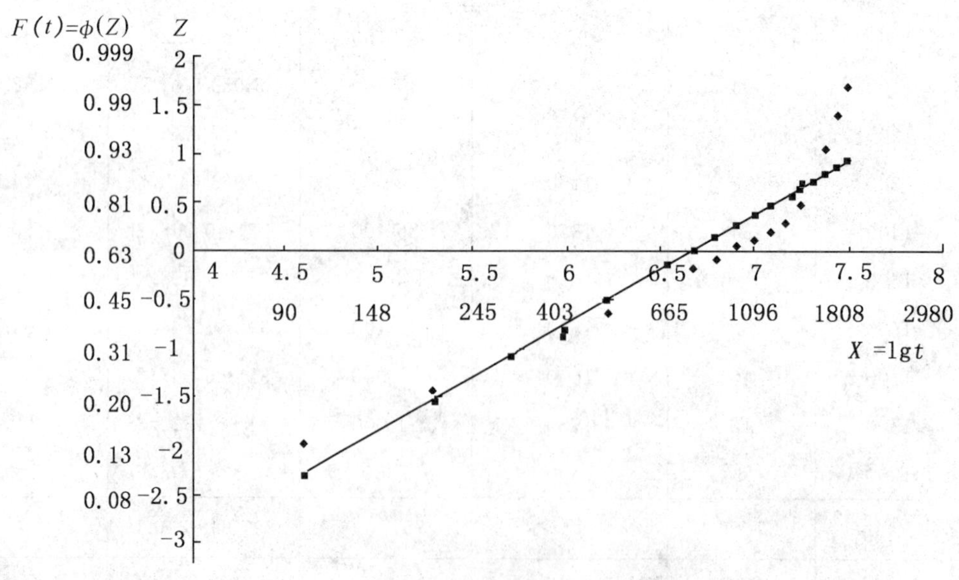

图 9—12　电容器寿命试验结果的威布尔概率纸分析

表 9—10 是表 9—9 中的 t_i 和 $F(t_i)$ 按照威布尔概率纸的有关变换得到的相应的 x_i 和 y_i。对 18 个（x_i，y_i）作相关和回归分析可以知道它们的相关系数为 0.95，回归直线方程为 $Y=1.13X-7.53$。根据这些结果我们可以合理地认为受试电容器的寿命是服从威布尔分布的，分布参数 m 的估计值为 1.13，t_0 的估计值为 exp（7.53）=1863.1。

表 9—10 t_i 和 F（t_i）按威布尔概率纸的变换得到的 x_i 和 y_i 值表

t_i	F（t_i）	$x_i=\ln t_i$	$y_i=\ln\ln$（$1/1-F_i$）
100	13	4.61	−1.97
200	21.3	5.30	−1.43
300	28.8	5.70	−1.08
400	35.6	5.99	−0.82
500	41.8	6.21	−0.61
600	47.4	6.40	−0.44
700	52.5	6.55	−0.30
800	57.1	6.68	−0.17
900	61.2	6.80	−0.05
1000	64.9	6.91	0.05
1100	68.3	7.00	0.14
1200	71.4	7.09	0.22
1300	74.2	7.17	0.30
1400	80.6	7.24	0.49
1500	88.2	7.31	0.76
1600	94.4	7.38	1.06
1700	98.4	7.44	1.42
1800	99.6	7.50	1.71

此外，从试验结果我们发现第 100 h 失效较多，从 1300 h 后失效也明显增多，我们有理由怀疑存在早期失效和老化失效的现象，这就需要对 100 h 以前和 1300 h 以后失效的样品进行失效分析后才能得到结论。

例 9—6 某航空电子设备在生产定型前作可靠性寿命试验，试验方案为取三台样机，在综合环境箱内进行试验，对发生故障的样机在排除故障后继续试验，如果三台样机中某一台在试验中途因故无法继续试验，由一台备份样机继续试验，试验在发生四个故障时结束。实际试验情况如表 9—11 所示。

表 9—11 某航空电子设备的可靠性寿命试验数据表

一号样机	在开始试验 175 h 后发生故障，排除故障用时 1 h，在第 176 h 继续试验，在第 300 h 因停电试验暂停，在第 310 h 恢复供电，检查试验设备及受试样机又用去 1 h，在第 315 h 继续试验，在第 500 h 发生故障，此次故障排除费时 0.5 h，于第 500.5 h 继续试验直至试验结束
二号样机	在开始试验 250 h 后发生故障，排除故障用去 0.5 h，在第 250.5 h 继续试验，在第 300 h 因停电试验暂停，在第 310 h 恢复供电，检查试验设备及受试样机又用去 1 h 在第 315 h 继续试验至第 1000 h 发生故障，因已是第四个故障，故试验结束

续表

三号样机	在开始试验 300 h 后因停电试验暂停，在第 310 h 恢复供电，检查试验设备及受试样机又用去 1 h 在第 315 h 继续试验，在第 520 h 因操作失误无法继续试验而撤出试验
备份样机	在第 520 h 顶替三号样机投入试验直至试验结束

这是一次定数截尾试验，四台样机的累积试验时间分别为 9 —12 所示的数据。

表 9 —12　四台样机各自的累积时间（单位为 h）

一号样机	175＋（300－176）＋（500－315）＋（1000－500.5）＝983.5 h
二号样机	250＋（300－250.5）＋（1000－315）＝984.5 h
三号样机	300＋（520－315）＝505 h
备份样机	（1000－520）＝480 h

所以总累积试验时间 $T=983.5+964.5+505+480=2933$ h，于是该设备平均寿命的点估计为：

$$\hat{\theta}=2933/4=733.25 \text{ h}$$

再由表 9 —7 查有关系数可得置信水平 90％的置信下限为：

$$\theta_{L,0.9}=0.599\times733.25=439.22 \text{ h}$$

置信水平 95％的置信下限为：

$$\theta_{L,0.95}=0.516\times733.25=378.36 \text{ h}$$

如果原来对该设备的可靠性要求为平均寿命不小于 400 h，那么根据试验结果，我们有 90％的把握认为设备已达到了要求，可以定型生产。但如果要求有 95％的把握，那么根据试验结果还要作些分析，采取一定的改进措施。

思　考　题

1. 可靠性试验数据的分析处理类型有几种？它们的目的是什么？
2. 简述用直方图法进行可靠性试验数据分析处理的具体步骤。
3. 简述利用概率纸分析可靠性数据的基本步骤。
4. 结合你所试验过的具体产品（若符合指数寿命分布规律），分别计算平均寿命的点估计和区间估计。
5. 简述失效分析的意义和作用。
6. 简述失效分析的程序。
7. 失效信息一般如何获取？
8. 简述失效信息的处理方法。

第十章 常用失效分析与仪器简介

第一节 失效分析检验方法与仪器

一般机械构件在使用中的过早失效形式可归纳为以下三种：①断裂；②过量变形；③因磨损、腐蚀和辐射而逐步蜕化变质。造成构件早期失效的原因有：

（1）构件材料的化学成分或机械性能不符合设计要求或使用要求；

（2）构件材料因有或在加工过程中形成的内部缺陷和表面缺陷，如裂纹、夹杂物等；

（3）金属材料热处理后的金相组织不符合要求；

（4）构件结构设计或加工不合理发生应力集中；

（5）构件加工的几何精度不符合要求，表面粗糙；

（6）使用环境恶劣，如环境温度过高或过低，超载、冲击等；

（7）其他原因。

在进行构件的失效分析时须根据其失效的形式确定其失效的原因，往往需进行一些实验检验项目，包括化学分析、宏观分析、断口分析、微观组织分析、机械性能检验等，以下介绍进行这些检验项目所常用的检测仪器设备。

一、化学成分分析与仪器

金属材料的性能首先决定于它的化学成分，因此在进行零件的失效分析时，常需进行其化学成分的分析。化学成分分析的方法又可分为化学分析法和光谱化学分析法。首先介绍化学分析法及仪器。

化学分析法又可分为比色法、电导法、滴定法、气体容量法等多种方法，在这里介绍电导法和比色法。

1. 电导法与碳流分析仪

在进行钢铁的化学分析时，常对其中的碳、硫元素进行分析测定，这种测定可采用电导法。

（1）测定原理为，将一定量的试样加氧进行充分燃烧，燃烧后生成二氧化碳和二氧化硫两种气体，将这两种气体分别用两种电解质溶液吸收，并发生反应，而使溶液的电导率发生改变，那么因电导率的变化与试样中含硫、碳量成正比，所以通过分别测出溶液的电导率的变化量即可求出试样中的碳、硫含量。

（2）高速定硫、定碳自动分析仪的工作原理如图 10—1 所示，金属试样放入燃烧炉内的燃烧管内，通入氧气进行燃烧，燃烧后所产生的二氧化硫、二氧化碳气体和未燃烧完的氧气通过除尘器后，首先进入硫吸收器，被含微酸量的重铬酸钾溶液吸收生成硫酸，使该溶液电导率发生变化。然后此混合气又通过碳吸收器被氢氧化钡溶液吸收并发生反应，产生碳酸钡沉淀，使该溶液电导率发生变化 。分别测出其电导率的变化量。在使用时，应用标准试样绘制标准曲线，测未知试样时，应按与绘制标准曲线同样的条件操作，然后根据电导率的变化，在标准曲线上查得含硫量和含碳量。

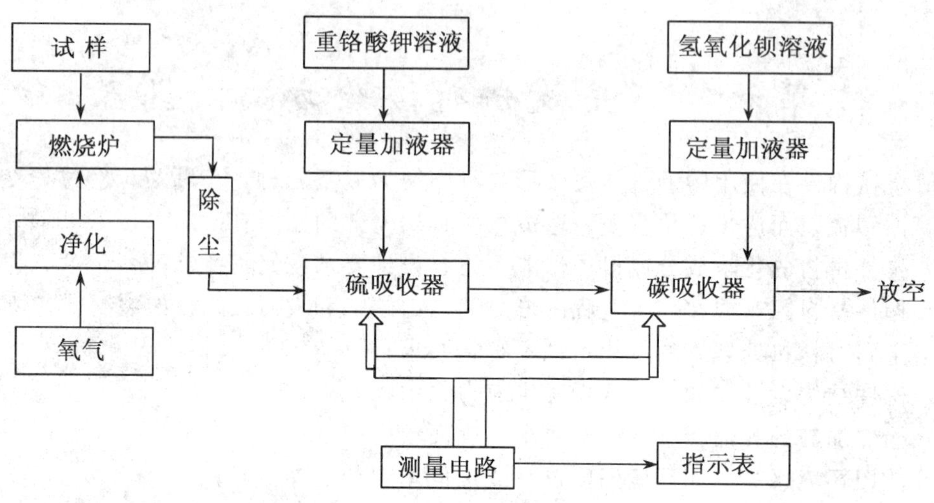

图 10—1 定流、定碳自动分析仪工作原理图

2. 比色分析法与分光光度计

(1) 测定原理

比色分析法的测定原理是通过一定的方法用试样制做出被测定物质的溶液，当光通过该溶液时，其中某些波长的光就会有选择地被吸收。

对于某一特定波长的色光溶液，其中某一物质的浓度与光吸收效应互相成比例而遵守比尔定律。比尔定律表达式为：

$$T = I/I_0$$

$$\mathrm{Lg} I_0/I = kCL$$

$$E = kCL$$

式中 T——透光率；I_0——入射光；I——透射光；E——消光值；k——吸收系数；L——光径；C——溶液浓度。

从上式中可以看出，当吸收系数 k 和溶液厚度 L 不变时，透光率根据溶液浓度而变化。

因此把透过溶液的光线通过测光机构中的光电转换器接收，就可在其指示器上读出相应的透光率，从而推算出溶液的浓度。

(2) 分光光度计

分光光度计就是根据以上理论设计制造的，供在可见光区内进行一般比色分析用。

分光光度计有一套光学系统用以产生分析时所要求的特定波长的色光。它的光学系统简图如图 10—2 所示。

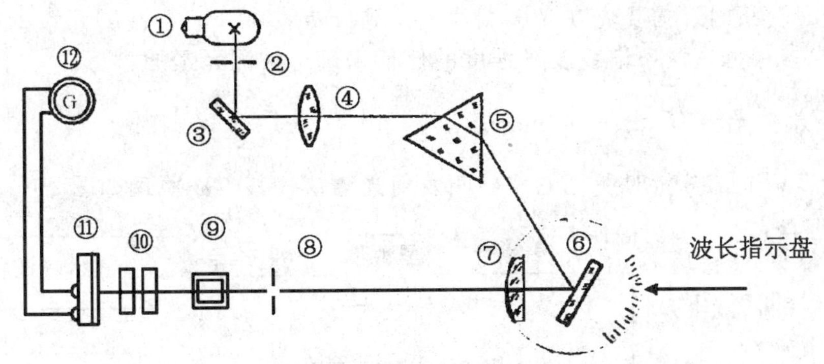

图 10—2 分光光度计光学系统简图

1—光源；2—进光狭缝；3—反射镜；4—透镜；5—棱镜；6—反射镜；
7—透镜；8—出光狭缝；9—比色皿；10—光量调节器；11—光电池；12—微电计

白色光源经过进光狭缝 2、反射镜 3 和透镜 4 后，成为平行光进入棱镜，经棱镜色散后的各种波长的单色光经反射镜 6 和透镜 7，再聚光于出光狭缝 8 上。反射镜 6 和透镜 7 装于一个可以旋转的转盘上，转盘上装有波长指示度盘，转盘旋转的角度是由波长调节器上的一个阿基米德螺线凸轮带动。因此旋动波长调节器就可以在出光狭缝后面得到任一波长的单色光。此单色光通过比色皿 9（比色皿中盛有待测溶液）被光电池 11 接收，转换成电信号送入微电计，从微电计上即可读出溶液的透光率。进而计算出溶液中被测物质的溶液和含量。

二、光谱化学分析法与光谱仪

金属材料的性能首先决定于它的化学成分，因此在进行零件的失效分析时，常需进行其化学成分的分析。化学成分分析方法又可分为化学分析法和光谱化学分析法，在此介绍光谱化学分析法及其仪器。

所谓光谱化学分析法，是根据物质的光谱测定物质组分的仪器分析方法，通常简称光谱分析。它的特点是：①分析速度快；②可同时分析多种元素；③可方便地进行微量元素的分析。

光谱分析法又包括发射光谱分析法和吸收光谱分析法。

（一）发射光谱分析法

所谓发射光谱分析，就是在物质被激发而发光的过程中，对光的属性进行分析测量，从而确定原来物质的组分和含量。它的基本原理是：试样受到光源发生器的作用，其组成元素的原子即发生蒸发，激发及发光的过程。发射的光包含有各种不同的波长，而每一波长的光又具有不同的强度，经过分光（色散）仪器的作用，可得到根据波长长短排列的此种物质所发射光的线状光带图谱称为发射光谱。而具体某一种被测元素的原子或离子在光源中被激发发出特征辐射，所谓特征辐射即是这种元素发射的光是由一组有特定波长的光所组成，而在光谱上形成一组有特定位置的谱线。称为特征谱线，因此可根据在光谱上这组特征谱线的有无来判断样品中是否含有此种元素（定性分析）。又因为此种特征辐射的发射强度与其含量（浓度）存在一对应关系，因而可根据特征辐射的发光强度来确定被测元素的含量（定量分析）。

在作定量分析时，需要先在光谱图片上找到分析线对（一条被测元素的谱线和一条基本元素的谱线），根据这两条谱线发光强度的比值来确定被测元素的含量。

（二）发射光谱仪

在进行发射光谱分析时所用的仪器叫发射光谱仪，其工作原理如图 10—3 所示。

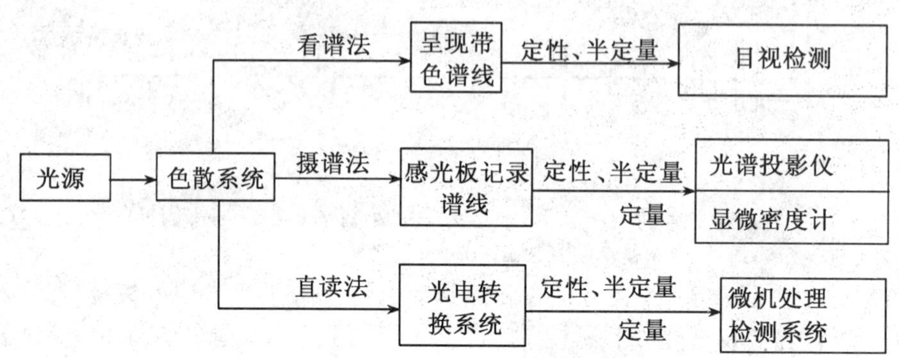

图 10—3　发射光谱仪工作原理

发射光谱仪由光源系统、色散系统、接收检测系统三部分组成。

1. 光源系统

光源系统是使被测样品受激发而发光的部分。一般情况下，被测物质是在电的激发下产生电弧或电火花而发光的，光源系统包括激发电源、电极、调节装置等。

2. 色散系统

色散系统是将被测物质发出的光经过一套光学系统，使不同波长的光发生色散而形成光谱图的部分。色散系统一般采用光学棱镜色散和光栅色散两种方法。光学棱镜的色散原理是其光学玻璃对不同波长的光的折射率不同而使光发生色散；光栅色散是使光产生衍射而发生色散。色散系统包括色散元件（棱镜或光栅）、光检、光学放大成像系统、调节装置等。

3. 接收检测系统

接收检测系统是将被测物质的发射光谱接收并转换成可观测的形式，进而判断或指示出检测结果的部分。

接收检测方法分为看谱法、摄谱法、直读法三种，其相对应的仪器有看谱镜、摄谱仪和直读光谱仪。以下分别介绍这三种仪器及特点。

（1）看谱镜

看谱镜是将经色散以后的光所形成的光谱通过光学望远系统，由观测者从目镜中进行观察，进行定性或半定量检测。通过观察待测元素特征辐射的有无以进行定性检测。在进行半定量检测时，由观测者目测对比分析线对的两谱线的强度，必要时可用标准物质的光谱进行对照，最后凭经验得出待测元素的大致含量，测量误差较大。

（2）摄谱仪

摄谱仪是将经色散系统所形成的线状光谱用感光板拍摄下来，经过显影、定影等暗室处理成为光谱图片。因为在一分析线对中两不同波长的光的强度不同，在拍摄时对感光板的感光作用程度不同，而形成两条黑度（或透射率）不同的谱线，然后在测微光度计上测量谱片上分析线对的黑度或透射率，再按有关公式计算出待测元素的含量。摄谱光谱分析法的准确度一般为2%～5%（相对误差），可作为元素含量的定量分析。也可将感光谱片通过光谱投影仪进行放大观测，进行定性或半定量分析。

(3) 直读光谱仪（光电光谱仪）

直读光谱仪是将经色散以后所形成的光谱光带通过光电接收器（光电倍增管）进行光电转换，将分析线对中两不同强度的光信号转变成电信号，并经放大等处理，使得试样在仪器上激发完毕之后，由指示仪表随即自动给出指示分析线对强度比的读数，进而得出待测元素的含量，或由计算机进行分析处理后自动给出检测结果。

直读光谱仪可作定性、定量分析，并且具有分析速度快、含量分析范围大的显著特点。在光谱化学分析中得到较广泛的应用。

（三）原子吸收光谱分析法

原子吸收光谱分析的基本原理，是在待测元素特定和独有的波长下，通过测量试样所产生的原子蒸气对辐射的吸收值来测定试样中元素浓度的分析方法。其具体分析操作请参阅有关资料。

三、能谱分析法与X射线能谱仪

利用能谱分析法可对试样进行无损伤的化学组分分析。

（一）分析方法原理

在电子探针和扫描电镜等分析仪器中应用一定能量并被聚焦的电子束轰击样品时，被轰击区发射出样品中所含元素的特征X射线，利用半导体探测器的能量色散特性，对接收的信号进行转换放大。再经过线性放大器、脉冲处理器、多谱分析器的进一步放大、处理和分析，可获得各元素的特征X射线的能谱及强度值，再经过与相应元素的标准样品的X射线能谱的对比测定，以及修正计算处理，最终可以获得被测样品的化学组分的定量分析结果。

（二）X射线能谱仪

X射线能谱仪的基本组成方框图如图10—4所示。

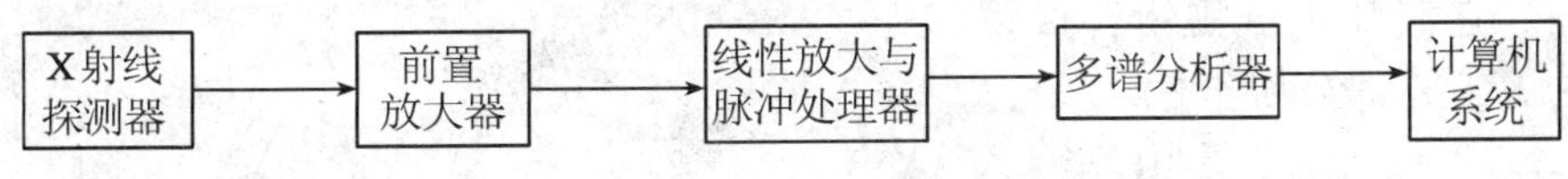

图10—4　X射线能谱仪的基本组成

1. X射线探测器

通常是Si(Li)半导体探测器，用于探测试样发射的X射线，使能量不同的X射线转换为电压不同的电脉冲信号。

2. 前置放大器

将来自探测器的信号作初级放大。

3. 线性放大器和脉冲处理器

将经过前置放大器初级放大的信号作进一步放大，并进行模拟或数字化处理。

4. 多谱分析器

将来自脉冲处理器的信号作进一步处理，完成对X射线谱的能量和强度的初步分析。

5. 电子计算机系统

配备有满足能谱分析所必须的功能完整的硬件和相应的各种分析程序软件，用于对从试样收集到的X射线能谱进行定性或定量分析，并输出分析结果。

（三）试样制备

（1）各种不同种类的试样制备，应按照GB/T 15074的有关规定操作。

（2）将试样制成适于装入所用仪器样品座内的尺寸，并将试样分析表面磨平抛光。

（3）试样表面要做净化处理，如用无水乙醇或丙酮溶液清洗，去掉一切外来污染物。

（4）对不允许磨光的样品，应在显微镜下观察和挑选出较为平坦的表面，以备分析用。

（5）不导电的样品要喷镀碳膜或导电膜，并保证与试样座有良好的导电接触。

四、金相检验与金相显微镜

固态金属及其合金材料是以一定的组织形态而存在的，称为金相组织。一般不同材料具有不同的金相组织；同种材料若热处理方法不同也会具有不同的金相组织。而材料的机械性能与材料的金相组织及其分布状态有一定的关系。因而为保证材料的机械性能，就要通过一定的方法，比如热处理来获得材料所需的金相组织。对材料内部金相组织及其分布状态的观测称为金相检验。金相检验是进行金属机械零件失效分析时所经常采用的方法之一。

观测金相显微组织所用的主要设备是金相显微镜，其类型可分为台式、立式和卧式等。它们都是由物镜、目镜和照明系统三大重要部分所组成。

（一）原理与放大倍数

金相显微镜是通过物镜和目镜两次放大而得到倍数较高的样品放大像，其光学放大原理如图10—5所示。

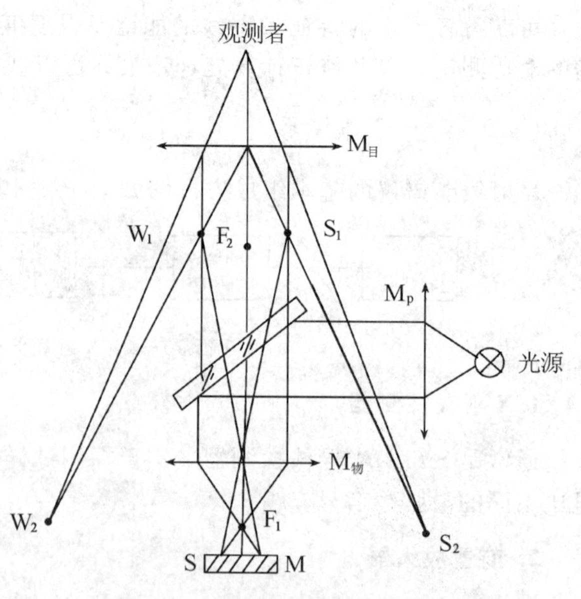

图10—5 金相显微镜放大原理图

若将金相试样放在物镜$M_物$焦点F_1外边附近，则物镜将试样上被观察的物体（以SW表示）放大，而在物镜的上方得到一个倒立的实像 S_1W_1，在设计显微镜时就已安排好使这个实像刚好落在目镜的焦点 F_2 以内附近，因而再经过目镜放大后，人眼在目镜观测时，在 250 mm 的明视距离（即人眼观察物体的最适宜的距离）处，看到一个经再次放大的虚像 S_2W_2，所以，显微镜的总的放大倍数 M 应为物镜放大倍数与目镜放大倍数的乘积，即：$M=M_{物}\times M_{目}$。

在实际测量中，可根据检验目的的不同选择不同放大倍数的物镜和目镜，其总的放大倍数可为 20～1250 倍等一系列数值。

（二）构造

不论台式、立式还是卧式金相显微镜，均由以下几部分组成，如图 10—6 所示。

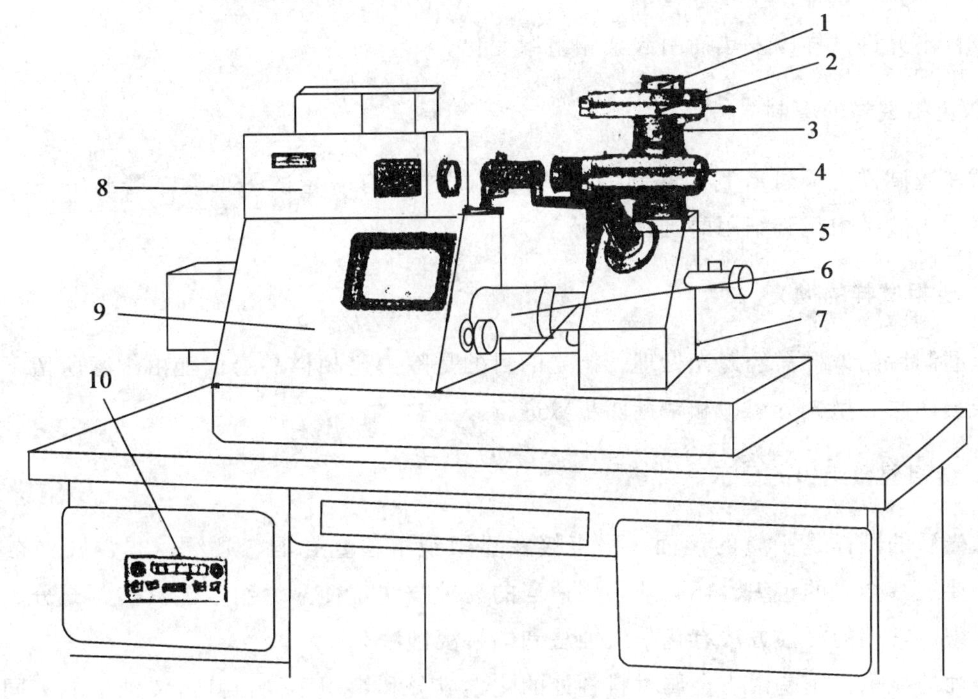

图 10—6　金相显微镜实体图

1—试样；2—载物台；3—物镜筒；4—垂直照明器；5—目镜；
6—快门与连接部分；7—显微镜；8—照明系统；9—投影台摄影；10—电气箱

显微镜筒部分是用来装置物镜与目镜，是显微镜的主要部分。

光源照明系统部分包括光源灯座及照明器、滤光片、孔径光栏和视场光栏。

显微镜体部分由底座及粗、细、调节器，以及升降镜筒等组成。

载物台部分用来安放金相试样，有纵横向移动机构。

电器部分包括照明系统的电器控制器等。

显微摄影部分由快门装置、毛玻璃屏、暗盒等组成。

（三）试样制备

在进行金相检验时需制作金相试样，金相试样制备的正确与否将会影响组织分析的检验结果的正确程度。金相试样的制备包括取样、磨制、抛光、侵蚀几个步骤，制备好的试样应具备以下几点：①组织有代表性；②无假象，组织真实、清晰；③夹杂物不脱落；④无磨痕、麻点或水迹；⑤表面平坦适于高倍下观察。

1. 金相试样的选取

金相试样的选择原则是：①取样部位必须具有代表性；②选择的检验面应符合检验目的要求。

截取试样时应注意：

(1) 不允许试样产生塑性变形；

(2) 不允许试样因发热而引起金相组织变化。

2. 金相试样的磨制

截取的试样需经过磨制，磨制的目的是使试样具有一定的平面度。磨制一般经砂轮打平，然后用砂纸由粗到细用磨光盘磨光。

3. 金相试样的抛光

经磨制后的试样需经抛光处理，抛光的目的是除去金相样品磨面上由细磨所留下的细微磨痕及损伤层。抛光分粗抛和精抛两步骤进行。

4. 金相显微组织的显示

抛光后的试样是平整的镜面，可直接在显微镜下检查孔洞、裂纹、非金属夹杂物等项目。如要观察金属的组织，还必须采用适当的浸蚀方法，使显微组织能真实、充分、细致地显示出来。常用的浸蚀方法有化学浸蚀法和电解浸蚀法。

浸蚀的显示作用是由于金属材料各处的化学成分和组织不同，其抗浸蚀性能不同，因此浸蚀时各处浸蚀速度不同，而将组织状态及分布形式显示出来。

浸蚀时应按金属材料的不同和显示的目的不同，选择不同的恰当的浸蚀剂。

经显示处理的试样即可在金相显微镜上观察其金相显微组织。

图 10—7 (a) 和 (b) 所示为金相显微组织图。

五、电子显微镜

光学显微镜是目前观察构件显微组织的常用工具，但是由于采用的是可见光，而光波具有绕射现象，对于小于其波长的物体不能观察，因而即使光学显微镜的放大倍数再大，也不能对 0.2 μm 以下的金相细节、晶格形状或细微组织进行观察和分辨，在此情况下，就需使用电子显微镜。在电子显微镜中采用的电子波（电子束）进行照明，电子波的波长很短，因而分辨率高；景深是电子显微镜的突出特点。在失效分析中可用来进行断口的微观形貌观察和检测。

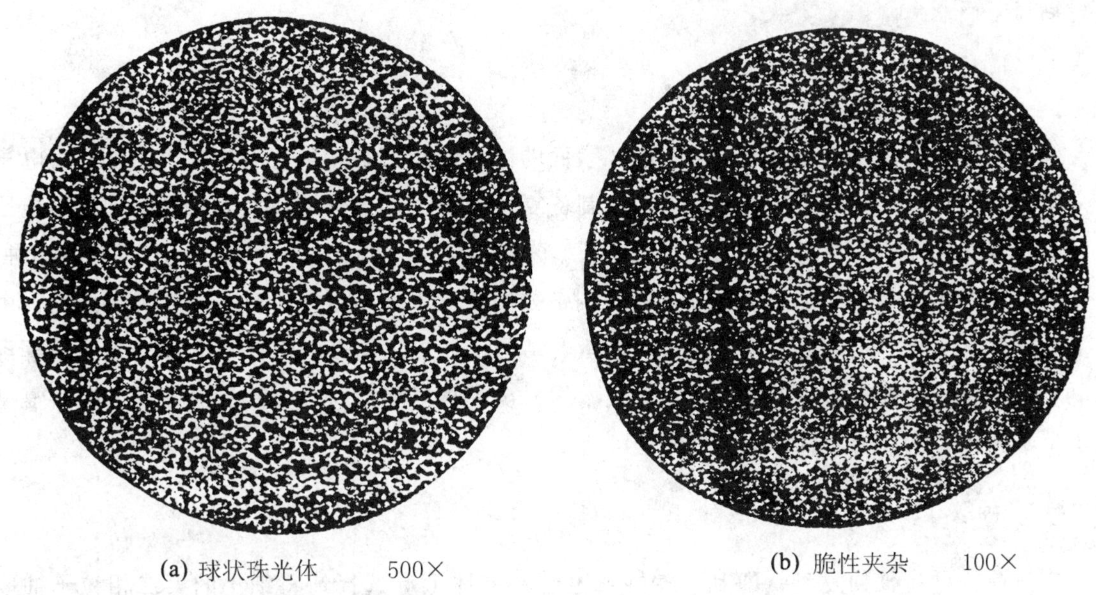

(a) 球状珠光体　500×　　(b) 脆性夹杂　100×

图 10—7　金相显微组织图

下面简略介绍较常见的两种电子显微镜：

（一）透射电子显微镜（TEM）

透射电子显微镜的成像原理与光学显微镜基本相同，如图 10—8 所示，只是由电子束代替了可见光，由电磁透镜代替了光学透镜。电磁透镜实际上是一个电磁场，它对电子束的作用就相当于光学透镜对光的作用。

由电子枪发射的电子，经两个聚光镜聚焦成一束很细、亮度亮、发散度小的电子束，照射到试样上，与试样交互作用后，透射后的电子束，将试样上的细节，经物镜放大，中间镜进一步放大，投影镜将物像再放大，并投射到荧光屏上，使荧光屏发光，给出最终的可视放大图像，供观察或摄像。

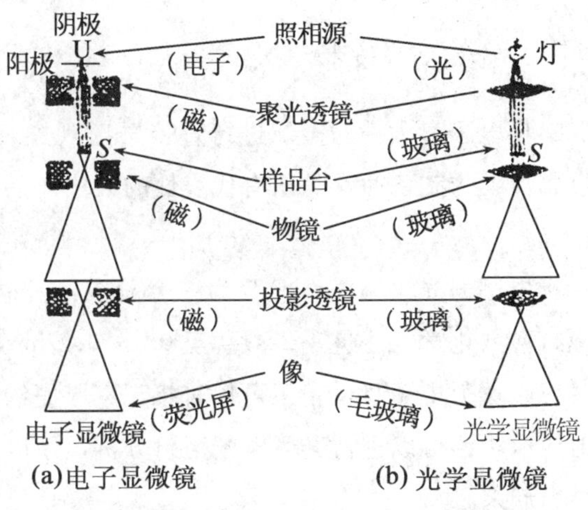

图 10—8　电镜与光镜对比示意图

透射式电子显微镜的突出优点是分辨率很高，在相同放大倍数下景深也比光学显微镜大。目前的点分辨率可达 3.5Å，晶格分辨率达 2Å。使用时实际达到的分辨率与观察的试样有关，放大倍数可高达数十万倍。

由于金属试样表面对电子的反射能力很差，因此不能象光学显微镜那样采用反射成像。又由于电子束穿透金属试样的能力差，也不能直接用金相样品作透视观察。因此，需要专门制备复型或金属薄膜试样。

1. 复型

所谓复型就是把已制备好的金相样品表面的浮雕复制下来，进行间接观察。复型对电子束来说是透明的，在电镜中可以透射成像。制备复型的材料，本身必须是无结构的，即不能让复型材料本身的结构干扰复制表面的形貌特征。常用的复型材料有塑料和蒸发沉积的碳膜两种。

复型的优点是不破坏金属样品表面，制备方法较简单，图像便于解释。它的缺点是：由于复型材料本身有一定的颗粒性，很多最细微的结构不能显示出来，因而不能最有效地发挥现代电子显微镜的极高分辨率的优点。复型技术的分辨率与复型材料及方法有关，例如塑料复型分辨率约为 100～200Å，直接碳复型最佳可达 20Å。

2. 抽取（萃取）复型

它是一种特殊的复型，即利用浸蚀或电解从基体上有选择地将细小的第二相粒子抽取出来，粘附在碳膜表面。

抽取复型的优点是：①由于观察的是第二相实物，容易分辨反差大；②能对第二相粒子作电子衍射分析，确定其结构，并了解第二相在基体中的分布。可见抽取复型特别适于复相合金中对大量细小第二相的研究。

抽取复型的缺点是：它仅复制了金属表面的浮雕而对揭示晶体内部结构是无能为力的。然而，金属组织中各种亚结构及晶体缺陷对金属的相变、形变和性能影响很大。因此，就有必要发展金属薄膜的透射电子显微技术，把金属的内部结构显露出来，并充分利用电子显微镜的高分辨率的特点，对物质的内部结构作进一步的观测。

3. 金属薄膜技术

用电子显微镜对金属进行直接透射观察，首先要制备好厚度为 500～2000Å 的金属薄膜。金属薄膜的制备通常是从有代表性的大块样品经过多次减薄而成，称为减薄法，一般常用电解抛光减薄法。

电解抛光法制膜一般分为三个阶段：机械减薄（从大块金属切取 1～2 mm 的片状样品），预减薄（化学方法进一步减薄至 0.1～0.2 mm）和最后电解抛光减薄。

在透射电子显微镜下可以直接观察厚度约为 10～2000Å 的金属薄膜中的晶体缺陷，观察衍射成像，还可以进行选区电子衍射分析，用以观察晶体结构把微观的形态观察与晶体结构分析结合起来。

（二）扫描电镜（SEM）

扫描电镜主要是用二次电子进行高倍形貌观察的电子显微镜，同时还可以用特征 X 射线成像并进行微区成分分析。扫描电镜的结构示意如图 10—9 所示。

由电子枪发出的电子经磁透镜聚焦成100Å的电子束，借扫描偏转系统使电子束在试样表面上扫描。电子束与金属样品相互作用的结果，在试样表层区一定范围内产生背散射电子、二次电子、吸收电子、俄歇电子。并激发出特征X射线等，如图10—10所示。

由于试样各处化学成分不同和表面形貌的差别，上述种种效应各不相同，利用探测器可将上述各种信号分别接收，通过放大器放大，输入到同步扫描的显像管在其荧光屏上成像。

扫描电镜中用来作形貌观察成像的信号主要是二次电子，它的分辨率较好，其次是背射电子和吸收电子。用来作晶体结构分析的信号主要是背射电子和二次电子，它们能产生电子通道效应。用来作成分分析的信号主要是特征X射线和俄歇电子，因为X射线光子和俄歇电子的能量可直接表征元素的特征。

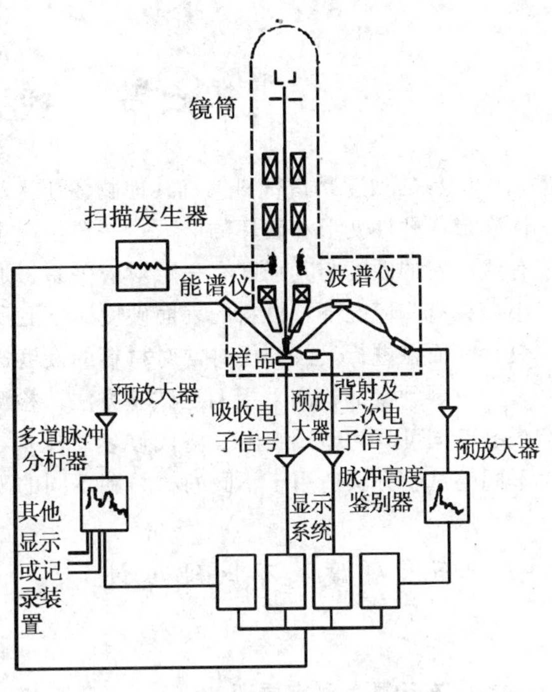

图10—9 扫描电镜结构示意图

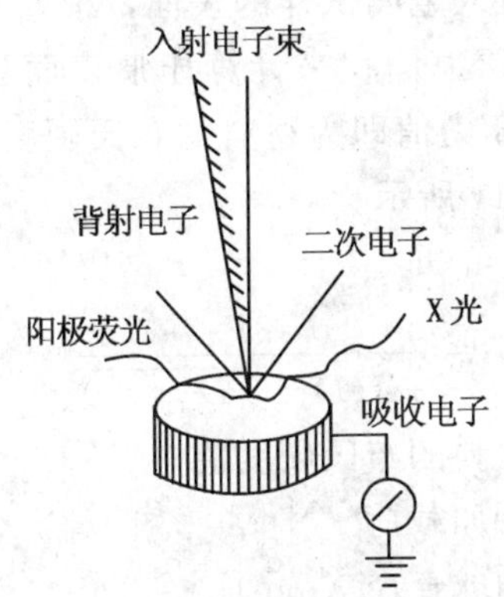

(a)入射电子与金属试样相互作用产生的各种信号

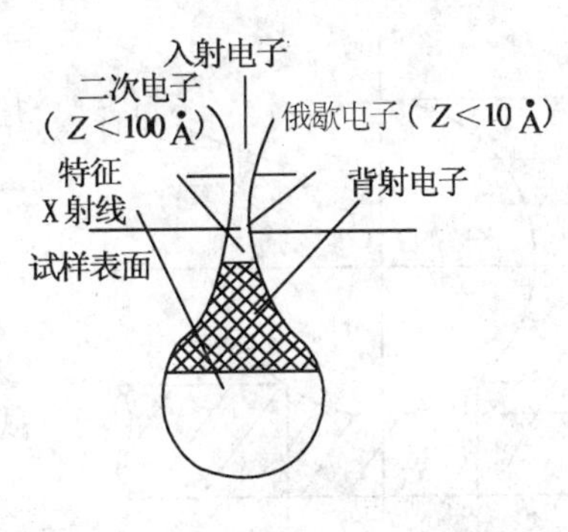

(b)试样中产生各种信号的范围

图10—10 入射电子与金属试样的相互作用

概括来说，扫描电镜有如下特点：

(1) 能直接观察较大尺寸（如Φ25×10 mm）的实物试样，对试样的形状没有限制，粗糙表面也能观察。试样在样室中可平移、转动和倾斜，自由度大。

(2) 可以同时检测多种信号。在观察样品形貌的同时，能对微区（2～10 μm）进行成分和结构的综合分析。

(3) 扫描电镜分辨率高，一般保证60Å，最高可达30Å。放大倍数可在5～100 000倍范围内连续变化。可先观察大视域，再逐步缩小视域，提高放大倍数，调节方便。

(4) 景深大，图像立体感强，特别适于观察粗糙的断口，进行断口分析。试样经深腐蚀后可观察显微组织的三维空间形态。

第二节　硬度测试及硬度计

材料的硬度是指材料抵抗其他物体压入其表面的能力，对于某些材料也可解释为其抵抗弹性变形、塑性变形和破坏的能力。一般情况下，材料的表面硬度越高，其耐磨性就越好，并且有些材料的硬度与其强度有一定对应关系，通过对其硬度的测量，就可间接得出材料强度的大小，在有些情况下，材料的表面硬度达不到所规定要求，就会因过度磨损或疲劳而产生早期失效。因而在进行失效分析时常对材料的硬度进行检测。

材料硬度的检测采用的是试验方法，检测结果对其试验方法有较大的依赖性。根据试验方法的不同可分为布氏硬度、洛氏硬度、维氏硬度等。不同的试验方法有其相对应的试验规范。不同的试验方法适用于不同的材料和不同的硬度范围。

一、布氏硬度及布氏硬度计

1. 布氏硬度测定原理

用一定直径的淬火钢球在一定的静载荷作用下垂直压入金属试样的表面，根据所加载荷的大小和所得到的压痕面积来计算压痕表面积上的平均压力值。此平均压力值即为材料的布氏硬度值，用 HB 表示，如图 10—11 所示。

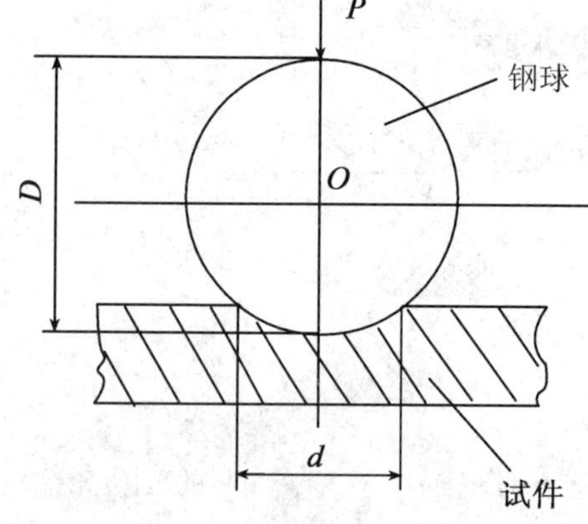

图 10—11　布氏硬度测定原理

由图 10—11 可知：

$$HB=\frac{2P}{\pi D(D-\sqrt{D^2-d^2})} \qquad (10—1)$$

式中　HB——材料的布氏硬度值；

P——所加载荷（N）；

D——钢球直径（mm）；

d——压痕直径（mm）。

2. 布氏硬度计

布氏硬度计由机身、加载机构、工作台、压头、读数显微镜几部分组成。

机身用以安装硬度计的各个部件。

工作台用以放置被测试件，工作台带有升降调节机构，可调节工作台至适当高度。

压头顶部装有规定直径的钢球。

加载机构用以将一定的载荷以规定的方式施加于压头并压入被测试件，以进行测试。

读数显微镜用以测定压痕直径，以便计算布氏硬度值。

在进行测试时，将试件放在工作台上，以一定的载荷将压头缓慢压入试件，保持一段时间后，卸除载荷，取下试件，然后用读数显微镜测量试件上的压痕直径 d，根据式 10—1 计算其布氏硬度值。

布氏硬度一般只能测量硬度不高的材料，其适宜的测量范围为 150～500 HB。

二、洛氏硬度及洛氏硬度计

1. 洛氏硬度测定原理

洛氏硬度的试验方法是以一定的载荷将压头压入试件，用压痕的深度来表示材料硬度的大小。

洛氏硬度试验根据所用的压头的形状不同和载荷的不同有三种标度，即 HRA，HRB 和 HRC，以适应测定不同的材料，应用最广的是 HRC。

洛氏硬度 HRC 的测试是将一顶角为 120°的金刚石圆锥体压头以 1470 N（150 kgf）的载荷压入试件，压痕深度为 h，如图 10—12 所示，那么其洛氏硬度为：

$$HRC=100-\frac{h}{0.002}$$

式中　HRC——洛氏硬度值；

h　——压痕深度（mm）。

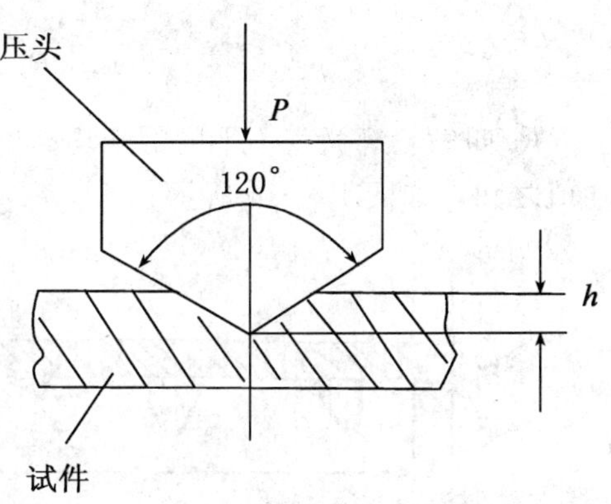

图 10—12　洛氏硬度测定原理

由上式可看出，若材料愈软，则压痕愈深，HRC 愈小，反之硬度就愈高。

2. 洛氏硬度计

洛氏硬度计的组成基本同布氏硬度计，有加载机构，压头部分、工作台，所不同的是在洛氏硬度计上安装一指示表。进行试验时，先对试件加一予载荷（98 N），使压头与试件表面良好接触，调整指示表，然后加一主载荷（1470 N）保持一段时间后卸除主载荷，即可以从指示表上读出试件的洛氏硬度 HRC，使用操作比布氏硬度计方便。

洛氏硬度计适宜测硬度较高的试件。

三、粗糙度与粗糙度检查仪（轮廓仪）

构件表面的粗糙度也是产生构件早期失效的可能原因。构件表面的粗糙度不达要求，加工刀痕太深，会使摩擦表面过快磨损而产生早期失效，也会使承受交变应力的构件如轴类另件产生疲劳断裂而早期失效。因而在做失效分析时，有时需对构件表面的粗糙度进行检验分析。

表面粗糙度的表示方法有许多种，常用的有 Rz 和 Ra。Rz 叫做微观不平度十点高度，是在取样范围内 5 个最大的轮廓峰高的平均值与 5 个最大的谷深的平均值之和，如图 10—13 所示。

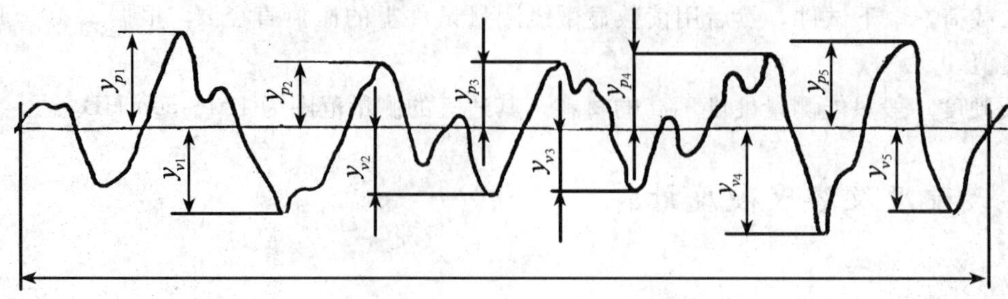

图 10—13　表面粗糙度示意图

R_z 计算式如下：

$$R_z = \frac{\sum_{i=1}^{5} y_{pi} + \sum_{i=1}^{5} y_{vi}}{5}$$

R_a 叫做轮廓微观不平度的平均高度，是在取样长度内轮廓峰高的平均值与轮廓谷深的平均值之和，如图 10—14 所示。

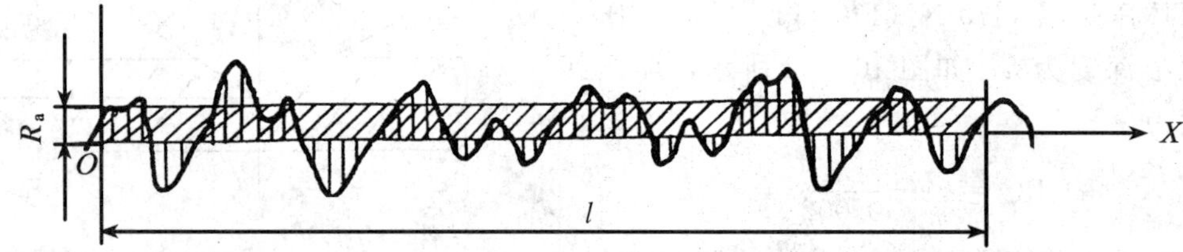

图 10—14　轮廓微观不平度示意图

R_a 计算式为：　$$R_a = \frac{1}{l}\int_0^l |y(x)| \, dx$$

检测粗糙度常用的仪器为轮廓仪或粗糙度检查仪，其工作原理如图 10—15 所示。

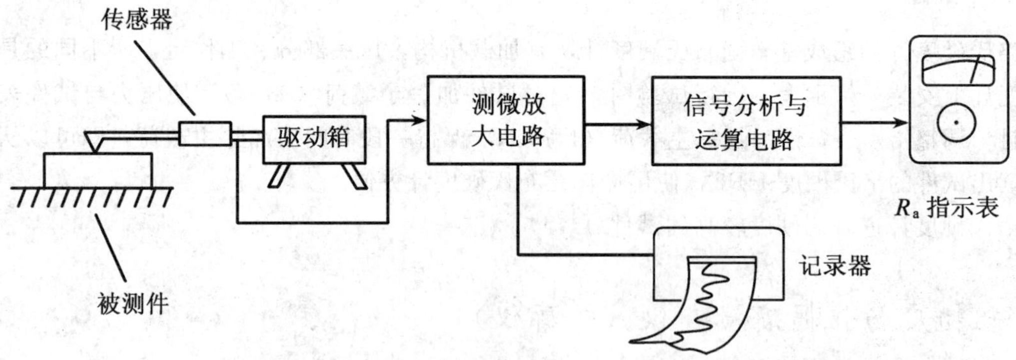

图 10—15　粗糙度检查仪工作原理图

驱动箱驱动传感器运动，使传感器的触针测头在工件上划过，而将微观轮廓的高低不平的变化转变成电信号输入于测微放大电路，信号经放大后一路送入信号分离与运算电路，通过整流，积分运算等处理后，将信号输入 R_a 指示表，指示出工件表面的粗糙度 R_a 数值。经测微放大电路处理后的信号另一路送入记录器，记录器将放大后的微观轮廓记录在记录纸上以供分析检测。

轮廓仪的组成如图 10—16 所示，主要由底座、驱动箱、传感器、记录器、电箱几大部分组成。

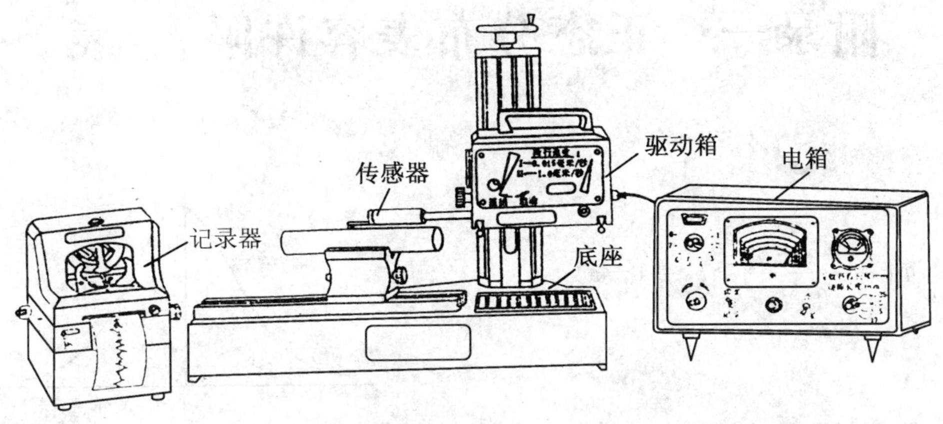

图 10—16　轮廓仪组成的实体图

四、核磁共振仪

核磁共振仪可以用于非金属材料如塑料、合成纤维等有机物质和无机物质的结构分析和成分分析，因而可用来作为失效分析的检测仪器。

核磁共振仪的工作原理是：被测物质的原子核在高变磁场的作用下产生振动，不同元素的原子核具有不同的质量和电量，因而有不同的振动频率，当仪器的高频电磁波发生器的频率调节到和被测物质原子核固有振动频率相同时，就产生共振，此时原子核振动幅度最大，并发射出频率相同的电磁波，用接收器接收后，根据其振动频率，就可判定被测物质的成分或结构。

思　考　题

1. 发射光谱分析法由哪些方法组成？各方法对应的仪器有哪些？简述各自的工作原理、检测方法。

2. 一般机械构件过早失效的原因有哪些？

3. 扫描电子显微镜有哪些特点？

4. 布氏硬度计与洛氏硬度计有何区别？

附录一　正态分布表容许限 k_p 表

$$P\left[\Phi\left(\frac{\overline{x}+k_p s-\mu}{\sigma}\right)\geqslant p\right]=1-\alpha$$

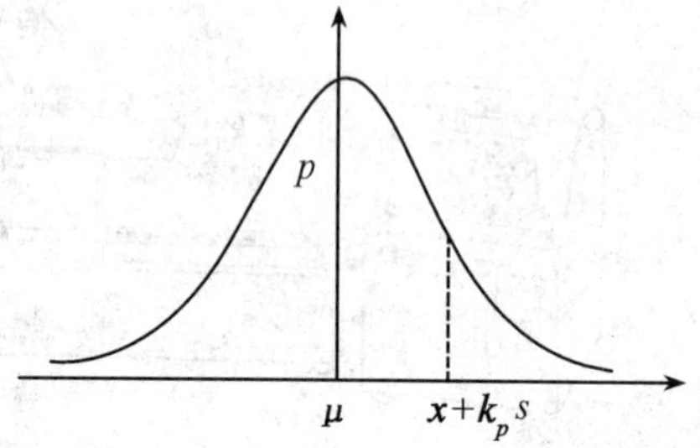

$1-\alpha=0.900$

n	v	p				
		0.900	0.950	0.975	0.990	0.999
2	1	10.252 71	13.089 74	15.586 91	18.500 08	24.581 59
3	2	4.258 16	5.311 48	6.243 71	7.340 44	9.651 17
4	3	3.187 84	3.956 57	4.636 97	5.438 23	7.129 31
5	4	2.742 35	3.399 83	3.981 31	4.635 93	6.111 30
6	5	2.493 69	3.091 88	3.620 43	4.242 53	5.555 51
7	6	2.332 65	2.892 80	3.389 20	3.972 02	5.201 71
8	7	2.218 59	2.754 28	3.226 84	3.782 55	4.954 60
9	8	2.132 87	2.649 90	3.105 68	3.641 44	4.771 03
10	9	2.065 67	2.568 37	3.011 25	3.531 66	4.628 50
11	10	2.011 29	2.502 62	2.935 24	3.448 83	4.514 15
12	11	1.966 20	2.448 25	2.972 49	3.370 67	4.420 03
13	12	1.928 08	2.402 40	2.319 65	3.300 47	4.340 96
14	13	1.895 34	2.363 11	2.774 42	3.257 16	4.273 47
15	14	1.866 84	2.328 98	2.735 18	3.211 82	4.215 03
16	15	1.841 77	2.299 00	2.700 75	3.172 68	4.163 83
17	16	1.819 49	2.272 40	2.870 24	3.136 85	4.113 55
18	17	1.799 54	2.248 62	2.642 98	3.105 42	4.078 15
19	18	1.781 54	2.227 20	2.618 44	3.017 14	4.041 84
20	19	1.765 21	2.207 78	2.596 21	3.051 64	4.098 99
21	20	1.750 29	2.190 07	2.575 96	3.028 33	3.578 09
22	21	1.736 62	2.173 85	2.557 41	3.006 39	3.950 75
23	22	1.724 01	2.158 91	2.540 34	2.987 37	3.950 63
24	23	1.712 35	2.145 10	2.524 58	2.969 15	3.903 43
25	24	1.701 52	2.132 29	2.509 96	2.958 96	3.881 94

续表

n	v	p 0.900	0.950	0.975	0.990	0.999
26	25	1.691 44	2.120 37	2.496 36	2.936 75	3.861 97
27	26	1.682 01	2.109 24	2.483 67	2.922 18	3.843 35
28	27	1.673 18	2.098 81	2.471 79	2.908 54	3.825 98
29	28	1.664 88	2.089 03	2.460 64	2.895 79	3.809 60
30	29	1.657 06	2.079 82	2.450 15	2.883 72	3.794 25
31	30	1.649 69	2.071 13	2.440 26	2.872 39	3.779 78
32	31	1.642 71	2.062 92	2.430 92	2.861 68	3.766 12
33	32	1.636 10	2.055 14	2.422 07	2.851 54	3.753 19
34	33	1.629 33	2.047 76	2.413 68	2.841 93	3.740 94
35	34	1.623 36	2.040 75	2.405 71	2.832 80	3.729 31
36	35	1.618 18	2.034 07	2.398 12	2.824 12	3.718 24
37	36	1.612 76	2.027 71	2.390 89	2.815 84	3.707 70
38	37	1.607 58	2.021 64	2.383 99	2.807 94	3.697 65
39	38	1.602 83	2.015 83	2.377 40	2.800 40	3.688 05
40	39	1.597 89	2.010 27	2.371 09	2.793 18	3.678 86
41	40	1.593 35	2.004 94	2.365 04	2.786 27	3.670 06
42	41	1.588 99	1.999 83	2.359 25	2.779 64	3.661 63
43	42	1.584 80	1.994 93	2.353 68	2.773 27	3.653 54
44	43	1.580 77	1.990 21	2.348 33	2.767 16	3.645 76
45	44	1.576 89	1.985 67	2.343 18	2.761 27	3.638 28
46	45	1.573 16	1.981 30	2.338 22	2.755 61	3.631 08
47	46	1.569 55	1.977 08	2.333 45	2.750 15	3.624 15
48	47	1.566 07	1.973 02	2.328 84	2.744 88	3.617 46
49	48	1.562 71	1.969 09	2.324 39	2.739 86	3.611 90
50	49	1.559 47	1.965 29	2.320 09	2.734 89	3.604 77
60	59	1.532 03	1.933 27	2.283 84	2.693 52	3.552 28
80	79	1.494 74	1.889 88	2.234 81	2.637 63	3.481 58
120	119	1.452 22	1.840 59	2.179 24	2.574 45	3.401 68
240	239	1.399 33	1.779 56	2.110 62	2.496 58	3.303 55
∞	∞	1.281 55	1.644 85	1.959 96	2.326 35	3.090 23
$1-\alpha=0.950$						
2	1	20.581 47	26.259 67	31.257 47	37.093 58	49.275 62
3	2	6.155 28	7.655 90	8.986 12	10.552 73	13.857 07
4	3	4.161 93	5.143 87	6.014 97	7.042 36	9.214 18
5	4	3.400 63	4.202 68	4.908 51	5.741 08	7.501 89
6	5	3.006 26	3.707 68	4.329 14	5.061 99	6.611 78
7	6	2.755 43	3.399 47	3.969 63	4.641 72	6.062 66
8	7	2.581 91	3.187 29	3.722 83	4.353 86	5.687 53

续表

n	v	p: 0.900	0.950	0.975	0.990	0.999
9	8	2.453 76	3.031 24	3.541 74	4.143 02	5.413 40
10	9	2.354 64	2.910 96	3.402 45	3.981 12	5.203 30
11	10	2.275 31	2.814 99	3.291 50	3.852 34	5.036 46
12	11	2.210 13	2.736 34	3.200 72	3.747 08	4.900 31
13	12	2.155 44	2.670 50	3.124 82	3.659 20	4.786 78
14	13	2.198 77	2.614 43	3.060 27	3.584 51	4.690 41
15	14	2.068 37	2.566 00	3.004 57	3.520 13	4.607 43
16	15	2.033 00	2.523 66	2.955 92	3.463 94	4.535 09
17	16	2.001 71	2.486 26	2.912 99	3.414 40	4.471 36
18	17	1.973 80	2.452 95	2.874 78	3.370 33	4.414 71
19	18	1.948 70	2.423 04	2.840 50	3.330 82	4.363 96
20	19	1.925 99	2.396 00	2.809 54	3.295 16	4.318 19
21	20	1.905 32	2.371 42	2.781 11	3.262 77	4.276 65
22	21	1.886 41	2.348 96	2.755 72	3.233 20	4.238 75
23	22	1.869 02	2.328 39	2.732 13	3.206 07	4.204 00
24	23	1.852 97	2.309 22	2.710 39	3.181 08	4.171 93
25	24	1.838 10	2.291 67	2.690 27	3.157 96	4.142 40
26	25	1.824 27	2.275 30	2.671 59	3.136 49	4.114 95
27	26	1.811 37	2.260 05	2.654 18	3.116 50	4.089 39
28	27	1.799 30	2.245 78	2.637 91	3.097 82	4.065 52
29	28	1.787 98	2.232 41	2.622 66	3.080 33	4.043 18
30	29	1.777 33	2.219 84	2.608 34	3.063 90	4.022 20
31	30	1.767 29	2.208 00	2.594 86	3.048 44	4.993 46
32	31	1.757 81	2.196 82	2.582 13	3.033 84	3.983 84
33	32	1.748 84	2.186 25	2.570 10	3.020 05	3.966 24
34	33	1.740 33	2.176 23	2.558 70	3.006 99	3.949 59
35	34	1.732 25	2.166 72	2.547 88	2.994 59	3.933 78
36	35	1.724 56	2.157 68	2.537 59	2.982 81	3.918 77
37	36	1.717 24	2.149 06	2.527 80	2.971 60	3.904 48
38	37	1.710 25	2.140 85	2.518 46	2.960 90	3.890 87
39	38	1.703 57	2.133 00	2.509 54	2.950 70	3.877 87
40	39	1.697 18	2.125 40	2.501 02	2.940 94	3.865 45
41	40	1.691 06	2.118 31	2.492 86	2.931 60	3.853 57
42	41	1.685 19	2.111 42	2.485 04	2.922 66	3.842 18
43	42	1.679 55	2.104 81	2.477 53	2.914 07	3.831 26
44	43	1.674 14	2.098 46	2.470 33	2.905 83	3.820 78
45	44	1.668 93	2.092 35	2.463 40	2.897 91	3.810 71

续表

n	v	p 0.900	0.950	0.975	0.990	0.999
46	45	1.663 91	2.086 48	2.456 73	2.890 29	3.801 01
47	46	1.659 08	2.080 81	2.450 30	2.882 94	3.791 66
48	47	1.654 41	2.075 35	2.444 11	2.875 87	3.782 69
49	48	1.649 91	2.070 08	2.438 14	2.869 04	3.774 01
50	49	1.645 56	2.064 99	2.432 37	2.862 45	3.765 64
60	59	1.608 91	2.022 16	2.383 85	2.807 05	3.695 33
80	79	1.559 37	1.964 44	2.318 58	2.732 65	3.601 06
120	119	1.503 24	1.899 29	2.245 09	2.649 03	3.495 37
240	239	1.433 94	1.819 24	2.155 05	2.546 82	3.366 55
∞	∞	1.281 55	1.644 85	1.959 96	2.326 35	3.090 23
$1-\alpha=0.975$						
2	1	41.200 84	52.559 33	62.557 65	74.233 75	98.607 30
3	2	8.796 92	10.926 78	12.816 20	15.042 51	19.740 75
4	3	5.354 09	6.601 51	7.709 54	9.017 55	11.785 14
5	4	4.166 24	5.124 18	5.974 92	6.979 55	9.106 75
6	5	3.568 06	4.385 41	5.110 88	5.967 45	7.781 32
7	6	3.205 50	3.940 08	4.591 65	5.360 72	6.989 02
8	7	2.960 46	3.640 45	4.243 17	4.954 34	6.459 63
9	8	2.782 62	3.423 80	3.991 75	4.661 65	6.079 12
10	9	2.646 93	3.259 03	3.800 90	4.439 79	5.791 23
11	10	2.539 51	3.128 97	3.650 49	4.265 17	5.564 99
12	11	2.452 04	3.023 31	3.528 48	4.123 69	5.381 95
13	12	2.379 20	2.935 52	3.427 23	4.006 40	5.230 40
14	13	2.317 43	2.861 23	3.341 65	3.907 36	5.102 57
15	14	2.264 28	2.797 40	3.268 20	3.822 43	4.993 07
16	15	2.217 95	2.741 88	3.204 36	3.748 67	4.898 06
17	16	2.177 15	2.693 04	3.148 27	3.683 91	4.814 71
18	17	2.140 89	2.649 70	3.098 53	3.626 51	4.740 89
19	18	2.108 41	2.610 92	3.054 05	3.575 22	4.674 99
20	19	2.079 10	2.575 98	3.014 00	3.529 07	4.615 72
21	20	2.052 50	2.544 30	2.977 72	3.487 27	4.562 08
22	21	2.028 23	2.515 41	2.944 65	3.449 20	4.513 26
23	22	2.005 96	2.488 95	2.914 38	3.414 36	4.468 60
24	23	1.985 46	2.464 60	2.886 53	3.382 32	4.427 56
25	24	1.996 49	2.442 09	2.860 81	3.352 75	4.389 70
26	25	1.948 89	2.421 22	2.836 97	3.325 35	4.354 62
27	26	1.932 50	2.401 80	2.814 80	3.299 87	4.322 03
28	27	1.917 19	2.383 67	2.794 11	2.276 10	4.291 64
29	28	1.902 84	2.366 70	2.774 75	3.253 88	4.263 23

续表

n	v	p 0.900	0.950	0.975	0.990	0.999
30	29	1.889 38	2.350 78	2.756 59	3.233 03	4.236 59
31	30	1.876 70	2.335 80	2.739 51	3.213 43	4.211 56
32	31	1.864 74	2.321 68	2.723 42	3.194 97	4.187 99
33	32	1.853 43	2.308 33	2.708 22	2.177 53	4.165 73
34	33	1.842 73	2.295 70	2.693 83	3.161 04	4.144 69
35	34	1.832 57	2.283 72	2.680 19	3.145 40	4.124 74
36	35	1.822 91	2.272 34	2.667 24	3.130 56	4.105 82
37	36	1.813 72	2.261 51	2.654 92	3.116 44	4.087 82
38	37	1.804 95	2.251 20	2.643 18	3.103 00	4.070 68
39	38	1.796 59	2.241 35	2.631 99	3.090 17	4.054 34
40	39	1.788 59	2.231 94	2.621 29	3.077 93	4.038 74
41	40	1.780 94	2.222 94	2.611 06	3.066 21	4.023 82
42	41	1.773 60	2.214 32	2.601 26	3.055 00	4.009 55
43	42	1.766 57	2.206 05	2.591 87	3.044 25	3.995 86
44	43	1.759 81	2.198 12	2.582 85	3.033 93	3.982 73
45	44	1.753 81	2.190 49	2.574 19	3.024 02	3.970 12
46	45	1.747 06	2.183 15	2.565 86	3.014 49	3.958 00
47	46	1.741 04	2.176 09	2.557 84	3.005 32	3.946 34
48	47	1.735 24	2.169 28	2.550 11	2.996 48	3.935 10
49	48	1.729 64	2.162 72	2.542 66	2.987 97	3.924 27
50	49	1.724 23	2.156 38	2.535 47	2.979 75	3.913 82
60	59	1.678 78	2.103 18	2.475 16	2.910 85	3.826 32
80	79	1.617 68	2.031 88	2.394 47	2.818 82	3.709 65
120	119	1.548 90	1.951 84	2.304 23	2.716 08	3.579 72
240	239	1.464 61	1.854 46	2.194 52	2.591 48	3.422 61
∞	∞	1.281 55	1.644 85	1.959 96	2.326 35	3.090 23
$1-\alpha=0.990$						
2	1	103.028 61	131.426 29	156.424 00	185.616 96	246.557 47
3	2	13.995 41	17.370 20	20.365 33	23.895 56	31.347 76
4	3	7.379 89	9.083 45	10.598 09	12.387 28	16.175 56
5	4	5.361 72	6.578 34	7.660 25	8.939 02	11.649 33
6	5	4.411 08	5.405 55	6.289 61	7.334 57	9.549 92
7	6	3.859 13	4.727 86	5.499 75	6.411 94	8.345 76
8	7	3.497 21	4.285 25	4.985 04	5.811 80	7.564 16
9	8	3.240 41	3.972 26	4.621 77	5.388 88	7.014 40
10	9	3.047 91	3.738 31	4.350 70	5.073 73	6.605 40
11	10	2.897 66	3.556 19	4.139 98	4.829 03	6.288 30

续表

n	v	p				
		0.900	0.950	0.975	0.990	0.999
12	11	2.776 72	3.409 93	3.970 99	4.633 00	6.034 60
13	12	2.676 99	3.289 56	3.832 08	4.472 03	5.826 53
14	13	2.593 13	3.188 54	3.715 63	4.337 18	6.652 38
15	14	2.521 48	3.102 37	3.616 39	4.222 36	5.504 26
16	15	2.459 43	3.027 87	3.530 66	4.123 25	5.376 52
17	16	2.405 09	2.962 70	3.455 74	4.036 70	5.265 05
18	17	2.357 03	2.905 15	3.389 62	3.960 36	5.166 81
19	18	2.314 16	2.853 88	3.330 77	3.892 44	5.079 48
20	19	2.275 65	2.807 87	3.277 98	3.831 56	5.001 24
21	20	2.240 81	2.766 30	3.230 32	3.776 62	4.930 68
22	21	2.209 13	2.728 52	3.187 04	3.726 75	4.866 67
23	22	2.180 16	2.694 02	3.147 52	3.681 24	4.808 29
24	23	2.153 55	2.662 35	3.111 28	3.639 51	4.754 79
25	24	2.129 01	2.633 17	3.077 89	3.601 09	4.705 55
26	25	2.106 28	2.606 16	3.047 01	3.565 57	4.660 05
27	26	2.085 17	2.581 09	3.018 35	3.532 61	4.617 86
28	27	2.065 48	2.557 74	2.991 67	3.501 94	4.578 61
29	28	2.047 08	2.535 92	2.966 75	3.473 31	4.541 98
30	29	2.029 83	2.515 49	2.943 42	3.446 51	4.507 70
31	30	2.013 63	2.496 29	2.921 52	3.421 35	4.475 54
32	31	1.998 36	2.478 23	2.900 91	3.397 69	4.445 30
33	32	1.998 36	2.461 19	2.881 47	3.375 38	4.416 80
34	33	1.970 33	2.445 08	2.863 11	3.354 30	4.389 88
35	34	1.957 41	2.429 82	2.845 72	3.334 35	4.364 41
36	35	1.945 16	2.415 35	2.829 23	3.315 43	4.340 27
37	36	1.933 51	2.401 59	2.813 56	3.297 47	4.317 34
38	37	1.922 41	2.388 50	2.798 65	3.280 37	4.295 54
39	38	1.911 83	2.376 02	2.784 44	3.264 09	4.274 77
40	39	1.901 73	2.364 11	2.770 88	3.248 55	4.254 96
41	40	1.892 97	2.352 73	2.757 93	3.233 71	4.236 04
42	41	1.882 88	2.341 84	2.745 54	3.219 51	4.217 95
43	42	1.873 95	2.331 40	2.733 67	3.205 92	4.200 63
44	43	1.865 45	2.321 39	2.722 28	3.192 88	4.184 02
45	44	1.857 28	2.311 78	2.711 36	3.180 37	4.168 09
46	45	1.849 43	2.302 54	2.700 86	3.168 35	4.152 78
47	46	1.841 87	2.293 66	2.690 76	3.156 79	4.138 07
48	47	1.834 59	2.285 10	2.681 03	3.145 66	4.123 91
49	48	1.827 57	2.276 85	2.671 67	3.134 94	4.110 27
50	49	1.820 80	2.268 90	2.662 63	3.124 61	4.097 11
60	59	1.764 06	2.202 35	2.587 10	3.038 26	3.987 35
80	79	1.688 30	2.113 76	2.486 76	2.923 72	3.842 02
120	119	1.603 72	2.015 29	2.375 49	2.796 94	3.681 56
240	239	1.501 05	1.896 38	2.241 54	2.644 73	3.489 51
∞	∞	1.281 55	1.644 85	1.959 96	2.326 35	3.090 23

附录二　产品可靠性检验人员培训大纲

初级产品可靠性检验员培训大纲

一、培训目标

通过规定课程的技术理论学习和操作技能训练，使学员达到初级产品可靠性检验员应具备的知识和技能要求。掌握本岗位常见简单项目的检验技术，达到独立上岗操作的水平，并为进一步学习中级工技术理论和操作技能打好基础。

二、课程设置

根据培养目标，初级产品检验员课程设置如下：

1. 质量技术监督职业技能基础知识
2. 电工电子技术基础知识
3. 机械基础有关知识
4. 产品可靠性检验技术

三、学时分配

序号	课程性质	课程名称	学时
1	基础课	质量技术监督职业技能基础知识	30
2	专业基础课	电工电子技术基础知识	40
3	专业基础课	机械基础有关知识	40
4	专业课	产品可靠性检验技术	110
总学时		220	

注：自学时间不少于300学时。

中级产品可靠性检验员培训大纲

一、培训目标

通过规定课程的技术理论学习和操作技能训练，使学员达到中级产品可靠性检验员应具备的知识和技能要求。掌握本岗位常见简单项目的检验技术，达到独立上岗操作的水平，并为进一步学习高级技术理论和操作技能打好基础。

二、课程设置

根据培养目标，中级产品检验员课程设置如下：

1. 质量技术监督职业技能基础知识
2. 电工电子技术基础知识
3. 机械基础有关知识
4. 产品可靠性检验技术

三、学时分配

序号	课程性质	课程名称	学时
1	基础课	质量技术监督职业技能基础知识	20
2	专业基础课	电工电子技术基础知识	40
3	专业基础课	机械基础有关知识	40
4	专业课	产品可靠性检验技术	100
总学时		200	

注：自学时间不少于320学时。

高级产品可靠性检验员培训大纲

一、培训目标

通过规定课程的技术理论学习和操作技能训练，使学员达到高级产品可靠性检验员应具备的知识和技能要求。能熟练进行本岗位主要项目的检验，熟练掌握本岗位主要检验项目的操作技能及常用试验设备的使用和维修，并为进一步学习高一级技术理论和操作技能打好基础。

二、课程设置

根据培养目标，高级产品可靠性检验员课程设置如下：

1. 质量技术监督职业技能基础知识
2. 电工电子技术基础知识
3. 机械基础有关知识
4. 产品可靠性检验技术

三、学时分配

序号	课程性质	课程名称	学时
1	基础课	质量技术监督职业技能基础知识	20
2	专业基础课	电工电子技术基础知识	30
3	专业基础课	机械基础有关知识	30
4	专业课	产品可靠性检验技术	100
总学时		180	

注：自学时间不少于350学时。

产品可靠性检验技师培训大纲

一、培训目标

通过规定课程的技术理论学习和操作技能训练，使学员达到产品可靠性检验技师应具备的知识和技能要求。能熟练进行本岗位各种项目的检验，熟练掌握本岗位各种检验项目的操作技能及常用试验设备、分析仪器的使用和维修，具有指导初、中、高级产品可靠性检验员的能力，并为进一步学习高一级技术理论和操作技能打好基础。

二、课程设置

根据培养目标，产品可靠性检验技师课程设置如下：

1. 质量技术监督职业技能基础知识
2. 电工电子技术基础知识
3. 机械基础有关知识
4. 产品可靠性检验技术

三、学时分配

序号	课程性质	课程名称	学时
1	基础课	质量技术监督职业技能基础知识	20
2	专业基础课	电工电子技术基础知识	30
3	专业基础课	机械基础有关知识	30
4	专业课	产品可靠性检验技术	100
总学时		180	

注：自学时间不少于380学时。

产品可靠性检验高级技师培训大纲

一、培训目标

通过规定课程的技术理论学习和操作技能训练，使学员达到产品可靠性检验高级技师应具备的知识和技能要求。能熟练进行本岗位各种项目的检验，熟练掌握本岗位各种检验项目的操作技能和复杂试验设备、分析仪器的使用和维修，具有指导初、中、高可靠性检验员及技师的能力，并为进一步学习先进的技术理论和操作技能打好基础。

二、课程设置

根据培养目标，产品可靠性检验高级技师课程设置如下：

1. 质量技术监督职业技能基础知识
2. 电工电子技术基础知识
3. 机械基础有关知识
4. 产品可靠性检验技术

三、学时分配

序号	课程性质	课程名称	学时
1	基础课	质量技术监督职业技能基础知识	20
2	专业基础课	电工电子技术基础知识	30
3	专业基础课	机械基础有关知识	30
4	专业课	产品可靠性检验技术	100
总学时		180	

注：自学时间不少于400学时。

附录三 《产品可靠性能检验》教学大纲

初级产品可靠性检验员《产品可靠性能检验》教学大纲

一、课程性质

本课程是产品可靠性检验工种初级工培训的专业课。

二、教学要求

通过教学，使学员掌握产品可靠性检验的专业知识和有关技能。
要求学员：
1. 了解产品可靠性检验的定义和可靠性检验的主要内容；
2. 了解产品可靠性试验方法、目的和分类；
3. 掌握简单元、器件的可靠性检验技术；
4. 能正确使用产品可靠性检验设备及仪器仪表，能掌握其维护保养知识；
5. 掌握试验室安全防护知识。

三、教学内容

（一）产品交接

1. 常用礼貌语言
2. 试验室产品交接的有关规定

（二）试验设备

1. 产品可靠性定义、常用可靠性特征量
2. 产品可靠性试验方法、目的和分类
3. 产品可靠性试验的一般程序

（三）可靠性试验设备及养护

1. 常用可靠性试验设备的使用及维护
2. 可靠性试验室安全用电及消防知识

(四) 可靠性试验技术

1. 可靠性筛选试验
(1) 筛选的目的和意义
(2) 筛选试验的特点和分类
(3) 常用的筛选方法
2. 可靠性寿命试验
(1) 寿命试验的目的和分类
(2) 指数分布寿命试验的意义和常用试验方法

(五) 可靠性试验数据的处理

1. 有效数字及数字修的规则
2. 误差的基本知识
3. 可靠性试验结果的数据处理知识

(六) 原始试验数据的记录与校核

1. 原始记录的填写要求
2. 常用可靠性试验的正常参数
3. 常用可靠性试验设备的正常工作参数

(七) 可靠性试验常用检测仪器仪表

1. 常用检测仪器仪表的结构和基本工作原理
2. 常用检测仪器仪表的使用与维护方法

中级产品可靠性检验员《产品可靠性能检验》教学大纲

一、课程性质

本课程是产品可靠性检验工种中级工培训的专业课。

二、教学要求

通过教学，使学员掌握产品可靠性检验的专业知识和有关技能。
要求学员：
1. 熟悉产品可靠性检验的定义、术语和检验的主要内容；
2. 熟悉产品可靠性检验的试验方法、目的和分类；
3. 掌握产品可靠性试验的主要试验项目和相应的操作规程及操作技能；

4. 了解常用可靠性试验设备和仪器仪表的性能及工作原理，并能熟练掌握常用可靠性试验设备和仪器仪表的操作技术及维护保养知识；

5. 掌握对主要可靠性试验项目的试验结果进行误差分析和数据处理的方法；

6. 掌握试验室安全防护知识。

三、教学内容

（一）产品交接

1. 常用礼貌语言
2. 产品交接、验收的一般知识

（二）试验准备

1. 产品可靠性定义、术语和常用特征量
2. 产品可靠性试验方法、目的和分类
3. 产品可靠性试验计划、要求和一般程序

（三）可靠性试验设备及养护

1. 常用可靠性试验设备的结构和工作原理
2. 常用可靠性试验设备的使用及维护
3. 常用可靠性试验设备的一般故障排除
4. 常用检测仪器仪表的结构和工作原理
5. 常用检测仪器仪表的使用及维护
6. 常用检测仪器仪表的调维修知识
7. 试验室安全用电及消防知识

（四）可靠性试验技术

1. 可靠性筛选试验

（1）筛选的目的和意义

（2）筛选试验的特点和分类

（3）常用的筛选方法

（4）筛选试验项目、筛选应力和筛选时间的确定

2. 可靠性寿命试验

（1）寿命试验的目的和分类

（2）指数分布寿命试验的意义和常用试验方法

（3）指数分布寿命试验的设计

3. 可靠性加速寿命试验

（1）加速寿命试验的目的和意义

（2）加速寿命试验的分类

（3）常用恒定应力加速寿命试验方法、类型及数学模型
4. 失效率鉴定试验
（1）失效率试验的目的及分类
（2）失效率鉴定试验的一般要求
（3）失效率鉴定试验的程序

（五）可靠性试验数据的处理

1. 误差一般知识和数据处理常用方法
2. 可靠性试验结果的数据处理知识

（六）失效分析及失效信息处理

1. 失效分析的意义和作用
2. 失效分析的分类和一般程序

（七）原始试验数据的记录与校核

1. 常用可靠性试验设备的正常工作参数
2. 对相关试验方法的要求
3. 对原始试验数据记录的要求

（八）编写试验报告

1. 电子元件、器件可靠性试验报告的内容
2. 试验报告中试验数据、故障与时间的关系
3. 试验报告中故障识别、故障模式、故障分析报告要点、故障类别

高级产品可靠性检验员《产品可靠性能检验》教学大纲

一、课程性质

本课程是产品可靠性检验工种高级工培训的专业课。

二、教学要求

通过教学，使学员掌握产品可靠性检验的专业知识和有关技能。
要求学员：
1. 掌握产品可靠性试验方法、目的和分类；
2. 掌握产品可靠性试验的原理及标准，熟练掌握主要试验项目的操作规程及操作技能；
3. 熟悉常用可靠性试验设备和仪器仪表的性能及工作原理，并能熟练掌握常用可靠性试

验设备和仪器仪表的操作技术及维护保养知识；

4. 熟悉试验过程中各种影响因素对分析结果的影响，对试验数据能进行误差分析及数据处理，并能编写试验报告；

5. 了解产品可靠性试验的新技术概况；

6. 掌握实验室安全防护知识。

三、教学内容

（一）产品交接

相应产品的可靠性试验方法、特点、要求等。

（二）试验准备

1. 产品可靠性试验的分类、方法和用途
2. 产品可靠性试验计划、要求和一般程序

（三）可靠性试验设备养护及维修

1. 常用可靠性试验设备的结构、用途和工作原理
2. 常用检测仪器仪表的结构、用途和工作原理
3. 常用可靠性试验仪器设备的故障检修方法

（四）可靠性试验技术

1. 可靠性筛选试验
(1) 常用可靠性筛选方法
(2) 可靠性筛选试验项目、筛选应力和筛选时间的确定
2. 可靠性寿命试验
(1) 指数分布寿命试验的设计
(2) 常用的寿命试验方法
3. 可靠性加速寿命试验
(1) 加速寿命试验的分类
(2) 恒定应力加速寿命试验及其数学模型
4. 失效率鉴定试验
(1) 失效率鉴定试验抽样方案
(2) 失效率鉴定试验的程序
5. 设备可靠性试验
(1) 设备可靠性试验特点及分类
(2) 设备可靠性试验要求及实验条件
(3) 设备可靠性试验的评审和程序知识
6. 可靠性增长试验

(1) 可靠性增长的意义及目的
(2) 可靠性增长试验的基本方法

（五）可靠性试验方案设计

1. 产品的工艺设计和工艺要求
2. 产品可靠性试验程序
3. 恒定应力加速寿命试验的设计
4. 设备可靠性试验方案

（六）可靠性试验数据的处理

1. 产品可靠性试验结果的数据处理知识
2. 设备可靠性试验结果的数据分析和处理知识
3. 设备可靠性试验报告

（七）失效分析及失效信息处理

1. 常用失效分析仪器的使用方法
2. 失效分析的分类和一般程序

（八）常用失效分析仪器

1. 常用失效分析仪器的结构、用途和工作原理
2. 常用失效分析仪器的维护保养和调试知识

（九）理论知识培训和技能操作指导

1. 职业教学的基本知识
2. 传授技艺、技能的基本方法

产品可靠性检验技师《产品可靠性能检验》教学大纲

一、课程性质

本课程是产品可靠性检验工种技师培训的专业课。

二、教学要求

通过教学，使学员掌握产品可靠性检验的专业知识和有关技能。
要求学员：
1. 掌握产品可靠性试验方法、目的和分类；

2. 掌握产品可靠性试验的原理及标准，熟练掌握主要试验项目的操作规程及操作技能；

3. 掌握常用可靠性试验设备和仪器仪表的性能及工作原理，并能熟练掌握常用可靠性试验设备和仪器仪表的操作技术及维护保养知识；

4. 掌握试验过程中各种影响因素对分析结果的影响，对试验数据能进行误差分析及数据处理，并能编写试验报告；

5. 熟悉产品可靠性试验的新技术概况；

6. 熟练掌握实验室安全防护知识。

三、教学内容

（一）可靠性试验设备养护及维修

1. 常用可靠性试验仪器设备的结构和工作原理

2. 常用和较复杂可靠性试验仪器设备的故障检修方法

（二）可靠性试验技术

1. 可靠性加速寿命试验

（1）加速寿命试验的分类

（2）常用恒定应力加速寿命试验方法、类型及其数学模型

2. 设备可靠性试验

（1）设备可靠性试验要求及实验条件

（2）设备可靠性试验报告

（3）设备可靠性试验的评审知识

3. 可靠性增长试验

（1）可靠性增长原理及有关术语

（2）可靠性增长试验的基本方法

4. 可靠性试验方案设计

（1）产品可靠性试验方案

（2）恒定应力加速寿命试验的设计

（3）设备可靠性试验方案

（三）失效分析及失效信息处理

1. 失效分析的分类和失效分析程序

2. 失效信息的处理知识

（四）常用失效分析仪器

1. 常用失效分析仪器工作原理及结构

2. 常用失效分析仪器的调试和一般故障排除方法

（五）解决技术难题

1. 研究并解决技术难题的方法及纠正处理偏差的方法
2. 可靠性试验技术及其相应类别的试验项目

（六）检索标准文献

标准化基础及文献检索知识

（七）数理统计应用

1. 数理统计的应用知识
2. 指数寿命分布的点估计

（八）常规技术管理

质量管理与控制方法

（九）试验室管理

1. 各种仪器设备的用途、价格
2. 质量管理与控制知识
3. 计量检定的有关知识
4. 试验室认可、验收的有关知识
5. GB/T 19000—2000 标准知识

（十）理论知识培训与技能操作指导

1. 培训教学计划的编制方法
2. 技能培训的教学方法

产品可靠性检验高级技师《产品可靠性能检验》教学大纲

一、课程性质

本课程是产品可靠性检验工种高级技师培训的专业课。

二、教学要求

通过教学，使学员掌握产品可靠性检验的专业知识和有关技能。
要求学员：

1. 熟练掌握产品可靠性试验方法、目的和分类；

2. 熟练掌握产品可靠性试验的原因及标准，熟练掌握主要试验项目的操作规程及操作技能；

3. 掌握常用可靠性试验设备和仪器仪表的性能及工作原理，并能熟练掌握常用可靠性试验设备和仪器仪表的操作技术及维护保养知识；

4. 熟练掌握试验过程中各种影响因素对分析结果的影响，对试验数据能熟练进行误差分析及数据处理，并能编写试验报告；

5. 熟悉并掌握产品可靠性试验的新技术概况；

6. 熟练掌握实验室安全防护知识。

三、教学内容

（一）可靠性试验技术

1. 设备可靠性试验

（1）设备可靠性试验要求及试验条件

（2）设备可靠性试验的评审知识

（3）设备可靠性验证及测定试验方案

2. 可靠性增长试验

（1）可靠性增长原理及有关术语

（2）可靠性增长试验的基本方法

3. 可靠性试验方案设计

（1）设备可靠性验证和可靠性测定试验方案

（2）可靠性增长试验设计和实施

（二）失效分析及失效信息处理

1. 失效分析知识

2. 失效信息及处理知识

（三）常用失效分析仪器

1. 常用失效分析仪器的工作原理、结构及安装调试知识

2. 常用失效分析仪器一般故障的排除方法。

（四）解决技术难题和标准文件检索

1. 建立新技术、新工艺、新方法的有关理论知识

2. 国内外可靠性试验技术发展动态

3. 标准化基础知识

4. 计算机操作与网络知识

（五）数理统计应用

1. 数理统计的应用知识
2. 指数分布平均无故障工作时间（MTBF）的点估计

（六）试验室规划设计

1. 试验室规划的一般要求
2. 试验室布局要求
3. 试验室设施要求

（七）制定标准

1. 国内外可靠性试验技术发展动态
2. 制定标准的相关要求

（八）新技术引进与开发

1. 国内外可靠性试验技术发展动态
2. 国家对科研项目申报、鉴定的有关规定

（九）理论知识培训与技能操作指导

1. 编写培训讲义的有关知识
2. 技能培训方法
3. 现代教学演示方法